UGIS
教师教育共同体
实践探索

邵开泽 主编

光明日报出版社

图书在版编目（CIP）数据

UGIS 教师教育共同体实践探索 / 邵开泽主编. —— 北京：光明日报出版社，2024.6. —— ISBN 978-7-5194-8046-2

Ⅰ. G645.12

中国国家版本馆 CIP 数据核字第 20248GJ443 号

UGIS 教师教育共同体实践探索
UGIS JIAOSHI JIAOYU GONGTONGTI SHIJIAN TANSUO

主　　编：邵开泽	
责任编辑：杜春荣	责任校对：房　蓉　李佳莹
封面设计：中联华文	责任印制：曹　净

出版发行：光明日报出版社

地　　址：北京市西城区永安路 106 号，100050

电　　话：010-63169890（咨询），010-63131930（邮购）

传　　真：010-63131930

网　　址：http://book.gmw.cn

E - mail：gmrbcbs@gmw.cn

法律顾问：北京市兰台律师事务所龚柳方律师

印　　刷：三河市华东印刷有限公司

装　　订：三河市华东印刷有限公司

本书如有破损、缺页、装订错误，请与本社联系调换，电话：010-63131930

开　　本：170mm×240mm

字　　数：259 千字　　　　　　　印　　张：17.5

版　　次：2025 年 1 月第 1 版　　　印　　次：2025 年 1 月第 1 次印刷

书　　号：ISBN 978-7-5194-8046-2

定　　价：78.00 元

版权所有　　翻印必究

编委会

主　编：邵开泽
副主编：叶　剑　刘荣芳　王　璐　鄢志刚
编　委：（排名不分先后）

张　航	王　琪	刘　江	吴　强	李　朋
黄晓璐	马思思	池玉梦	寇祥香	李慧珍
刘秋萍	齐子怡	黄　月	苟秋月	白凌睿
付爱霞	刘　佳	于　鸽	李培雯	田月先
吴丹平	彭　岗	高　蓓	杨秀菊	戴志容
陈丹丹	黄　薇	王珍懿	熊菡梅	吕　青
邓　涵	王小丽	李　衡	吴振华	李文欣
冯元麒	魏秀秀	张启弘	王　华	张　清
许　婷	陶　薇	王雪莉	青　薇	高文静
陈　燕	杨　敏	邱雪翔	伍　术	何　谦
卞　蓉	朱丽柳	余　泓	朱　婷	

总　序

　　建设教育强国，基点在基础教育。基础教育搞得越扎实，教育强国步伐就越稳、后劲就越足。党的十八大以来，基础教育聚焦国家重大战略需求，深入贯彻落实立德树人根本任务，为国家重大战略急需人才和拔尖创新人才培养奠定了坚实基础。现阶段，基础教育扩优提质行动不断推进，义务教育优质均衡发展和城乡一体化效果显著，但深化基础教育综合改革仍存在一些短板弱项，面临一些新形势、新问题，亟需深入基础教育一线，进一步探索路径、积累经验，发挥示范引领作用，不断夯实教育强国建设基点。

　　中国教育科学研究院在全国布局教育综合改革实验区，与地方政府一起进行中国特色区域教育综合改革探索。实验区坚持政策导向与区域创新相结合，坚持理论研究与实践探索相结合，从区域层面回应国家基础教育发展需求、引领基础教育一线创新，对区域推进教育改革、提升教育高质量发展发挥了重要作用。成都青羊实验区是中国教育科学研究院与青羊区人民政府合作共建的实验区，经过十余年的院区共建，双方不断推动地方教育综合改革向纵深发展，培育孵化出一批具有典型性、示范性和在全国具有一定影响的改革成果。目前已是第三轮合作，主要以项目方式推进教育综合改革，并在教师专业发展、学生综合素质评价、区域教育绩效评价、课程课堂改革、心理教育等区域教育发展的"敏感因子"方面积极进行改革探索。

　　青羊实验区的这些改革成果具有创新价值及实践借鉴意义。例如，将中国特有的教研机制作为中枢，高校、区域教育行政部门、区属中小学（幼儿园）作为共同体成员相互衔接、互为支撑，共同构建一个全方位、多层次、立体化的教师教育体系；系统凝练了以"典型事件"为载体的学生综合素质评价体系，通过"写实记录—整理遴选—公示审核—形成档案"的过程，挖掘学生成长中"典型事件"的行为，记录内生体验，赋予学生更多评价主权；提出了"以文化人"的育人导向，以"结构化教学"模式构建了多元化、多形式的小学语文课程实施的育人体系，独创了"题""点""线""面""体"的整体育人层级；基于主题意义视角，探究单元整体教学的理解与实践；等等。本丛书《UGIS教师教育共同体》《中小学生综合素质评价的青羊实践》《以文化人的小学语文结构化教学》《主题意义引领的初中英语单元整体教学》，正是这些改革探索的特色梳理与凝练。希望丛书所呈现的青羊实验区在院区合作中取得的改革成果和经验做法，能为其他区域教育改革提供有益参考和实践样本。

党的二十届三中全会进一步提出深化教育综合改革的战略布局。作为国家战略部署，教育强国建设需要众多区域层面的教育综合改革与创新来支撑。而且，基础教育的改革发展已进入深水区，仅仅依靠单主体、单项目、单频次的改革很难从根本上取得理想效果。我们期待有更多的地方政府、科研机构、一线学校协同加入基础教育综合改革行动之中，提升站位、放大格局，增强改革的系统性、整体性和协同性，共同促进区域基础教育的高水平创新、高效益改革、高质量发展，为建设教育强国、加快推进教育现代化提供有力支撑。

中国教育科学研究院副院长　刘贵华

序

  教师，承担着面向未来培养人的教育事业。随着社会文化的发展，教师职业的专业性逐渐增强，只有专门的教师教育才能培养出现代社会所需的专业化教师。当下，科学技术日新月异，生活生产方式的变化越来越快，这对教师的工作提出了新的要求，教师教育也应随之变革。在这样的背景下，我国颁布了《新时代基础教育强师计划》等一系列政策文件，以服务教育高质量发展为宗旨，呼吁教师教育的转型发展。新时期的教师教育应当具备哪些特质？我认为主要有以下三方面。

  首先是协同合作。合作是人类文明的基本性质之一，现代社会的不确定性、复杂性与多变化使不同职业对合作的需求更加强烈，在教师教育领域亦是如此。著名教育改革家迈克·富兰认为，教师的专业成长需要通过协作活动来完成。终身教育理念是教师教育协同培养的内在出发点，导向教师的职前培养与职后培训相衔接的体系转变，高校与基础教育学校建立伙伴关系也就成为教师专业发展的重要实践。此外，反思性实践这一概念的提出，让人们意识到教育理论知识与实践经验的交相融合对教师的专业成长有着核心作用，师范教育与职后培训的联系以及教研机构、行政部门的参与，使得各方的知识与经验互哺，智慧共生。我国的"新时代强师计划"也明确将协同合作作为新时期教师教育的改革方向，通过协同合作来超越过去封闭、单一的教师培养模式，进一步完善联动的培养机制。

  其次是实践导向。教师的工作总是根植于具体的教育实践情境，每一种情境都是独特的，有着不同社会文化背景下的学生和教学内容。在教师培训中，只有回到具体的情境中，关注教师在实践中的问题与需求，才能促进教师教学水平的发展。教师的专业知识也只有在实践过程中才能生长。英国哲学家迈克尔·波兰尼（M. Pofanyi）提出了"个人知识"的概念，他认为，教师的知识是其在某一教学情境中所具备的一系列理解、技能和特质等的总称。因此，教师的专业知识是一种实践性的知识，蕴含教育主体在实践过程中的体验与反思，不能依靠单纯的概念与原理的传授来获得。长期以来，我们的教师培训热衷于教育理论的引入，但这种单向度的灌输并不能满足教师专业发展的需要。教师教育应立足实践，在与教育理论持续不断的共鸣中，引导教师的专业发展。

最后是注重差异化培养与个性化发展。教师的个性特色是教师教育工作要关注的一个重要因素，这是其教育教学和专业成长的基础。在培育学生方面，教师的个性发挥着不可或缺的作用，苏霍姆林斯基在《和青年校长的谈话》中写道，"一个无任何个性特色的教师，他培养的学生也不会有任何特色"，只有教师的个性得到了充分的发挥，学生的个性才有可能得到全面和谐的发展。同时，教师的个性往往在普通教师向教育名家的发展之路上有着重要的价值，它有助于教师形成基于自身经验与人格特点的教育思想和主张，是教师独特的教学风格和卓越的教学艺术的"催化剂"。因此，对教师的培养应当适应教师的个性特色，满足教师的差异化的发展需求。新的时代背景下，教师教育工作要在这样的认识基础上，量身定制培养计划与支持机制，以期更有针对性、更加高效地培育高素质专业化创新型教师。

面向教师教育转型发展的诉求，在国家政策的推动下，一些地区开始了教师教育工作的创新，尝试为区域的教师专业发展提供适应实践问题、整合多方资源的高水平教师教育。成都市青羊区就以获批四川省教师发展综合改革试验区为牵引，通过"院地共建 UGIS 教师教育共同体的实践研究"省级重点课题，探索现代化教师培养体系，为我们提供了教师教育改革的"青羊样本"。

UGIS 教师教育共同体是以地方教研机构（institute）为轴心，联合高校（university）、地方行政部门（government）和中小学校（school）共同参与教师发展而构成的协作体系。围绕 UGIS 教师教育共同体的建设，青羊区在研制目标、创新培训方式与培训内容、建构培训体系、完善培养机制等方面展开了实践探索。比如，制定《教师专业发展标准2.0》，建构起连续统一的教师教育培养目标体系；与西南大学签署《西南大学——成都市青羊区教育局构建现代教师教育体系战略合作框架协议》，创建"本硕博一体化教育创新实践基地"；开发教师研修"课程链"和"课程魔方"，以层级式课程撬动教师发展。UGIS 共同体将教师教育置于师培主体共同的愿景、兴趣与利益中，旨在通过合作、对话和分享等活动来促进教师专业成长，并形成稳定和谐、平等互惠的专业合作联盟，形成协作效应，实现整体效益。高校与中小学校的联动既增进了理论的牵引，保证了科学性与方向性，又回归了情境化的教育现象本身，使教师的专业成长拥有了反思性实践这一关键要素。其中，分级的培养目标和培养内容也关照了教师发展的差异化需求。总的来说，这些举措书写了教师教育协同培养的新篇章，是区域教育综合改革的进阶实践。

本书是青羊区 UGIS 教师教育共同体实践研究的成果总结。书稿的第一篇从理论层面探讨了 UGIS 教师教育共同体的概念内涵，梳理了这一组织体系的发展脉络，为 UGIS 教师教育共同体的实践探索架构起理论支撑，这一研究所蕴含的深刻的理论意义也在文稿中得以阐明。第二篇呈现的是这一体系是通过怎样的制度来保障相关的机构建设和组织运行，勾勒出 UGIS 教师教育共同体的运行模式。第三篇重点介绍了 UGIS 师培模式的创新突破，在分析了现有传统的师培体系的不足的基础上，具体详细地介绍了这一模式在角色分工、课程建设等方面是如何改进教师培养工作的。第四篇是 UGIS 教师教育共同体实践效益的总结分析，在这一共同体中，高校、教研机构、地方行政部门与中小学校四方相互关联，资源共享、智慧共生，在协同合作中共同发展。高校能够提升师范生培养水平，增强与教育教学一线的联系；教研机构可以优化师培模式，促进组织的转型发展；地方行政部门通过其协商调节、凝聚引导作用的发挥，提升了教育公共服务能力；而中小学校则在教师整体素质的提升中受益，实现教育教学水平的突破。最后，第五篇通过案例的展示，描述了 UGIS 教师教育共同体在青羊区教育实践中的真实样态。

  可以说，本书既有理论的高度，又有贴合实践的解释，很好地凝练了青羊区 UGIS 教师教育共同体实践研究的成果经验。通过本书，我们能全方位地探视教师教育改革的"青羊样本"，获取改进教师培养工作的经验启示。希望各位致力于提高教师教育质量、优化教育资源的同人志士，能借助此书来学习和交流经验，也祝青羊教育在改革创新的探索尝试中再创佳绩！

西南大学教师教育学院 罗生全
2023 年 10 月

目 录
CONTENTS

第一篇　UGIS 教师教育共同体的理论构建 …………………………… 1
 第一章　概念阐释 ……………………………………………………… 3
 第二章　教师教育共同体发展演变 …………………………………… 25
 第三章　UGIS 教师教育共同体的内涵解读 ………………………… 39

第二篇　UGIS 教师教育共同体的运行制度 …………………………… 45
 第一章　教师教育共同体的组织管理制度 …………………………… 47
 第二章　教师教育共同体的协商共议制度 …………………………… 73
 第三章　课程管控制度 ………………………………………………… 77
 第四章　评估反馈制度 ………………………………………………… 87

第三篇　基于 UGIS 教师教育共同体的师培模式创新突破 ………… 103
 第一章　突破传统教师教育壁垒 ……………………………………… 105
 第二章　调整培训主体角色与功能 …………………………………… 121
 第三章　创新教师教育课程 …………………………………………… 131
 第四章　改革传统研修模式 …………………………………………… 141

第四篇　UGIS 教师教育共同体发展效益 …………………………… 153
 第一章　整体发展效益 ………………………………………………… 155

第二章　高校发展效益 …………………………………… 165
　第三章　教育行政部门发展效益 ………………………… 178
　第四章　教研机构发展效益 ……………………………… 187
　第五章　中小学校及幼儿园发展效益 …………………… 197

第五篇　UGIS 教师教育共同体的青羊样本 …………… **207**
　第一章　本硕博一体化创新实践基地 …………………… 209
　第二章　"双导师制"创新 ……………………………… 217
　第三章　UGIS 协同发展 ………………………………… 220
　第四章　学校发展案例 …………………………………… 235

后记 ……………………………………………………… **256**
参考文献 ………………………………………………… **259**

第一篇 01
UGIS教师教育共同体的理论构建

第一篇 UGIS教师教育共同体的理论构建

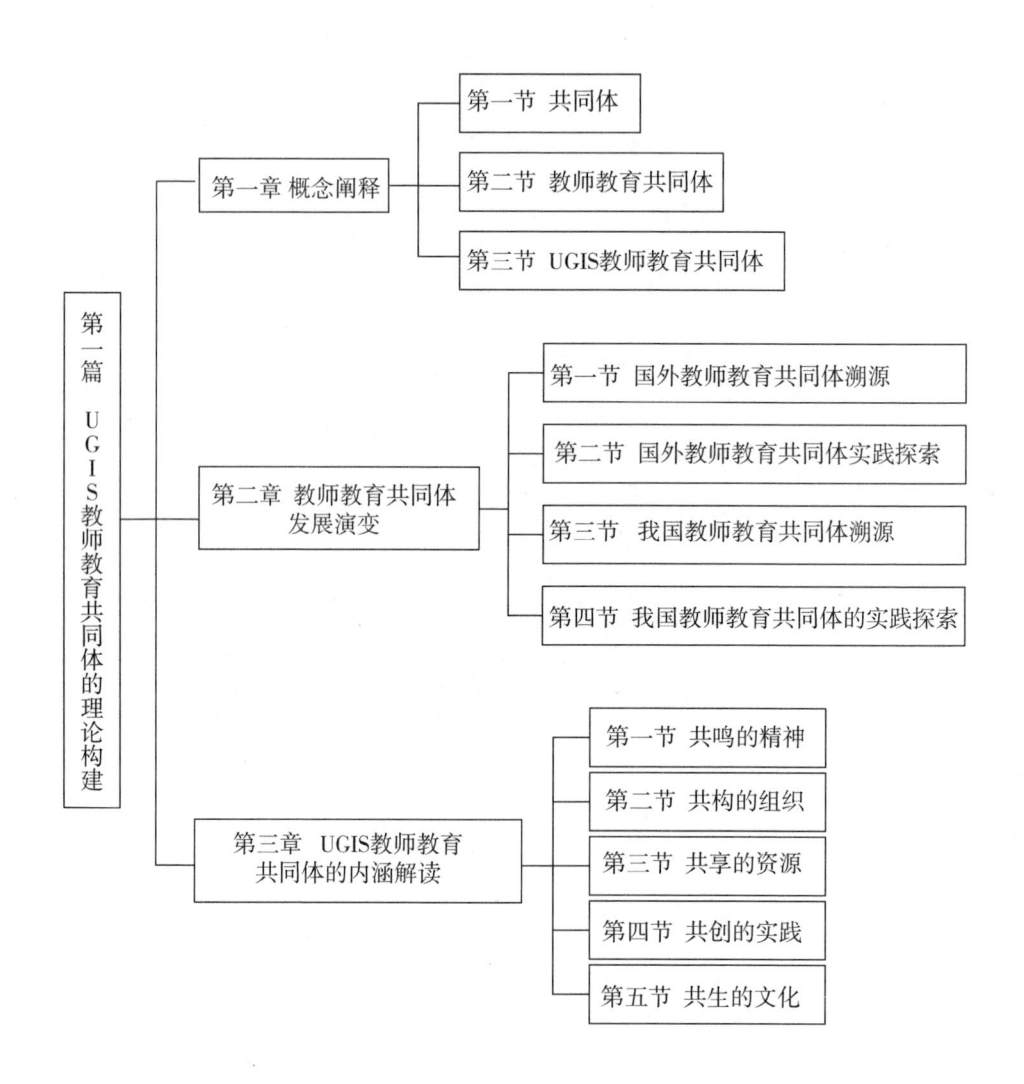

第一章 概念阐释
- 第一节 共同体
- 第二节 教师教育共同体
- 第三节 UGIS教师教育共同体

第二章 教师教育共同体发展演变
- 第一节 国外教师教育共同体溯源
- 第二节 国外教师教育共同体实践探索
- 第三节 我国教师教育共同体溯源
- 第四节 我国教师教育共同体的实践探索

第三章 UGIS教师教育共同体的内涵解读
- 第一节 共鸣的精神
- 第二节 共构的组织
- 第三节 共享的资源
- 第四节 共创的实践
- 第五节 共生的文化

第一章

概念阐释

第一节 共同体

自19世纪中期社会学学科确立以来,共同体成了社会学研究的基本概念。共同体（community）最早可以追溯到拉丁文communis,其原意是公共的、共同的。共同体理论源于欧洲,后流传至美洲和日本,再后来影响到中国。在这一传播过程中,各国学者依据不同的社会历史背景,对该理论赋予了多样化的解释和含义。由于对共同体理解的差异,社会学家们对共同体提出了众多定义,这一系列的理论成果为现今学者们界定共同体提供了丰富的理论基础。随着社会的进一步发展,共同体概念越发多样,并且出现在各种层次各种类型的集体、组织、民族和国家的视野之中,其概念不断在新的语境中延伸与重构。

一、起源与发展

西方共同体哲学的奠基者是柏拉图及其学生亚里士多德,他们诠释共同体旨在对城邦民主正义以及群体秩序的探寻与追求。城邦共同体的观念强调建立城邦的目的是通过一种共同协作来调和个体在天赋能力上的差异性,从而能够将个体利益有机统一起来,实现城邦正义。亚里士多德共同体思想中阐释了城邦共同体存在的意义,强调了共同体之于个体的价值认同与意义归属，描述了共同的善对于个体德行生成的促进、引导意义，同时还提出个体的德行可以由教育加以引导提升。

启蒙运动时期，卢梭（Jean-Jacques Rousseau）的"社会契约论"再次复兴了古希腊的共同体精神，提倡签订社会公约，他在"性善论"基础上认为，自然人享有与生俱来的自然权利，并具有向善的道德性。在启蒙运动"自由平等"主义的基调下，他的社会契约的理论构思不仅延续了古希腊的共同体思想，还进一步强调保障个体的利益。从总体上看，卢梭试图建构一个在社会状态中实现公民社会自由的道德共同体，以改善人类的生存状态，其本质特征主要包括三方面：一是以社会契约为联合形式；二是以让渡每个人的全部权利为联合内容；三是共同意志指导下的道德集合体。卢梭认为，这种契约形式指引下的联合行为将产生一个道德集合体，这个集合体也因为联合行为获得了一致性，获得了生命和意志。[①]

马克思作为共同体理论研究的先驱，较早就对共同体做了基本论述，由此奠定了共同体的理论基础，其共同体思想是具有划时代意义的历史唯物主义的重要组成部分。他们对共同体的探讨，是与对人类社会整体思考紧密结合起来的。通过对马克思共同体思想的追本溯源，发现其共同体思想的哲学渊源有以下四方面：一是古希腊的城邦共同体思想；二是启蒙时期的契约共同体思想；三是德国古典哲学的伦理共同体思想；四是马克思的"真正的共同体"思想。马克思认为人的依赖关系是最初的社会形式，在这种形式下，人的生产能力只是在狭小的范围内发展着。马克思关于共同体的思想主要包括以下三个相互关联的形式：一是"自然形成的共同体"，这是人类社会发展的最初形态。二是"虚假的共同体"。伴随着商品经济的崛起，"自然形成的共同体"开始土崩瓦解，取而代之的是一种政治共同体。在这种政治共同体中，社会存在的基本纽带已经不再是血缘关系，而是社会性的利益关系。因此，对于被统治的阶级来说，它不仅是完全虚幻的共同体，而且是新的枷锁。三是"真正的共同体"。在对"虚假

---

① 刘向辉，钟明华. 共同体与自由：在马克思与卢梭之间[J]. 东岳论丛，2022，43(10)：89-96.

的共同体"进行深刻批判的基础上,马克思主义创始人提出了"真正的共同体"思想。他们认为,"真正的共同体"是一种"自由人联合体",其前提是人与生产资料、生活资料的关系,进而人与人的关系发生了革命性变化。① 综上所述,在马克思的共同体理论中,"真正的共同体"是个人自由与集体自由相结合、相统一的,要实现这种统一价值,个人就必须付诸实践努力。因此,这在种共同体下,人的能力也得到最为充分的发展。

德国社会学家斐迪南·滕尼斯(Ferdinand Tnnies)在其著作《共同体与社会》(*Community and Society*)中首次提出共同体这一概念。② 滕尼斯认为,作为古代整体文化形态的"共同体"是相对于近现代的"社会"而言的。前者包括血缘共同体(亲属关系)、地缘共同体(邻里关系)和精神共同体(友谊),后者主要指现代市民社会。滕尼斯在批判卢梭社会契约论的基础上,从自然哲学的视角出发,指出在人类关系的历史形态中首先出现的共同体其实是一种"自然的联合体",即一种真正相互的、生机勃勃的关系形态。滕尼斯认为,共同体的类型主要是在建立在自然的基础之上的家庭或宗族里实现的,也可在一些亲密关系里实现,它也可能是小的村庄或城市形成的联合体。

奥卡姆(William of Ockham)在其《逻辑大全》(*Summa of Logic*)中论述了对共同体的看法。在奥卡姆看来,共同体是人自愿结成,有序的个人实体的集合,一般情况下泛指一切由真实的个体所组成的团体,包括信徒共同体与凡人共同体或家庭共同体、村庄共同体与国家共同体,其政治意蕴主要体现在国家共同体层面。在他看来,"共同体首先是实体,其次还是有序的个人集合体,更重要的是,共同体是人自愿结成的群体"。③

英国社会学家齐格蒙特·鲍曼(Zygmunt Bauman)在《共同体》

---

① 中共中央马克思恩格斯列宁斯大林著作编译局. 马克思恩格斯全集:第 46 卷:上册[M]. 北京:人民出版社,2003.
② 徐烨. 滕尼斯、涂尔干、杜威的共同体观:溯源与启示[J]. 贵州社会科学,2022(4):116-121.
③ 王润港. 奥卡姆 Community 概念及其政治意蕴研究[D]. 呼和浩特:内蒙古大学,2022.

(*Community*：*Seeking Safety in an Insecure World*)中批判了共同体主义和自由主义后,审慎地提出了一个具有理想色彩的共同体概念——"如果说在这个个体的世界上存在着共同体的话,那它只能是一个由相互的、共同的关心编织起来的共同体;是一个由做人的平等权利,和对根据这一权利行动的平等能力的关注与责任编织起来的共同体"。鲍曼认为共同体所依赖的这种先于所有的一致和分歧,是一种"相互的、联结在一起的情感","人们借此才得以保持根本性的团结",它是共同体成员一座安全的保护墙。[1]

马克斯·韦伯（Max Weber）在经济与社会的互动关系中,提出了"政治共同体"的概念,这一概念也是社会成员凝聚为社会共同体的前提。[2]

埃米尔·涂尔干（Émile Durkheim）则提出了"机械团结"与"有机团结"概念和共同体的"社会团结"理论。[3]

可以说,共同体理论的发展具有鲜明的时代背景和历史特征。总结亚里士多德、卢梭与康德的共同体理论可知,无论理论基点和论证过程如何,共同体这一概念都拥有以下基本内涵:第一,共同体必须指两个以上个体所组成的团体;第二,这些个体之所以组成团体,是由于某方面的联系,无论是由于对最高目标的追求、对自身自然权利的让渡,还是实践理性的必然要求,都必须存在一种纽带将个体相联系;第三,这些个体形成团体后,都有一个逻辑上需要实现的目标来维系此团体的存在,维系这一团体所需要的纽带是深层次的。

二、瓦解与重组

共同体的概念和理论传入中国已有较长时间,但直到20世纪80年代,

---

[1] 鲍曼. 共同体[M]. 欧阳景根,译. 南京：江苏人民出版社,2003：5.
[2] BOYER E L. The basic school: A community for teaching [J]. Advance Copy, 1995: 238.
[3] 徐烨. 滕尼斯、涂尔干、杜威的共同体观：溯源与启示[J]. 贵州社会科学,2022(4)：116-121.

在多元的西方社会科学理论的译介和影响下，我国学者对"共同体"这一概念和理论的运用才逐渐增多。在哲学、政治学、历史学、社会学等诸多领域，共同体理论都受到高度关注和深入研究。总体而言，我国学界对共同体理论的理解和研究主要呈现出三方面的特征。第一，对共同体理论的理解逐渐多元。20世纪80年代以来，在中日学者之间交流不断加强的情况下，国内学界对"共同体"的关注也日益活跃。例如，在水利共同体领域，学者们从共同体的视野审视了湘湖水利集体和湘湖水利社会的变迁，强调不应将共同体实体化，更多从生态环境史的视角讨论共同体解体的问题。① 由此可以看出，国内史学界对共同体的理解存在多元化的倾向。第二，对共同体理论的翻译介绍不够充分。客观来说，共同体理论在国内学术界尤其是社会史学界的运用远未达到成熟和完善，比较权威、各方公认的理论著述尚不多见，这与我们对西方共同体理论的研究不充分是有关系的。第三，对共同体理论的重组与再造。共同体的概念和理论如今在国内学术界已经非常流行，许多学者纷纷运用它们来构建自己的理论体系，阐述对一些问题的理解。

张忠和孙苏扬认为尽管共同体的概念是发展变化的，不同的学者对此也持有不同角度的理解与阐释，但仍然可以抽象出共同体的一些基本特质：一是共同体成员之间具有紧密的联系与互动；二是共同体成员具有共同的信念，即共同领会或意识，包括理想、平等、自由和权利等；三是共同体成员之间存在着真挚的情感，如亲密、爱、友谊、关心和责任等。②

陈雪娇认为，在马克思看来，无论是什么样形态的共同体，共同体与人始终是分不开的，同时人的生存发展也离不开共同体。因此，可以将"共同体"理解为人最为基本的存在方式。③

尹莉茹指出，"共同体"的概念并非马克思最早提出的，它是马克思

---

① 张俊峰. 水利社会的类型 [M]. 北京：北京大学出版社，2012：291-296.
② 张忠，孙苏扬. 课程思政视域中的高校师生共同体建设 [J]. 成都师范学院学报，2022，38（8）：22-29.
③ 陈雪娇. 马克思共同体思想的逻辑演进及当代价值研究 [D]. 海口：海南大学，2022.

从欧洲传统文化中继承下来的。共同体可指由居住在同一片区域的人组成的团体，也可指在种族、职业等多方面具有相同特征的人组成的团体，或者是基于某种共同的情感认同等组成的团体，亦可指由国家组成的团体。①

党的十九大报告明确指出，推动构建人类命运共同体是新时代坚持和发展中国特色社会主义的基本方略之一。人类命运共同体理念是马克思主义基本原理与中国具体实际相结合、同中华优秀传统文化相结合的实践成果。② 习近平总书记坚持马克思主义的立场、观点和方法，基于对人类社会发展规律的深刻把握，从马克思的共同体思想源泉出发，辩证地吸收借鉴了中外社会科学领域共同体理论的精华，高瞻远瞩、高屋建瓴地提出了"人类命运共同体"的崭新理念。习近平总书记科学把握当今世界发展的大趋势和面临的一系列问题，"高举和平、发展、合作、共赢的旗帜"，呼吁"各国人民同心协力，构建人类命运共同体，建设持久和平、普遍安全、共同繁荣、开放包容、清洁美丽的世界" "共同创造人类的美好未来"。③ 这是在全球化时代，对历史上已有共同体理论的辩证吸收和开拓性延伸，是对马克思共同体思想的当代阐释和创新性发展，既符合理论逻辑又顺应历史规律，既具有强大的理论生命力又具有强大的现实感召力。"人类命运共同体"思想准确把握世界发展的新变化和新特点，为理解和处理当今时代面临的各种问题提供了一种新的思维方式和价值理念，提供了一种超越传统全球治理观和发展观的新方案。所以，这是共同体理论滥觞、传播、流变的归宿，也是我们今后研究共同体理论新的基石、起点和坐标。

总之，自由是在共同体中实现的自由，任何一个个体都不能从实力出发同其他国家交往，而是要在公正合理的交往关系共同体中互相尊重，每

---

① 尹莉茹. 人类命运共同体理念对马克思共同体思想的理论传承 [J]. 延边党校学报, 2023, 39（1）：27-30.
② 习近平. 在庆祝中国共产党成立100周年大会上的讲话（2021年7月1日）[M]. 北京：人民出版社, 2021.
③ 习近平. 决胜全面建成小康社会夺取新时代中国特色社会主义伟大胜利：在中国共产党第十九次全国代表大会上的报告 [M]. 北京：人民出版社, 2017：58-60.

个个体的权利与义务、自由与规则都是相辅相成的，实现制定规则与遵守规则相统一、平等参与与获取机会相一致、享有权利与承担责任相符合，各个个体实现参与共同交往与共同发展的自由，实现个人道路选择与自主发展的自由。

历史地看，共同体的概念和理论，经过了一个比较漫长而复杂的发展过程：在地理空间上是欧洲—美洲—日本的传播，在学术领域上是人类社会—科学社会—水利、村落的流变。无论如何，它最终传播和流变到我国的学术界并形成了广泛而深刻的影响，已经为我国各领域的社会科学广泛接受并积极运用。至今学术界仍有不同的理解和认识，也出现了一些分歧和争论，在学理上尚需进一步深刻探讨和研究。

本章从各国学者对共同体的独到见解入手，梳理了共同体理论演化的基本脉络。通过对共同体理论的剖析，我们不难发现，共同体的构建并不是一蹴而就的，其自身也蕴含了一定的规律，因此对共同体这一概念的建构与理解，也不能抛开其本质。其主要内核体现在以下三方面。

一是共同的价值立场。建立一个新的共同体首先意味着就要确立一定的价值立场，形成共同体的主体自觉。价值立场是构建共同体的出发点和立足点。习近平总书记指出："立场，是人们观察、认识和处理问题的立足点。这个立足点，从根本上讲是由人们的经济政治社会利益和地位决定的。"[①] 宣扬共同价值，就要超越个人、种族、性别的割裂，站在集体前途命运的立场上，在尊重各个个体或者子集体特殊利益的前提下，致力于实现集体共同利益，获得更多集体感的认同，提升构建价值共同体的主体自觉。

二是提供新的价值准则，凝聚构建共同体的价值共识。价值准则是构建共同体的标尺。集体价值追求提供了新的评价准则，致力于求同存异、聚同化异，它切中了个体利益上的交汇点、情感上的共鸣点和思想上的共通点，凝聚不同个体对构建共同体的价值共识。

---

① 习近平. 深入学习中国特色社会主义理论体系努力掌握马克思主义立场观点方法 [J]. 求是，2010（7）：17-24.

三是指明新的实践路径，汇聚构建共同体的强大力量。实践是构建共同体的最终落脚点。集体共同体的价值跳出了个别特殊主义、中心主义的窠臼，摒弃对抗、单一、零和的思维方式，促进各个个体合作共赢、交流互鉴、共同发展，推动人类社会走向更加美好的未来。

人类文明发展史就是一部共同体不断构筑的历史。在不同发展阶段，人类在不同价值观指引下，基于不同价值立场，秉持不同的价值准则，构建出不同类型的共同体。但总体来说，共同体广义指人与人之间结合为一个集合的形式，也就是各个个体之间存在某种比较稳定的相互关系。它不是独断地只强调整体从而抹杀个体特性，而是重视构成共同体的每一个独立的个体，注重个体与个体之间的联结，在大家的联合努力下相互成就，追求共赢。因此，只有激发每个个体的欲求，处理好个体之间的联结，个体才能更好地携手。

第二节 教师教育共同体

联合国教科文组织 2022 年发布的《一起重新构想我们的未来：为教育打造新的社会契约》报告指出，"在新的教育社会契约背景下，教学应进一步专业化为一项协同性的工作。教师面对的一些复杂挑战很难依靠个人来解决，但可以通过学校网络、与大学的伙伴关系，或者由特殊教育组织支持的专业共同体来解决"[1]。可见，专业共同体将成为新时代教师教育改革的重要支撑。

教师教育共同体是共同体概念被嵌入教师教育语境里的一种重构，是由一群关注、研究教师教育并志在做好教师教育的个体或组织，围绕教师专业化发展和高素质技术技能人才培养的关键问题，基于一定的行业或专业规范，在充分合作的基础上，以协议盟约的形式，建立的政校行企校多

---

[1] 联合国教育、科学及文化组织. 一起重新构想我们的未来：为教育打造新的社会契约[J]. 出版发行研究，2022（12）：122.

元合作、互利共赢的共同组织形态。① 教师教育共同体将政府、高校、教科研机构、中小学校等各方引入一个开放、持续和共同参与的变革框架中，通过协同创新、共同发展，推动教师专业化发展。

本书的教师教育共同体是旨在通过合作对话、交流活动、资源共享促进教师专业成长的稳定且融洽的团体。

对于当代共同体生成的基础，结合具体的语境会有不同的认识，但总体而言离不开共同愿景、身份认同与归属感这三个基本要素。其中，共同愿景是共同体生成的前提，身份认同是共同体生成的基础，归属感是共同体维系的纽带。另外，多元主体、合作参与、共享共赢也是共同体的必要因素。②

一、多元主体

《中共中央国务院关于全面深化新时代教师队伍建设改革的意见》和教育部等八部门关于印发《新时代基础教育强师计划》的通知提出建设国家师范教育基地，重点支持建设一批国家师范教育基地，构建以师范院校为主体、高水平综合大学参与、教师发展机构为纽带、优质中小学为实践基地的开放、协同、联动的现代教师教育体系。鼓励支持地方政府统筹，相关部门密切配合，高校、教师发展机构、中小学等协同，开展区域教师队伍建设改革试点，内容包括师范生培养、教师专业发展、教师人事管理制度改革、教育教学研究与改革等。总结推广试点经验，加快构建现代教师队伍治理体系，提升教育教学水平。③

教师教育由过去封闭式、同质化的单一主体举办转变为开放式、异质化的多元主体协同，增强了政府、高校、教科研机构、中小学的互动交流

---

① 张增田，赵庆来. 教师教育共同体：内涵、意蕴与策略 [J]. 首都师范大学学报（社会科学版），2012（6）：132-135.
② 张志旻，赵世奎，任之光，等. 共同体的界定、内涵及其生成：共同体研究综述 [J]. 科学学与科学技术管理，2010，31（10）：14-20.
③ 中华人民共和国教育部. 教育部关于加强新时代教育科学研究工作的意见 教政法〔2019〕16号 [EB/OL]. 中国政府网，2019-10-24.

与资源共享，为弥补教师专业实践能力与教学实践能力的短板提供了可能，也为构建新时代教师教育共同体奠定了基础。

本书的共同体多元主体是以区县教科研机构为中心和纽带，串联起政府、高校、中小学校的多元主体。

二、共同愿景

共同愿景是教师教育共同体生成与构建的前提。教师教育共同体是教师教育者在追求共同愿景的过程中生成的，这个共同愿景就是促进教师教育者的专业发展，并进而促进（准）教师的专业发展，只有秉持这一共同愿景的人才能成为共同体成员。

教师教育共同体虽然存在着多元利益主体，政府、高校、教科研机构、中小学校处于社会系统中的不同位置，彼此身份、职责、角色、功能各有不同，但在提高教师教育质量、提升技术技能人才培养水平方面，有着共同的目标和使命。政府作为教师队伍建设政策的设计者、推动者，有责任统筹各方力量，提供政策支持，调动行业教科院参与教师教育的积极性。高校肩负着培养高素质"双师型"教师的使命，迫切希望推进教师教育改革，提升教师培养培训质量。教科研机构既需要来自高校、中小学校的人才智力和技术支持，也要承担协同培养师资的社会责任。[①] 中小学校也期望招聘高素质的师范生，并接受高校指导，促进教师专业化发展，从而提升技术技能人才培养水平。

在共同愿景的引领下，教师教育共同体成员将成为"共担责任"的培养者、"改革创新"的推动者和"协同发展"的促进者。

三、身份认同

身份认同是教师教育共同体生成的心理基础。一方面，教师教育者个体由于体认到"教师教育者"这一身份从而产生自我认同，即自己认同、

---

① 张琰. 让教科研机构发挥好引领和指导教育实践的服务功能［J］. 陕西教育（教学版），2020（6）：24-25.

接受并践行自身的角色身份；另一方面，教师教育者个体在与其他同身份个体的交往过程中体认到他者认同，即获得共同体其他成员的认同，以共同体成员的思维方式、价值观念以及行为方式等来表现自己，从而使自己被"他人"自然而然地认可和接纳。

教师教育者身份认同是指教师教育者个体在与相同或不同群体中的其他个体交往过程中所获得的关于自我身份的认知、情感体验与行为方式的集合。教师教育者身份认同主要包括自我认同和他者认同两方面。其中，自我认同主要是指教师教育者个体对自我身份的反思、认定和追寻，他者认同则是指他人或社会对教师教育者个体身份的期望、认可与规定。身份认同的最终落脚点是对自我身份的肯定，特别是教师教育者在"觉知自身与外部环境关系基础之上的个体身份判定和行为遵从"①。

四、共同情感

共同情感是教师教育共同体生成与维系的情感依托和纽带。具体来说，这种情感主要表现为归属感和成就感两种。②

正如滕尼斯所指出的，"如同艺术上和等级上的志同道合者一样，相互认识的人实际上也是信仰上的教友，他们（共同体成员）到处都受到一种精神纽带的约束，为一项共同的事业而工作"③。教师教育共同体也不例外，维系教师教育共同体的精神纽带就是成员之间的心理相容关系，包括共同体成员之间心理上的相互包容、情感上的相互支持以及精神上的相互交融等协调一致的状态。教师教育者之间会产生情感的相互影响、相互感染、相互接纳、相互交融以及相互激励的可能，这种积极的情感可以调控成员自身的行为，形成良好的精神氛围。

---

① 张志旻，赵世奎，任之光，等. 共同体的界定、内涵及其生成：共同体研究综述［J］. 科学学与科学技术管理，2010，31（10）：14-20.
② 岳建军. 教师教育者共同体构建研究：基于地方综合性大学的考察［M］. 北京：中国社会科学出版社，2021.
③ 滕尼斯. 共同体与社会［M］. 林荣远，译. 北京：商务印书馆，1999.

五、共享共赢

共享共赢是共同体的关键要素。教师教育共同体由多元主体发起、自愿组合,资源共享、利益互动能够加深彼此间的合作与信任,从而形成共同体的合力,更好地促进共同愿景的达成。

教师教育共同体通过机制和制度的创新,可以实现共同体成员的异质交互,促进教育链、人才链、产业链、创新链的有机融合,形成政府、高校、教科研机构、中小学校共赢共进的格局。共同体中,各个成员基于共同的愿景、共同的目标和追求结合到一起,相互合作、相互支持,从而实现共同体成员专业素养的共同发展。共同体的构建,改变了传统的教师教育者专业发展以自我发展为主的倾向,使得教师教育者个体从封闭性的孤立存在走向合作式的开放存在,共同体成员在互相尊重、彼此欣赏的基础上接纳彼此,包容差异,将个体的独特性与共同体的多样性相结合、相统一,从而实现个体与集体的共同成长。因此,教师教育共同体是促进教师教育者专业发展的重要范式。

六、合作参与

如果没有合作和参与,共同体就难以维系和存在。帕尔默认为,"真正的共同体绝对不是线性的、静态的、分等级的,而是圆形的、互动的、动态的……是通过合作参与来推进我们认知的"[1]。教师教育共同体中主体的多元性和差异性,使高校、政府、教科研机构、中小学校在资源、利益、优势等方面形成互补,为彼此间的合作与互动提供了空间。教师教育共同体发展愿景的实现,不可能是共同体成员自然结合的结果,也不可能由单一主体独立完成,而是需要多主体之间的协商沟通、优势互补,这必然涉及成员之间彼此的互动与合作。此外,教师教育改革过程中的不确定性、复杂性使得共同体成员的身份和角色充满未知,成员间的互动与协商

---

[1] 帕尔默.教学勇气[M].吴国珍,余巍,等译.上海:华东师范大学出版社,2005.

更加频繁，同时也加强了成员间的相互依赖。

第三节 UGIS 教师教育共同体

终身教育强调教育具有终身性、全民性和广泛性的特点，即教育作为人一生连续不断的学习过程，贯穿人生的整个过程，把人生成长的各个阶段连接起来，人生各个阶段的发展持续不断。教育应面向全体人民，并把一切具有教育功能的机构连接起来，使各种教育机构趋向一体化。[①] 我国自 20 世纪 90 年代开始关注构建终身教育体系，从成人教育推进到继续教育，2021 年通过的"十四五"规划和 2035 年远景目标纲要提出要完善终身学习体系，建设学习型社会。[②] 在终身教育理念的引导下，我们认为教师教育也应该建立教师招生、培养、入职与培训等环节一体化的体系，由此产生了 UGIS 教师教育共同体这一概念。

一、什么是 UGIS 教师教育共同体

UGIS 教师教育共同体是指以地方教研机构（institute）为轴心，联合高校（university）、地区教育行政部门（government）和中小学校（school）共同参与构成的四方主体协作体系。

UGIS 教师教育共同体是以全面促进教师的终身学习和持续的专业发展为共同的根本目标，[③]以教师教育为基本目标和主要任务，将教师教育抛锚于共同体的脉络当中，基于共同的愿景，共同的兴趣与利益，旨在通过合作、对话和分享性活动来促进教师专业成长而形成的稳定、平等、有

---

① 何茜. 教师职前职后一体化教育实践课程及其保障实施 [J]. 教育研究, 2015, 36 (8): 115-118.
② 李琼, 裴丽. 深化教师教育改革的突破口：创建政府、大学与中小学的协同一体化 [J]. 教育理论与实践, 2017, 37 (5): 29-31.
③ 蒋丽萍, 王卓华, 唐世纲. 基于 U-S 伙伴合作关系的教师教育一体化有效路径探析 [J]. 教师教育学报, 2016, 3 (4): 32-36.

效、和谐的专业协作伙伴组织联盟。①

UGIS 教师教育共同体秉承一体化和相互支撑、协同发展的人才培养理念，将教师队伍的培养与政策调控、理论研究、业务指导和实践创新等方面力量汇集起来，由高校理论引领，地方教育行政部门、地方教研机构筹备策划，中小学校共同参与培养，以构建具有"精神共鸣，组织共构，资源共享，实践共创，文化共生"特点的校际、校所、校地深度合作的教师协同创新培养平台。

UGIS 教师教育共同体作为一个建立在正式合作协议框架下的专业协作伙伴联盟，其组织系统内的各个主体必然有着涉及自身组织和成员的职责，权利和利益诉求。在共同体的运作过程中，各方主体协调耦合、相互联系、分工合作，实现共同体内部资源共享和优势互补。从整体上全程规划、设计和实施教师职业生涯中的各个阶段的培养和培训工作，以教师职业生涯的历程为出发点，使教师发展各个阶段的工作衔接起来，为探索可持续的教师专业化发展道路和构建教师教育终身化学习体系提供有效途径。

二、UGIS 四方主体的责、权、利

（一）Institute 教研机构

2019 年 10 月 30 日，中华人民共和国教育部发文《教育部关于加强新时代教育科学研究工作的意见（教政法〔2019〕16 号）》[下称《意见（16 号）》]。《意见（16 号）》提出了健全教育科研机构体系的要求，各级教育科研专门机构要重点加强教育理论研究、政策研究和实践研究，提高服务决策能力和指导实践水平。②

2019 年 11 月 25 日，中华人民共和国教育部发文《教育部关于加强和

---

① 罗新祜，陈亚艳. 高校、地方政府和中小学协作的教师教育共同体：一种新的教师教育模式 [J]. 教学与管理，2013（33）：47-50.

② 中华人民共和国教育部. 教育部关于加强新时代教育科学研究工作的意见 教政法〔2019〕16 号 [EB/OL]. 中国政府网，2019-10-24.

改进新时代基础教育教研工作的意见（教基〔2019〕14号）》[下称《意见（14号）》]，指出教研工作是保障基础教育质量的重要支撑。长期以来，教研工作在推进课程改革、指导教学实践、促进教师发展、服务教育决策等方面发挥了十分重要的作用。《意见（14号）》就进一步加强和改进新时代基础教育教研工作提出完善教研体系的工作要求。《意见（14号）》指出，按照《中共中央国务院关于深化教育教学改革全面提高义务教育质量的意见》要求，进一步完善国家、省、市、县、校五级教研工作体系。《意见（14号）》首次明确了教育部基础教育课程教材发展中心在五级教研工作体系中的第一级位置，"教育部基础教育课程教材发展中心在部内有关司局指导下，组织开展基础教育教研工作，发挥专业引领作用"①。"在部内有关司局指导下"正是以顶层设计重申了教研在教育行政体系中所处的位置。② 教育部基础教育课程教材发展中心具有组织实施重大教学改革研究项目、建设基础教育教研基地、指导各地教研工作、发挥专业引领作用等职能作用。国家级教研机构主要负责国家层面的教育研究和政策制定、全国教育科研工作的统筹规划和管理指导等工作。省级教研机构包括省级教育行政部门领导的教育科研机构，主要负责对本省层面的教育研究和教学改革等工作进行统筹指导，其最突出的职能是服务政府决策和教育科研课题研究，偏向宏观管理和政府决策服务。各区（市）县教研机构负责统筹行政区域内教育科研工作，与省级教研机构相比，各区（市）县教研机构更多地面向基层学校开展教研活动。③ 校级教研机构是由学校领导的教育科研机构，例如，学校教研室、实验室、中心等，负责本校层面的教育研究和教学改革等工作。

《意见（14号）》指出地方各级教育行政部门要进一步明确教研机构的工作职责，充分发挥教研机构在推进区域课程教学改革、教学诊断与改

---

① 中华人民共和国教育部．教育部关于加强和改进新时代基础教育教研工作的意见：教基〔2019〕14号 [EB/OL]．中华人民共和国教育部网站，2019-11-25．
② 杨九诠．中国教研体系的定位与定性 [J]．教育发展研究，2022，42（8）：10-20．
③ 王艳玲，胡惠闵．我国教研机构的类型与职能：基于全国抽样调查的分析 [J]．教育发展研究，2020，40（Z2）：23-31．

进、课程教学资源建设、培育推广优秀教学成果等方面的重要作用。其中，市、县级教研机构要重心下移，深入学校、课堂、教师、学生之中，紧密联系教育教学一线实际开展研究，指导学校和教师加强校本教研，改进教育教学工作，形成在课程目标引领下的备、教、学、评一体化的教学格局。市、县级教研机构作为五级教研体系的重要组成部分，在其职责、教研能力和教育资源方面都具有不可替代的重要性，在教育教学改革和发展中发挥着重要的作用。从职责上看，区县教研机构作为负责辖区内各级学校教学工作的主管机构之一，其职责包括研究和制定本地区的教育教学政策、规划和方案，并指导、协调、监督辖区内各级学校的教育教学工作。从教研能力上看，区县教研机构汇聚了本地区的优秀教育教学人才，拥有一定的教研能力和研究基础。通过定期组织、开展各种形式的教研活动，区县教研机构可以不断提高教师的教育教学水平，推进本地区的教育教学事业发展。从教育资源来看，区县教研机构还可以收集、整合、共享本地区的教育资源，包括优秀教案、教学视频、教学素材等。这些资源可以为教师提供有益的参考和支持，帮助他们更好地开展教学工作。因此，区（县）教研机构在加强与中小学校、高等学校、科研院所、教师培训、考试评价、电化教育、教育装备等单位的协作方面具有明显优势，在以教育行政部门为主导、中小学校为基地，相关单位通力协作的教研工作新格局中，区县教研机构发挥着主体作用。在 UGIS 教师教育共同体的框架下，区（县）等基层教研机构"研究、指导、服务"的职能需要更进一步细化，其理应成为区域教育改革的推动者、理念转化为行为的指导者、课程资源的统整者、教育质量测评的研究者和教师专业发展的引导者。[1] 区县教研机构是连接政府、高校与中小学校的中介，在合作的过程中能够扮演协调者、评估者、合作者的角色。[2]

---

[1] 龚道敏. 新时代基层教研机构亟待改革创新 [J]. 湖北教育（政务宣传），2018（6）: 52-54.
[2] 杨朝晖. "U-S" 伙伴合作关系问题研究述评 [J]. 首都师范大学学报（社会科学版），2009（3）: 5.

(二) 高校

参与 UGIS 教师教育共同体的高校是指以北京师范大学、西南大学等高等院校为代表，积极顺应国家政策方针，紧密配合各级教研机构，以全面促进教师的终身学习为目标，为教师的职前职后发展一体化的理论研究、知识和技能培训、教育教学的研究和探索等方面提供资源的高等院校。

高校在教师培训和教育方面扮演着重要角色。随着时代的发展和社会的进步，人才的培养成为国家发展的核心任务。教育事业是培养高质量人才的重要手段之一，而高等院校作为教育事业中的重要力量，其教师培训和教育成为提高国家人才素质的关键。高等院校是全国范围内的高水平人才集聚地，其所拥有的资源、师资、教学设施等条件是其他教育机构难以比拟的。首先，高等院校是学术研究基地与智库。高校拥有丰富的理论研究资源，要发挥其理论研究优势，对教师教育领域的现状、存在的问题、国际教师教育研究的前沿与热点进行深入研究与分析，为政府提供具有建设性的教师教育政策咨询，引领教师教育改革的理论方向。[①] 其次，高等院校是教师培养和职后培训的主要基地之一。在教师培训中，高等院校不仅可以提供丰富的教育资源，还可以为教师提供更高水平的教育。此外，高等院校还可以通过创新课程、探索新型教学方式等多种方式培养优秀的教师，从而提升教育水平。作为教师培养的主阵地，高校需要紧密配合国家的政策方针，与政府相关职能部门协同，确定合适的招生规模和培养模式；同时，高校还应和一线的中小学校合作，构建学术性与实践性结合的教师教育课程与教学方式，培养符合国家政策导向与适应基础教育改革需求的教师。最后，高校也是教育改革的推动者之一。高等院校不仅拥有优秀的师资力量，还能够结合国内外教育前沿理论和实践经验，不断推进教育改革。高等院校可以通过创新教学方式、优化课程设置、改革教育评价

---

① 李琼，裴丽. 深化教师教育改革的突破口：创建政府、大学与中小学的协同一体化 [J]. 教育理论与实践，2017，37 (5)：29-31.

体系等多种方式推进教育改革,提升教育水平。高校应注重加强与地方政府部门及中小学校的协同合作,借助政府的政策、资源和管理优势,创新地区教师教育的发展模式,促进区域教师教育改进及教师整体素质提升。

高等院校是我国高等教育体系中的重要组成部分,其在培养人才、推进科技创新、促进社会发展等方面扮演着不可替代的角色。在 UGIS 教师教育共同体的框架下,高等院校作为教师培训和教育的主要机构之一,其与教育行政部门、各级教研机构以及各地方中小学校要积极地进行协同和合作,共同推动教育改革和发展。高校的重要职责是理论建构和实践改进,但这一定来自对实践的研究和思考。[①] 高校与一线的中小学校之间形成联盟关系,一方面中小学校可以为高校提供实习实践机会,帮助高校学生将理论与实践结合,改善实习效果,提高实习质量,促进师范生专业发展。另一方面,高校的教师教育者进入中小学校,根据中小学校的实际需要向在职教师传授最新的教育理念和教学策略,为在职教师提供进修及研讨机会,并且与他们一道开展教育合作课题研究,提供各种教育服务支持,有利于拉近中小学校在职教师与高校教师之间的距离,促进在职教师的发展。只有高校与中小学校的关系更加紧密、合作更加融洽,才有利于促进彼此的成长。[②]

在高校与中小学校的合作关系中,还需要教育行政部门和教研机构的积极介入和配合。一方面,高校与中小学校的文化冲突,有必要通过地方教育行政机构和教研机构等第三方力量来协调;另一方面,高校与中小学校建立伙伴合作关系,不仅需要充分利用自身的内部资源,还需要充分寻求外部环境的资源支持。此外,地方教研机构作为教育评价和教师培养的第三方机构以及教育法令、政策的颁布主体,适时、有效地介入,对于保障伙伴合作关系评价的"客观性"和提升伙伴协作的"合法性"都能发

[①] 胡艳,袁丽. UGIS 伙伴协作的困境与出路:大学的视角 [J]. 北京师范大学学报(社会科学版),2015(6):80-86.

[②] 李子建,朱琳. 大中小学教师教育专业共同体的建构 [J]. 教师教育学报,2015,2(6):41-46.

挥积极的作用。①

在 UGIS 教师教育共同体中,"大学负责培训模式的顶层设计,同时对教育行政及教师专业发展机构提供理论指导与支持"。在这种模式中,教育行政部门和教研机构是连接高校与中小学校的中介,在合作的过程中扮演协调者、评估者、合作者的角色。一方面从行政上联系地方的教育行政部门,能够借助行政部门的力量,确保合作的顺畅。另一方面从学术、业务上与中小学校长期保持联系,负责地方中小学教师的培训工作,对中小学教育实践具有高度的敏感性和更加充分的了解。②

总之,高等院校在对教师的培训和教育方面,需要与教育行政部门、各级教研机构以及各地方中小学校进行协同合作,共同推动教育改革和发展。这种协同合作不仅可以为教育教学提供更多的资源和支持,也为高等院校和中小学校之间的交流和合作创造更多的机会和可能。要充分发挥高校教育学科理论引领与国际视野的突出优势,有效汇聚高等院校、地方教育行政部门、教研机构、中小学校的创新要素和资源,构建四位一体的教师教育协同创新的新模式,在创新教师教育理论与实践研究、协同机制、培养培训模式、课程与资源中发挥示范引领作用。

(三) 政府

在 UGIS 系统中,政府的主要职能有三。

一是制度建设者。政府作为掌舵者,通过制度建设在国家层面上引领教师教育改革与发展的方向。一方面体现在教师教育核心价值观引领上,即我们要培养什么样的教师,需要建立一个怎样的教师教育体系;另一方面体现在制度建设上,政府以制度引领,要保证制度设计,统筹规划,构建开放、灵活的制度空间。"在以往对'U-G-S'教师教育共同体的研究中,研究者就提出在其组织结构体系中,第一层是领导层,负责规划,对

---

① 李国栋,杨小晶.U-D-S 伙伴协作:理念、经验与启示[J].外国教育研究,2013(10):30-37.
② 袁丽,石中英,朱旭东.U-S 合作伙伴关系"三级协同多维度"体系的构建与反思:以北京师范大学教育学部为例[J].大学(研究版),2015(12):37-52.

各成员单位进行协调，领导层主要就是由政府来统筹大局，一切原则和方案都要遵循国家政府的相关政策文件，地方政府则要结合所在地区的实际情况开展工作，在这个共同体当中，每一步都是走在政府的看管下，在这里政府的定位是决策者和领导者。"①

二是资源配置者。教师教育作为国家的一项公共事业，具有"准公共产品"性质，政府在教师教育资源配置中起到主体作用。比如，在财力上，中央政府可以设置"教师教育专项扶持基金"，以保障各类型的教师教育机构能够服务地方尤其是农村教育；在物力上，政府要统筹安排教师教育的基础设施建设和教师教育数据库建设；在人力上，政府应为教师教育配备充足的师资，设立教师专业发展的促进计划等。教师教育共同体其实就是各方资源的整合，合作实现共赢，助力教育事业，政府作为调配这些资源的"双手"，就要在每一个环节中进行观察与评价，始终将实现资源最优化配置作为评价标准，将教育发展、教师专业发展作为最终目标，这样才有利于地方教育事业的发展。

三是统筹协调者。首先，政府要整合政府职能部门的教师教育工作，统筹分散具体负责教师教育工作的多个部门的权责；其次，政府要统筹推动教师教育院校、教育行政部门、中小学校之间的协同合作，充分调动各个群体参与教师教育的积极性。政府相当于一个大脑，指挥统筹着其他三部分，在UGIS系统中，中小学校、高校以及地方教研机构都要通过政府来联系。教师教育共同体本质上是合理交换优质教育资源，有效运转教师教育工作，合理调配资源比例以避免分配不均的情况；政府是资源的分配者，需要最大程度实现资源的共享、实现各个部门的共赢、实现工作效益的最大化，为地方教育蓬勃发展保驾护航。

（四）中小学校

中小学校是教育理念与实践的融合之地，是检验教育最终成果的重要

---

① 朱洪翠，张景斌，高建春. 四维互动：卓越教师"三位一体"协同培养机制的模型构建 [J]. 教学研究，2017 (3)：8.

场地，亦是教师面对各种复杂教育情境、处理各种教学问题的场所。中小学校在 UGIS 教师教育共同体中的职能有三。

一是提供实习和见习基地。中小学校在 UGIS 教师教育共同体中的作用绝不可小觑。它们充当了培养未来教育者的真实实践基地，为高校师范生提供了珍贵的实习和见习机会。实习不仅是知识和教学技巧的传递，更是一次融入教育实践的历练。在实习过程中，师范生不仅能够亲身感受学科知识的传授，还能够了解课堂管理、学生需求和个体差异的挑战。而中小学教师则扮演了关键角色，不仅负责日常的教学工作，还需要指导并鼓励实习生。这种互利互惠的合作关系，有助于培养出更具教育激情和实践经验的教育从业者。同时，中小学校为实习生提供的安全和舒适的学习环境也是不可或缺的。食宿和津贴的提供，确保了实习生能够全身心投入实践，而不会被外部生活所干扰。

二是提供研究基地。中小学校在 UGIS 教师教育共同体中是独一无二的研究基地。这些学校的实际教育环境为高校教师提供了理想的调研场所。教育研究旨在解决实际教育领域的问题，并改善教育实践。中小学校的教育现场提供了独特的机会，让教育专家亲身了解并参与到实际教学中。这种亲近实践的研究方法可以迅速产生可行的教育解决方案，并确保研究成果能够真正服务于中小学校的教学改进。同时，高校和中小学校之间的合作也有助于实现双方的共赢。中小学校受益于最新的教育研究和创新思想，而高校则得以在实际教育环境中验证他们的理论和方法。

三是开展校本研修活动，助推教师专业发展。地方政府、高校、教研机构和中小学校作为教师培养和培训的机构，在教师教育共同体运行过程中各司其职。国内外为了促进高校与中小学校之间的交流与合作，曾纷纷进行了积极探索。20 世纪 80 年代中期，美国教育学院、中小学校和科研机构共同建立了教师专业发展学校（Professional Development School，PDS），共同进行教师教育研究，促进教师专业发展。为了促进教师教育改革，英国政府在 1992—1993 年拨出专项经费 600 万英镑正式成立教师伙伴学校，加强高校与中小学校之间的联系，强调职前教师培养和职后教师培训的统一。1993年，英国首批6所教师伙伴学校获准开设培训课程，教师教育一体化趋势开始形成。在教师专业发展学校，主要由专门的教育工作小组开展教师教育工作，小组成员包括教育学院的教师、中小学教师和教研机构的管理人员，强调教师职前和职后的专业发展。一方面，中小学教师可以参与到师范生的培养中，参与设计师范生的课程，并给予实习指导。另一方面，教育学院的教师对中小学教师进行教育理论的指导，提供参与教育课题研究的机会，促进教师的继续教育。教师专业发展学校以中小学校为主要的校本研修基地，加强了中小学教师与高校教授之间、各学校教师之间以及教师与实习教师之间的交流与合作。

第二章

教师教育共同体发展演变

第一节 国外教师教育共同体溯源

我们对共同体、学习共同体、教师教育共同体这三个关键词进行——溯源。

共同体由英语词汇 community 翻译而来,具有社会、社区、团体、群体的含义,其中德国学者滕尼斯认为"共同体"存在血缘共同体、地缘共同体和精神共同体这三种基本形式,他们不仅是各个部分相加的总和,而且是浑然生长在一起的整体,强调人与人之间的紧密关系、共同的精神意识以及对共同体的归属感和认同感。① 约翰·杜威(John Dewey)在《民主主义与教育》中主张"人们因为有共同的东西而生活在一个共同体内,沟通乃是他们占有共同的东西的方法",这里的共同体充满主体间的作用与沟通。② 齐格蒙特·鲍曼(Zygmunt Bauman)认为的共同体是"社会中存在的、基于主观上或客观上的共同特性(这些特征包括种族、观念、地位、遭遇、任务、身份等)而组成的各种层次的团体、组织"③。

学习共同体的概念由著名教育学家博耶尔(Ernest L. Boyer)在 1995

---

① 滕尼斯. 共同体与社会 [M]. 林荣远,译. 北京:商务印书馆,1999:65.
② 杜威. 民主主义与教育 [M]. 王承绪,译. 北京:人民教育出版社,2001:9.
③ 鲍曼. 共同体 [M]. 欧阳景根,译. 南京:江苏人民出版社,2003:1.

年发表的《基础学校：学校共同体》报告中提出，立足学校教育，指出学校就是学习共同体：具有共同的愿景、有效的沟通，有规则，关心照顾学生以及良好的学习氛围。该报告主要探讨学校教师的发展共同体。[①] 其中存在三种普遍观点：关系团体说、学习组织说、有效模式说。关系团体说立足社会学视角，强调教师团体的协作关系，认为教师共同体是因共同目标聚焦的有合作关系的团体；学校组织说立足管理学视角，坚持"整体优先"思想而发挥出制度优势，是"人为控制的，有计划、有组织的"学习型组织。有效模式说是从哲学视角出发，破除孤立、客观的学习而形成"相互的、公共的、主动的群体性学习与发展"，以变革传统学习模式。

而本课题中主要涉及的教师教育共同体，最早可以追溯到19世纪末杜威创建的实验学校和哈佛大学校长等知名人士组成的"十人委员会"所做的工作。由美国霍尔姆斯小组在其报告《明天的教师》中明确地提出将大学与中小学建立伙伴关系作为教师教育改革的一项策略，而建立教师专业发展学校的建议也在该报告中首次提出。20世纪初，哈佛大学校长埃利奥特组织召开了大学与中小学教师的联席会议，讨论如何改进教育与教学方法，主张大学应当更多地参与到改进中小学教育中来，这是美国大学与中小学直接合作的开端。

20世纪60年代，斯滕豪斯主持"人文课程研究"，并在课程编制的过程中提出"教师成为研究者"，进一步明确了大学和中小学在合作行动研究中的角色，突出了一线教师在课程开发过程中的主体地位。20世纪70年代，由埃利奥特指导的"福特教学研究"和"师生互动与学习效能研究"共同关注的焦点是怎样促进教师的思考并尽量减少指导小组对教师的控制，这进一步凸显了一线教师参与研究的重要性。20世纪70年代，欧美国家把大学和中小学的伙伴合作看作解决中小学教师成长和学校改进的有效途径。

20世纪80年代，卡内基和霍尔姆斯小组分别提出的建设大学与中小

---

① BOYER E. The basic school: a community for learning [R]. Princeton: the Carnegie Foundation for the Advancement of Teaching, 1995.

学（U-S）合作共同体的建议在20世纪90年代中期成为一种热潮。20世纪80年代以来，学校教育和教师教育同时面临新的强大的变革压力，大学（主要是大学里的教育学院）与中小学的合作成为北美教育界一个热门的理论和实践课题。1983年《国家处在危险之中：教育改革势在必行》报告的发表，引发了美国另一场教育改革运动，在这场运动中许多学者提议大学与中小学应该建立互补互益的合作关系，这样才能保证大学和中小学的共同发展。1986年，卡内基教育与经济论坛发表《21世纪的教师》，建议设立旨在建立大学与中小学合作关系的"临床学校"，确保教师的素质。

至20世纪90年代，有学者提出了所谓"U-S联合"的教育研究和发展模式，主张大学应与中小学联合起来，互取所长，共同促进教育理论与实践的发展。20世纪90年代还兴起了城市教师驻校（UTR）的教师教育模式。2009年，美国教育部开始呼吁对大学本位教师教育模式的变革；2010年，美国全国教师教育认证委员会又新建立了一个"蓝丝带小组"，并大力倡导"临床实践"，对师范生职前实践的培训做了详细的说明。

第二节　国外教师教育共同体实践探索

目前，经文献查新，国外的实践探索主要分为美国PDS模式、英国的基地模式、澳大利亚的学习社群模式、波士顿城市驻校教师（U-S-N）模式。

一、美国PDS模式

（一）理论概述

PDS是美国教师教育改革的一种新构想，是专门为教师教育发展提供的一项功能性拓展的机构设置，它首次出现于美国霍姆斯小组的一篇名为《明天的教师》的报告中，该报告明确指出其与传统的实验示范学校相区别，PDS 是一种"真实情境的合作"的教师培养模式，由大学和中小学教师共同完成对职前教师的现场指导培养。① 例如，1990 年南缅因州立大学与韦尔斯中学的合作，在韦尔斯中学完成师范生候选人的筛选、课程的设计、规划试验和教师的评价。其课程也主要是在韦尔斯中学集中地学习，并用一年的时间来完成课程与实际教育实践的结合。它不只是为大学提供教育教学研究的实验学校，也不只是为师范生提供实习的真实情境，而是将这些功能综合起来的，"一种集培养新教师、进行研究和发展教学专业于一身的学校"。

另有学者将 PDS 归纳理解为，它是大学与中小学（正规小学、初中、高中）之间的协同合作，目的在于制订和开发适应多种学生需求的课程学习计划，同时增强教师教育职前培养和职后培训的实践性和启发性，转变在职教师的思维和加强其专业责任感，并提高教师教学水平和中小学教学质量等。② PDS 的内涵界定难以统一，但它在美国已成为一种公认的教师教育协同创新模式。PDS 模式对教师教育的培养倡导大中小学共同承担职前教师培养和在职教师的进修培训，将职前教师置身于真实的中小学教学实践基地，强调对职前教师的实践性知识和能力的获得。

（二）PDS 实践程序

大中小学在目标、理念上协商达成一致，并签订协同合作协议。根据 PDS 的宗旨，合作教师及领导各司其职，资源共享，并建立稳定的组织管理机制，由大学方面筛选师范实习生，中小学方面为师范实习生提供学习基地和设备，并由大中小学联络员负责双方的联络和指导，双方以学习组和研讨会的形式共享资源、共同讨论交流和指导师范生的实践。在协同创新合作的过程中，中小学方面结合基础教育实践经验指导实习生，同时也吸收更多的来自大学方面的新的科研成果。

---

① Holmes Group. Tomorrow's Teachers [M]. East Lansing, MI：Author, 1986.
② 胡森，波斯尔思韦特．教育大百科全书：卷 8：教师教育·教学 [M]．重庆：西南师范大学出版社，2006：486-488.

二、英国基地模式

20世纪80年代中期以来,西方一些学者在对教师从教所需的知识体系和获得方式进行研究时,普遍强调实践性知识及其教学实践对于构建教师知识的重要性。[①] 英国教师教育进行改革是1992年教育大臣帕顿正式宣布政府的教师教育改革计划即"以学校为基地"通过大学与中小学之间建立伙伴关系来培训教师。奥克肖特(Ocshot)将实践者的知识分为技术性知识和实践性知识。其中,实践性知识包含知性、信念、价值观、态度等,只存在于使用过程中,只能在实践活动中获得。麦克纳马拉(Mecnamna)认为,教师的知识包括学科知识、教学知识和课堂知识。前两者深刻地影响着课堂实践,同时也被实践影响和改变,而这两方面是无法清晰区分的。舒尔曼(Shulman)则认为,在教学活动中最重要的因素是判断,即教育机智。这种判断是需要教师在实际课堂情境中,在具体的实践活动中,通过领悟和内省来获得的。古德森(Goodson)等人认为,教师知识具有情境性、实践性和个性化等特征,教师不仅要吸收他人归纳出来的已经获得确证的知识,而且要拥有"实践的智慧"。[②] 所有这些关于教师知识的研究都支持实地经历和经验学习在教师成长中的作用,因而成为"以中小学为基地"的教师培养模式的理论基础。

在现代教育制度下,教师职前教育是以大学为主体进行的。虽然这种模式有其自身的优点,即能较好地提升未来教师的教育理论水平,但很难保证他们的实际教学技能的获得,其缺陷就是造成了教育理论与实践的二元分离。"以中小学为基地"的教师教育的初衷就在于强化教师专业的实践性,加强教育理论与教育实践之间的联系。其理论假设是:大学为教育理论的增长提供了充足的条件,而中小学则为教学实践的培养负责。可见,"以中小学为基地"的教师职前教育的出发点在于解决教育理论与实

[①] NISBET R. The Social Philosophers: Community and Conflict in Western Thought [M]. New York: Thomas Y. Crowell Company, 1973: 1.
[②] 黄瑶瑶. 当代英美教师教育U-S合作模式比较研究 [D]. 苏州: 苏州大学, 2009.

践之间的分离。

三、澳大利亚学习社群模式

"社群"作为一个学术词汇，同样源于community，它主要强调人的集合。随着20世纪80年代"社群主义"在西方社会科学研究中的出现，社群的内涵基本被固定下来，是指由个人组成的、具有较强凝聚力和紧密关系、相互负有一定道德义务的社会群体。澳大利亚"教育研究委员会"教学与学习研究项目的首席研究员劳伦斯·英格瓦森（Lawrence Ingvarson）研究发现，通过促进学校"专业学习社群"（professional learning communities）的构建，学校领袖和教师正不断提高教学质量和学生成绩。强大的专业学习社群正改进学校的教学与学习。英格瓦森教授提出，专业社群（professional communities）是一种生活方式，不是学校中附加的课程。在专业学习社群中，教师以不同的方式一起工作。自上而下的官僚问责模式被专业问责以及对于学生学习和幸福共同负责的水平模式取代。作为孤立形式存在的教学实践被合作代替。专业社群的成员经常根据他们的专业价值观和标准，以个体及集体形式检讨他们的实践。他们与其他专业网络与社团密切联系，成员之间相互学习。为了帮助学校构建专业学习社群，澳大利亚"教育研究委员会"开发了"专业学习社群框架"，该框架与"澳大利亚教师绩效与发展框架"密切结合，为全国学校的改进增加了一个强大的工具。

学校可以根据"专业学习社群框架"，使用专业学习社群问卷了解学校所处的位置，澳大利亚"教育研究委员会"根据问卷信息在两周内为每所学校提供定制报告，评估学校作为专业学习社群的优势并甄别需要改进的地方。

四、波士顿城市驻校教师（U-S-N）模式

Teacher Residency Model是近年来美国新兴的立足于城市学区，主要由当地的优质大学、公立的中小学单位和非营利组织三个群体合作开展的

一种教师培养模式。① 主要是由大学主导，负责运营与理论指导。中小学是项目的实践参与者与关键要素，同时也是最终受益者，不仅提供见习实习场地，提供优质的实践导师和教职工岗位，还负责整体规划与运行、学生管理与课程支持。而非营利组织为项目的运营提供了经费支持以及外部监督，通过经费供给、计划制订和监督评估等来保障项目能够持续有效实施，该模式注重理论与实践的融合，驻校生在城市学区中小学进行为期一年的驻校实习，这段时间称为驻校期。在一年的驻校培训期内，驻校生将参加由地方大学提供的硕士课程并接受中小学提供的实地指导。驻校期结束后，驻校生将获得由合作大学颁发的硕士学位证以及相应的教师资格证书。驻校考核合格者将与城市学区签订协议，在本学区的中小学至少工作3~5年并继续接受入职指导。② 波士顿驻校教师计划创造性地改变了大学与中小学传统"输出—输入"的单纯直线关系，使三方紧密结合在一起。

第三节　我国教师教育共同体溯源

我国关于教师教育共同体的建设主要是受美国教师专业发展学校的启迪，于1990年慢慢开始研究与实操，而当前的教师教育共同体的研究仍然处于发展阶段。近几年，研究者们在教师教育共同体的理论与实践方面不断进行琢磨与反思，积极探索适合我国国情的完善机制。

自1922年我国借鉴美国经验改革学制以来，综合大学和师范院校相继设立实验中小学或附属中小学，通过这种形式，高校与中小学校建立某种合作关系。在现实的教师教育改革进程中，一个重要举措就是努力推动高校与中小学校伙伴合作，U-S共同体已经成了教师教育最基本的模式，通过这个合作模式，高校能将自身理论付诸实践，使自身理论有了站得住

---

① 徐娟. 教师伙伴学校：英国教师教育的新模式[J]. 湖南教育（综合），2007（3）：41.
② 周钧. 美国教师教育的第三条道路：教师培养的驻校模式[J]. 全球教育展望，2010，39（9）：75.

脚的基石，中小学校同样得益于这个合作模式，将自身的实践无限延伸至理论领域，不仅使教师专业发展走上了理论与实践相结合的道路，更使自身发展走向了无限的可能，可以依据教育理论结合每个学校的实际打造自身不可复制的特色，实现中小学校的长足发展。

2001年5月，首都师范大学教育科学学院与北京市丰台区教委在共同建立的市台教育发展服务区启动了国内首批教师发展学校的建设①，石家庄市、唐山市和广西壮族自治区的部分中小学校也相继与首都师范大学建立了合作关系。近年来，共发表学术论文1112篇，出版学术著作60余部，主办了有重要影响的国际学术会议5次、国内学术会议15次②；该成果分别获得北京市教学优秀成果（高等教育）一等奖2次，中国高校人文社会科学优秀成果一等奖、北京市哲学社会科学优秀成果一等奖1次；项目团队10位教师分别获全国模范教师、北京市人民教师和北京市高校教学名师等荣誉称号。

华东师范大学开展的合作项目以叶澜教授主持的新基础教育和陈桂生教授主持的教育行动研究实验为主要代表，其中尤以新基础教育影响最大。该项目始于1994年，有学者将其划分为三个阶段，即探索性阶段（1994—1999）、发展性阶段（1999—2004）和成型性阶段（2004—2009）。新基础教育不仅形成了专业素养极高的研究团队，建立了校际合作共同体和学科教学研究共同体，发表了硕果累累的研究成果，最为重要的是，还在1999年成立了非行政性的组织机构——新基础教育研究所，这一机构的形成为该项目的运作搭建了一个资源整合的平台，成为保证合作持续有效运作的重要机制。

香港中文大学对于院校合作的研究始于20世纪末，主要的研究机构是成立于1998年的香港中文大学教育学院大学与学校伙伴协作中心，该

---

① 王恒. 面向教师教育的院校合作机制：生成与运行：基于组织社会学视角的构建 [J]. 现代远距离教育，2011（1）：42-46.
② 王恒. 中外大学与中小学合作研究的回顾与展望 [J]. 黑龙江高教研究，2010（10）：47-53.

中心下设管理委员会、咨询委员会和执行委员会。[①] 自成立以来，中心与200多所中小学校结成了伙伴，相继开展了以香港跃进学校计划（1998—2001）和优质学校改进计划（2001—2003）为代表的分属学校改进、学生领袖培养、环境可持续发展教育、课程与教学研讨等不同类型的合作项目，旨在支持中小学校建立自我完善机制，推行全面的发展计划，迈向优质教育。一大批研究成果以论著的形式在国内外发表，最具代表性的是操太圣和卢乃桂合作完成的系统研究伙伴协作式教师专业发展著作《伙伴协作与教师赋权：教师专业发展新视角》（2007年）。

2007年东北师范大学与东北三省人民政府及三省部分中小学校合作联手共建"教师教育创新东北实验区"，探索师范大学、地方政府和中小学校合作教师教育模式。西南大学、华中师范大学等高校也相继效仿实施，高校、地方政府、中小学校协作的教师教育共同体逐渐在教师教育领域扩展开来。

近十年来，在教师教育共同体理念推动下，师范院校与中小学校之间的合作又蓬勃兴起，不少地方建立了师范院校、中小学校和政府等共同参与的改革试验区。但这些合作往往形式重于内容，雷声大、雨点小，陈选善先生评价的"师范学校对学生的教育实习工作是不重视的。学校方面对于实习工作没有明确的目标，没有健全的组织领导，没有全盘的计划，敷衍了事，效果极小。被实习的学校把实习工作当作一种负担，不能很好地合作"的现象依然大量存在。

迄今为止，香港中文大学、东北师范大学、首都师范大学等高校紧跟国际教师教育新形势，开展了不同形式的大中小学教师教育共同体研究，并形成了多种形式的共同体，如教师发展基地、教师发展论坛、名师工作坊、课改沙龙等。诸多院校也开展实践探索，打造适合本校及本地区教育特质的共同体运行模式，并有一定成效。东北师范大学、浙江师范大学、

[①] 朱洪翠，张景斌. 国内U-S教师教育合作共同体实践研究：回顾与前瞻[J]. 教学研究，2013，36（5）：43-48.

山西师范大学、首都师范大学为促进教师教育改革、培养卓越教师，分别开展了本校与其他机构合作的教师教育共同体的实践，为其他院校教师教育的发展提供经验。河北民族师范学院与中小学校合作，开展顶岗支教实习，这一举措解决了农村教育缺少教师的问题，也让师范生亲身体验基础教育，提高从教素养，还可以让在职教师有得到培训的机会。初等教育系与市第一幼儿园在校内共同打造了家庭教育研究院，协同创新，探索教师培养的方式。成都大学师范学院针对卓越教师的培养，成功与当地行政部门、中小学校以及其他国外院校组建了一个全方位的资源平台与教育实践基地，整合教育资源，为卓越教师的培养打造了全功能的学习平台，进而提高地方师资队伍的质量。

第四节 我国教师教育共同体的实践探索

一、教师教育共同体建设存在的问题

（一）协同主体主动性联通不强

建构教师教育共同体首要条件是明确各自责任，并积极主动地进行联合、沟通与交流，双方合作共赢也要建立在足够的交流互动基础之上。目前，教师共同体的建设中多体现出中小学校处于不损失利益且能得利的前提下言听计从的状态。高校与中小学校建立协同培教育学生的合作关系，并成立了联合培养工作站，但这种联合主要是来自教指委的硬性规定，要求教育硕士到基础教育单位进行不少于一年的教育实践。顺应政策与培养要求，与基础教育单位开展合作培养，实际上则间接凸显大学的主动性联合不足。此外，在学生实习期间高校导师和实践基地教师间缺少主动的、必要的和时效的联系、交流与反馈，不能及时反映和询问学生在实习中的表现以及培养工作中的不足，这样会忽略学生的问题，同时也会使高校不能发现自身教育存在的问题。

(二) 地方政府和基础教育学校作用发挥不足

教师教育共同体成员的缺位或者作用发挥不足是一个关键性问题。从社会学的角度看，师范院校与其合作的中小学校都是属于相对独立的社会组织，培养的主要对象不同，各自的教育环境不同，在其思维方式、价值认同、行为文化等方面存在一定的差异。也正是这些差异导致培养过程中出现了一些冲突或者缺位现象，出现了多有行政性要求、缺少政策性服务的现象，对于学校实施教师教育共同体培养项目的监督和指导缺乏，在投入财力方面少之甚少，大多是由高校自己承担。

(三) 共同体评价反馈体系不完善

教师教育共同体的研究中，无论是对中小学教师的培养还是对师范生的培养都出现了评价体系不完善的问题。首先，档案袋评价是目前国内外高校常用的一种评价方式，但在这一过程中评价主体还是不够完善，共同参与的群体之间缺乏相互评价。处在同一实践环境中的同学能从一个平等的视角，客观地评价其他同伴的表现，具有真实性。其次，尽管发展档案袋评价的方式呈现的是对对象的过程性评价管理，但在协同培养过程中实践导师对学生的评价反馈并没有得到实质性的显现，缺少阶段性实践能力考核评估及平时各方面表现情况的反馈，结果性评价突出。缺乏必要及时的评价，也就很难有效提高培养对象的质量。最后，由政府主导，成立三方（政府、高校、基础教育）结合的指导的评价机构还没有成形，需要进一步完善。

(四) 合作运行机制薄弱

构建教师教育共同体仍处于学习和探索阶段，合作运行机制在探究与融合上还不够深入，导致整体合作运行机制也不是很健全。教师教育共同体合作的内容较多，诸如，在招收生源、课程开发、资源共享、后期发展等方面都需要深入交流，高校与优质基础教育单位在各方面的合作仍需进一步挖掘与融合。出现这一问题的原因有二：一是由于教师教育共同体建设中的各项实施细则还需完善，还没有一个系统的长效激励机制、监督和评估机制，正处于钻研前行阶段，仍需时日逐步完善。二是教师教育共同体中高校的稳定性较强，但与其合作的培养主体在一定程度上存在流动性大的因素，部分人员调动工作后跟新来的指导者衔接不到位，影响共同体内高校和合作单位之间的沟通交流。①

二、教师教育共同体的探索创新

国内教师学习共同体的研究虽起步较晚，但是发展很快，很多学者都在理论或实践方面取得了成果。在实践层面，国内学者通过行动研究或大规模的调查证实教师学习共同体在促进教育发展方面的成效；在理论层面，和国外类似，主要探讨了教师学习共同体的构建和成效。

（一）教师学习共同体的实践

海南师范大学学者韩刚为了满足海南农村地区的外语教师专业发展需求，从2006年12月起在海南农村举办英语教师周末培训"TTR外语教师培训模式"，总结出了适合农村地区的中学外语教师职业发展模式，在满足当地的教师发展的同时还计划将相关的培训资料整理出版，为其他地区的中学外语教师发展提供借鉴经验，是国内具有影响力的高校教师和中学教师组成的教师学习共同体实践。②

北京师范大学外文学院王蔷教授等从2009年起开始了高校—中学合作开展行动研究探索，并将行动研究中的背景、开展过程、所取得的成果、过程中的反思、读书感悟整理出版，是国内成功的高校—中学教师共同体探索。③

2018年，在第五届全国外语教师教育与发展专题研讨会上，东北师大附中孔军老师汇报了学校外语教师借助东北师大的学术资源，探讨中学课

---

① 曲文静. 基于卓越教师职前培养的教师教育共同体建设研究［D］. 沈阳：沈阳师范大学，2021.
② 杨婷婷. 海南师范大学教授韩刚：不断寻求创新［EB/OL］. 新浪网，2010-09-04.
③ 王蔷，张虹. 高校与中学英语教师合作行动研究的实践探索：在行动中研究 在研究中发展［M］. 上海：上海教育出版社，2012.

堂教学问题以促进教师专业发展，附中与东北师大的合作是一种双赢的高校—中学合作模式，是非常成功的教师学习共同体实践。

(二) 教师共同体的成效和构建研究

许多学者探讨了教师共同体的成效。例如，袁利平和戴妍认为教师共同体能促进教师的专业发展，形成合作性的学校文化，教师学习共同体中合作性的文化能促进教师自身学习，教师们通过共同探索、研讨和实践形成自我的教学知识和智慧。[1] 周淑艳认为教师学习共同体是实现教师专业发展的重要途径，能在教师发展的过程中提供资源、情感支持和教师专业发展的实践反思平台，对教师个体的专业化和整个教师群体的专业化发展都起着积极的作用。[2] 刘乃美和张建青探讨了高校外语教师学习共同体中隐性知识的显性化，如何促使教师共享隐性知识，实现知识的交流、吸收和创新，提高外语教师共同体的创新能力和教师个体的专业发展。[3] 朱淑华讨论了高校英语教师学习共同体的交互主体性研究对推进英语教育改革、促进教师的专业发展有理论参考价值和实践借鉴意义。[4] 康武提出了教师共同体是教师、学校和政策制定者需求交互的平台，可以协调与整合校长教师交流轮岗各方的需求，增强教师参与交流轮岗的意愿，通过共享实现交流轮岗学校的共同发展。[5]

众多研究者聚焦不同教师共同体的构建，并持续关注构建过程。其中，有学者对国外共同体进行研究，探讨出教师共同体实践对我国的借鉴意义，例如，潘凌云和王健从教师文化、专家型教师的促进作用、开放型

---

[1] 袁利平，戴妍. 基于学习共同体的教师专业发展 [J]. 中国教育学刊, 2009 (6)：87-89.

[2] 周淑艳. 专业发展背景下教师学习共同体构建研究 [D]. 石家庄：河北师范大学, 2010.

[3] 刘乃美，张建青. 高校外语教师学习共同体中隐性知识显性化研究 [J]. 外语教学, 2016, 37 (4)：51-55.

[4] 朱淑华. 高校英语教师学习共同体的交互主体性研究 [J]. 东北师大学报：哲学社会科学版, 2013 (4)：144-147.

[5] 康武，李隆禧. 构建教师共同体：助力交流轮岗问题解决的策略选择 [J]. 教育理论与实践, 2022, 42 (16)：37-42.

的教研组织和改进师徒教育模式四方面提出了构建教师共同体的策略与建议。① 杨丽以一所参与"新基础教育"研究小学为例，探究教师学习共同体的构建策略，提出应提升教师参与研究性变革的专业自觉性，倡导开放、民主的管理方式，专家资源引领提升和注重教师队伍梯度推进。② 李桂平梳理了国内外具有代表意义的区域性教师学习共同体实践模式（教师同伴指导、"U-S 协作型专业学习共同体"、"批判性诤友团队"、教育集团、在线教师专业学习共同体、教研组），调查了湖南省湘南地区中学历史教师专业学习共同体发展中存在的问题，并提出了构建策略。③ 文秋芳以校本和跨校教师专业学习共同体的实践为基础，构建了以成员、目标、中介和机制四个要素的共同体建设理论框架，经过实践证明，该理论框架适合我国高校外语教师专业学习共同体建设，具有较强的概括性和广泛的应用性。④ 岳欣云以京津冀教师共同体为载体，阐述了构建共同体既需要关注成员价值观和愿景的共享性，又要容忍和尊重成员的异质和差异性，并形成了教师形式共同体、教师实践共同体、教师精神共同体三个构建阶段。⑤

---

① 潘凌云，王健. 构建教师专业共同体促进体育教师专业发展［J］. 武汉体育学院学报，2009，43（5）：91-95.
② 杨丽. 教育变革中教师学习共同体的建设策略之个案研究［D］. 上海：华东师范大学，2011.
③ 李桂平. 区域性中学历史教师专业学习共同体构建研究［D］. 重庆：西南大学，2015.
④ 文秋芳. 大学外语教师专业学习共同体建设的理论框架［J］. 外语教学理论与实践，2017（3）：1-9.
⑤ 岳欣云. 京津冀教师共同体的建构与发展阶段研究［J］. 首都师范大学学报（社会科学版）：2023（2）：63-71.

第三章

UGIS 教师教育共同体的内涵解读

第一节 共鸣的精神

"精神"一词所表达的是人类的一种基本属性，凸显了人与物之间的差异。它主要体现在人的思想倾向、情感态度、价值观念和信仰追求等方面。教师教育共同体作为一个群体，首先就是一种精神共同体，成员们通过共同寻求教育问题的解决方案来实现高度契合的理想信念和共同的价值追求。教师教育共同体中的所有成员都有着共同的目标与信念，他们不是为了获取现实的物质利益而加入该组织，而是为了分享教学经验、提高教育水平、促进教师教育行业整体发展而努力。

更进一步地说，教师教育共同体形成了一种特殊形式的精神共同体，其核心就是共享以及互相创造知识的过程。其所依据的基础就是成员们共同的理想信念，以及各自对于教育事业本质的深刻理解。正因如此，教师教育共同体的凝聚力非常强，并且共同体内部存在着高度的归属感和责任感。在这种精神共同体中，教育工作者以协作和团结的方式来解决教师专业发展的各种问题，并推动全行业的共同进步和创新。

如何产生"共鸣的精神"？教师教育共同体成员之间的"共同性"是确立共同目标和达到客观要求的关键。成员们必须有着相似或一致的价值观、理念和愿景，以便共同工作并取得成功。尽管共同体的成员可能来自不同的背景、学科和文化，但他们之间在对教育的热爱、教育目标、合作和交流的意愿等多方面存在共同性。这种"共同性"有助于增强整个群体中成员之间的凝聚力，从而创造出更有创意和创新性的思想交流和资源共享空间。同时，教师教育共同体成员间有着志同道合的革命情谊。他们是为了教师教育这一共同事业，最终达到建设高素质教师队伍这一共同目标的伙伴。在这个共同体中，他们相互支持、团结合作、相互理解、共同成长。

第二节　共构的组织

"共构的组织"是一个管理和组织学领域的概念，指的是组织的构建和形态不是由单一主体或者中央管理者单独决定的，而是由多方共同参与、互动、合作，以创造和维持组织的结构、文化、策略和目标。组织内的成员愿意把自己的力量和向心性的意愿融入某种社会关系网络之中，这种向心性是个体对于一个特定的组织接受、认同和投入的程度，成员对于一个组织的承诺越深，越会表现出一种对于留存在这个组织中的强烈欲望，越是愿意当好一个组织的成员。不同的共同体中，成员和组织的命运关系是不一样的，建设方法也就不同。

在UGIS教师教育共同体中，"共构的组织"意味着这个共同体的形成和运作不仅由其中的一个成员单独主导或控制。相反，各成员都共同参与共同体的建设和管理，共同影响着共同体的目标、战略和运作方式。这种方式有助于确保共同体更具灵活性和适应性，因为不同成员可以根据自身需求和专长为共同体做出贡献。共构的组织也促进了协同合作和知识分享，各成员共同协商，共同制定规则、流程和目标，更能满足共同体的整体需求。

第三节 共享的资源

共享的资源是 UGIS 教师教育共同体所具备的特点之一,也是实现教师教育共同体有效运转不可或缺的部分。不同教研机构之间可以共享高校专家、专业教研员、优秀一线中小学教师的专业知识、经验和技能。比如,通过师资互换计划,中小学教师可以在高校进行一段时间的教育教学或研究工作,而高校教师则可以到中小学校进行教学和指导。此外,共同体可以组织专业发展研讨会和工作坊,邀请各个成员的教育从业者参与,以分享最佳实践和教学经验。共同研究项目也是一个重要的方面,教研机构和中小学校可以合作共同研究项目,产生有益的研究成果并推动教育的创新。同时,共享在线平台也有助于资源的广泛共享和访问,包括教案、教学材料、课程设计和教育技术工具等。最终,共享教师资源不仅有助于教育从业者的专业发展,还有助于共同体整体的教育水平提高。通过互相学习、合作和分享,教育从业者可以更好地满足学生的需求,提高教育质量,并推动教育体系的改进。这种协作和共享文化对于 UGIS 教师教育共同体的成功至关重要。

以青羊区 UGIS 教师教育共同体为例,在具体实践中,青羊区发挥共同体的群体优势、组合效应和规模效应,形成教师教育资源整合的新模式。针对师范生职前培养,建立了由"1 位学科课程专家+1 位学科教研员+1 位实验学校骨干教师"组成的"1+1+1"师范生导师团队,通过"学科专业导师+教育实践导师+教育研究导师"的"3 个 1"培养模式,使其从入学之初就接受专业学科知识学习、生涯规划指导、课堂教学、班级管理等实践能力指导;针对中小学教师职后培训,形成了高校专家和教研员双线专业发展支持体系,市实验小学青华分校通过高校师范生到校实习、聘请校外科研骨干以及专家入驻导师团进行深入指导与交流,以专家指导促成长。

构建 UGIS 教师教育共同体，加强教师职前培养和职后培训的有机整合，以一种开放、立体的资源共享模式进行教师教育，通过跨越边界的互动与融合，联动共生的赋能与成长，青羊区教师队伍素养有了整体提升。

第四节 共创的实践

"共创的实践"是指高校、教研机构与中小学校协同在合作的基础上充分发挥教育行政部门的主体职能，形成集四方于一体的联动机制，通过高度结合与密切协作，促进教师培养与科研的一体化、一贯性产出与发展，提高了创新型教师培养的质量和规模，为创新型人才的培养奠定坚实的基础。这一理念强调了教育不再是一个孤立封闭的过程，而是四方主体各尽其能，团结一致以实现共同的教育目标。

在现有很多教师教育合作实践中，由于高校与中小学校的文化差异、利益分歧等原因，高校教师与中小学教师在合作的过程中出现了曲解合作的理念、角色定位隐晦等问题。[①] 所以，共创的实践通常是以问题为导向，即各方共同合作开展教师培养项目的实践探索，通过观察教育现象，梳理教育问题，分析问题成因，改进教育实践。

首先，基于"共创的实践"这一特性，UGIS 教师教育共同体为师范生提供了在真实教育场景中的实践机会。师范生不仅是理论上的学习者，也能在参与中小学校的教学活动、与学生互动、实际授课中，直观感受教育现场的挑战和机遇。这种实际教育经验是理论知识的有力补充，有助于师范生更好地适应未来的教育工作。其次，共创的实践还包括课程设计和教育方法的共同开发，这意味着中小学一线教师与高校教师、教研员一起制订、实施和调整师资培育计划，并在实际中进行验证和改进。这种实际课程设计和教育方法的开发使师范生能够直接将理论知识转化为实际操作

---

① FELLIN P. The community and the social workers [M]. Itasca: F. E. Peacock, 2001: 70.

技能，增强师范生的教育实践能力。最后，共创的实践强调反馈和改进的过程。共同体成员的协作和反馈是实践性的关键组成部分。他们共同评估教育方法的有效性，从实际实践中获得反馈。

第五节 共生的文化

中小学校与高校处于两种截然不同的文化氛围中。在中小学校，教学具有较强的实践性，实践活动是学习的重要手段，教师在实践中不断尝试和探索新的教学方法和策略；教学目标直接面向学生，教师将所学知识和技能直接应用到课堂教学中，教学活动容易获取反馈；中小学校的教学活动多数在封闭的教室中进行，极少受到外界的关注和影响，教师很大程度上掌控着教室，教学活动享有较多的私密空间，教师在教学中享有较高的权威。高校是理论型、研究型组织，在高校的课堂中，教育更注重理论，注重培养学生的综合能力和思想能力，教学的目的在于帮助学生掌握更加深入和广泛的知识体系，高校的课堂相对于中小学校也更为开放。[1]

当二者进行合作时，高校的理论高度、话语方式和学术思维方式常常令中小学教师产生一种疏远感，而中小学教师对理论的可操作性，对模式、策略等的过度关注又常使高校教育学者感受到合作与沟通的艰难。[2]

在 UGIS 这样的合作模式中，两种不同文化发生碰撞后，经由解构、再审、重组后生发出新的文化。属于高校、政府、教研机构、中小学校四方共生的文化应该是协作性、开放性和共享性的文化。这种文化强调各方之间的紧密合作，尊重多样性，共享资源和知识，以实现共同的教育目标。

UGIS 教师教育共同体的文化以平等、合作和发展为核心价值观，这

---

[1] SELKE M J. Cultural Analysis of School-University Partnerships: Assessing Dynamics and Potential Outcomes [EB/OL]. SEMANTIC SCHOLAR, 1996-02-01.

[2] 宁虹. 重新理解教育：建设教师发展学校的思考 [J]. 教育研究, 2001 (11): 49-52.

三方面相辅相成，构成了共生文化的内涵。

平等的文化：共生的文化以平等为基础，各方被视为平等的合作伙伴，无论其在教育体系中的地位如何。这意味着高校、政府、教研机构和中小学校之间不存在等级差异或优越性，他们的声音和贡献同样重要。平等文化鼓励开放对话，消除权力不平衡，确保每个成员都有机会参与共同决策和合作项目。

合作的文化：共生的文化强调将合作作为实现共同目标的关键。各方应积极协作，共同制定愿景、目标和计划。合作的文化不仅涉及项目层面的合作，还包括知识和资源的共享，共同解决教育挑战，以及建立协作机制。这种文化激发了创新和共同努力，有助于实现更高水平的教育质量。

发展的文化：共生的文化鼓励持续的教育发展。它强调了不断学习、适应变化的重要性。高校、政府、教研机构和中小学校都应致力于教育的不断改进，追求教育体系的卓越。发展的文化也包括在教育共同体中的个体成员的成长和发展，包括高校教师、教研员和师范生，甚至也包括教育行政部门进行决策的人员。这种文化促进了教育领域的可持续发展，使各方能够应对不断变化的需求和挑战。

第二篇 02
UGIS教师教育共同体的运行制度

第二篇 UGIS教师教育共同体的运行制度

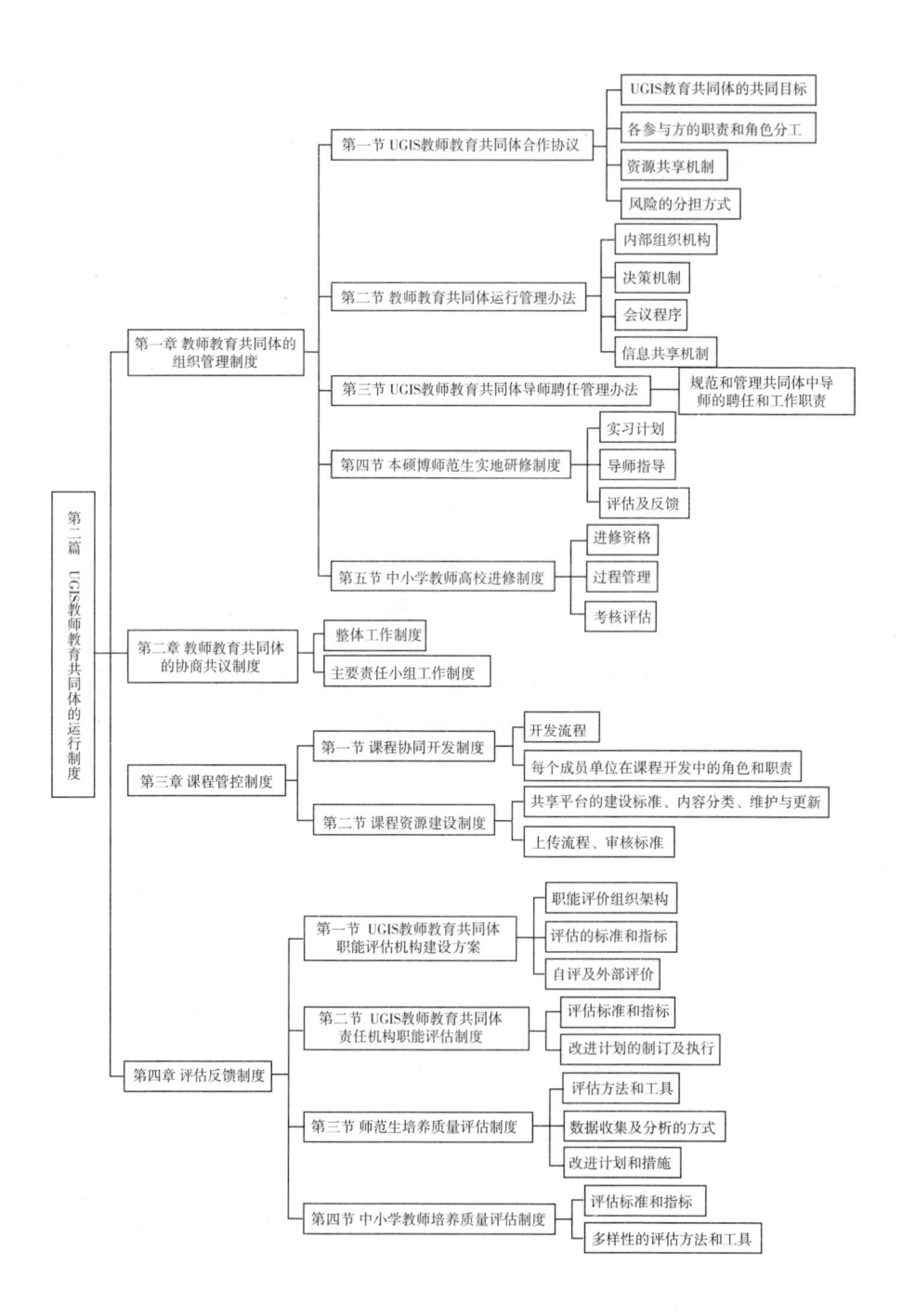

第一章 教师教育共同体的组织管理制度

第一节 UGIS教师教育共同体合作协议
- UGIS教育共同体的共同目标
- 各参与方的职责和角色分工
- 资源共享机制
- 风险的分担方式

第二节 教师教育共同体运行管理办法
- 内部组织机构
- 决策机制
- 会议程序
- 信息共享机制

第三节 UGIS教师教育共同体导师聘任管理办法
- 规范和管理共同体中导师的聘任和工作职责

第四节 本硕博师范生实地研修制度
- 实习计划
- 导师指导
- 评估及反馈

第五节 中小学教师高校进修制度
- 进修资格
- 过程管理
- 考核评估

第二章 教师教育共同体的协商共议制度
- 整体工作制度
- 主要责任小组工作制度

第三章 课程管控制度

第一节 课程协同开发制度
- 开发流程
- 每个成员单位在课程开发中的角色和职责

第二节 课程资源建设制度
- 共享平台的建设标准、内容分类、维护与更新
- 上传流程、审核标准

第四章 评估反馈制度

第一节 UGIS教师教育共同体职能评估机构建设方案
- 职能评价组织架构
- 评估的标准和指标
- 自评及外部评价

第二节 UGIS教师教育共同体责任机构职能评估制度
- 评估标准和指标
- 改进计划的制订及执行

第三节 师范生培养质量评估制度
- 评估方法和工具
- 数据收集及分析的方式
- 改进计划和措施

第四节 中小学教师培养质量评估制度
- 评估标准和指标
- 多样性的评估方法和工具

第一章

教师教育共同体的组织管理制度

教师教育共同体改革是一项系统工程，不是一个单位或一家机构所能完成的，应充分发挥高等师范院校、地方政府、教研机构和中小学校在形成教师职前职后培养一体化合力中的重要作用，突破现行机制障碍。

以 UGIS 教师教育共同体的管理机构运行制度为例，其目的是明确各相关机构的责任、确立机构运行的主要方式以及保障经费的投入与合理使用。以青羊区创新实践的 UGIS 教师教育共同体为例，青羊区教育局与西南大学教师教育学院签订了框架协议，改变了教师教育职前职后机构隔离和资源分散的局面，实现了职前培养与职后培训在机构、课程、师资、资源等方面的有机整合，为推动一体化改革提供了组织管理的制度保障。

第一节 UGIS 教师教育共同体合作协议

《UGIS 教师教育共同体合作协议》是各参与方之间达成一致并确立合作关系的重要文件，它确保了各参与方在共同体中的合作关系得以明晰、稳定和可持续，以共同实现教师教育领域的发展目标。该协议明确了 UGIS 教育共同体的共同目标，如提高教师培训质量、推动教育创新。详细规定了各参与方的职责和角色分工，确保各方有明确的任务和责任。规定了资源共享的机制，包括人力、物力和财力，以最大程度优化资源利用。明确了风险的分担方式，以便在共同体面临挑战时能够协同解决问题。以下是关于本制度的 UGIS 教师教育共同体四方权利与义务相关内容。

UGIS 教师教育共同体合作协议

为了充分发挥高等院校、地方教育行政部门、教研机构和中小学校在教师职前职后一体化培养体系中的重要作用，贯彻落实 UGIS 教师教育共同体改革和发展的总体要求，经青羊区教育局和青羊区教科院、西南大学和青羊区内中小学校友好协商，依照国家关于教师培训的相关规定以及有关法律法规，决定共同建设 UGIS 教师教育共同体，并达成如下合作协议。

一、合作宗旨

为了全面促进教师的终身学习和持续的专业发展，教师教育也应该建立集教师招生、培养、入职与培训等环节一体化的体系。为充分激活教育行政部门、高校、教研机构和各中小学校之间的联动作用，本协议以教师教育为基本目标和主要任务，将教师教育抛锚于 UGIS 四方联合共同体的脉络当中，基于共同的愿景，共同的兴趣与利益，旨在通过合作、对话和分享性活动来促进教师专业成长以形成稳定、平等、有效、和谐的专业协作伙伴组织联盟。经四方友好协商，共同组建 UGIS 教师教育共同体，发挥各自优势，结合自身情况，有计划、有步骤地开展多层次、多形式的合作，建立稳定的长期的合作关系。

二、合作原则

（一）自愿平等原则。UGIS 教师教育共同体的协议四方是秉承教师教育一体化和相互支撑、协同发展的人才培养理念而建立的平等的伙伴关系。协议内容经过签署各方充分协商。签署各方在自愿平等的前提下签署本协议。

（二）长期稳定原则。UGIS 教师教育共同体的协议四方是基于共同愿景，旨在通过合作、对话、协商、交流和分享性活动来促进教师专业成长而形成的稳定的专业协作伙伴组织联盟。签署各方的合作基于彼此充分信任，立足当前，着眼长远，致力于长期稳定的合作。

（三）共同发展原则。本协议旨在促进 UGIS 教师教育共同体四方协同，是基于共同的兴趣与利益合作实施教育方案和研究项目建立的正式协议关系。签署各方应致力于推进教师教育共同体的发展，且本协议符合各方的根本利益。

（四）资源共享原则。签署各方通过在UGIS教师教育共同体框架下教师队伍的培养与政策调控、理论研究、业务指导和实践创新等方面的深入合作，积极构建目标一致、责任共担、资源共享、互利共赢的协同创新培养平台，最终实现UGIS教师教育共同体的全方位战略发展。

三、合作内容

（一）推进UGIS教师教育共同体框架下教师职前职后培养一体化改革。协议各方在教师的入职、培养与培训等环节，应充分发挥自身优势，就教师的职前培养和职后成长开展广泛合作，在符合相关法律法规条件下，优先选择合作方参与教师队伍的建设和培养，引领UGIS教师教育共同体建设，为全国教师教育一体化发展提供示范和借鉴。

1. 教育行政部门负责当地的教育统筹规划，积极探索全面提高教师教育质量的新机制，推进产学研一体化，承担与教师教育共同体发展相关的重大问题调研，政策研究，拟订并监督实施。

2. 教育行政部门探索建立教师教育需求宏观调控、监测机制，统筹配置教师教育与培训师资，积极改变教师教育职前职后机构隔离和资源分散的局面，推动"双导师制"和"双证双聘"等计划，促进教师教育质量提高，全面提高教师整体素质。

3. 高校为教育行政部门提供教师教育政策的建议和咨询，为教育行政机构制定和完善教师教育政策提供理论和实践支持。高校积极承担教育行政部门和教研机构委托的重点课题研究，旨在为教师教育共同体政策的制定和实施提供有力支持。

4. 高校在教育行政部门制定的教师教育培训政策下，根据教研机构和各中小学校的需求和要求，针对不同层次和不同领域的教师，开展各类培训和进修课程，以授课、讲座、培训等方式进行专业技能和职业素养的培养，提高中小学教师的专业素养和教学能力。同时为参与协议的各中小学校符合要求的教师提供进修学习的通道和课程，积极配合卓越教师培养工作。

5. 教研机构加强与中小学校、高等学校、其他科研院所、教师培训、考试评价、电化教育、教育装备等单位的协作，积极组建各项交流研讨活动，加强协议各方的沟通联络，搭建合作平台。

6. 教研机构和中小学校应通过协商，积极调动区域内各中小学教师参与UGIS教师教育共同体组织的各项活动，通过积极宣传，平台优势、课赛结合、颁发证书、完善参培教师的职称提升机制等方式吸引和推动各方积极参与相关教育教学活动，提高区域内教师队伍人才素质。

7. 中小学校在遵守政府制定的法律法规和政策指导的基础上，在UGIS教师教育共同体合作框架下，制定符合本校实际情况的教师培训机制和方案，推动本校教师队伍专业知识和职业素养的提高，定期进行培训成果展示，并积极向当地教研机构和结对合作的高校及时反馈教师教育培训的实践现状和问题，促进教师教育培训机制不断完善。

8. 中小学校为参与协议的高校研究者提供实践理论的平台。协议单位的相关研究者可以作为相关专业的校外专家和兼职教师，为中小学校教师团队的建设和课程建设出谋划策，为中小学校实践起到理论引领作用。

9. 中小学校在学校设立"UGIS校外实训及就业基地"。根据教学计划，结合学校实际情况，优先为参与协议的高校提供实训、实习、就业的机会和平台，培养高校师范生的职业素质和实际教学操作技能，为自身培养未来教师做准备，并定期组织联络小组会议，对师范生的实习工作进行汇报研讨。

（二）推进UGIS教师教育共同体框架下课程平台的共建。协议各方积极参与教师教育课程体系的共建，努力实现资金、资源和信息共享，协同开展课程的开发和资源建设，在教师教育共同体课程管控制度的指导下开展广泛合作。

1. 教育行政机构发挥统筹规划和协调建设作用，探索建立以教育信息化推动教师教育职前职后一体化机制，通过宏观调控和政策引领，加大教育信息化硬件、远程教育、教育资源平台建设力度；加大对课程资源建设的投入，根据教师教育发展需要，增加预算内教师培训相关经费支出，保障各级教师教育相关部门在教育基础设施建设、教育教学活动开展、教师技术培训、教师教育数据库和教师教育课程建设、运行和维护等方面的资金储备。保障高校师范生、实习生和各类型的教师教育培训和深造能够顺利进行。

2. 高校积极开展教育研究，共享教育资源，通过建立教育联盟的方式，和教研机构及中小学校协同培养在校师范生和中小学进修教师，发掘教育领域的优秀人才。高校发挥课程开发和资源建设的驱动力和牵引力作用，成立专门的教师教育课程建设中心，负责教育资源的设计、整合、开发和保障。

3. 教研机构在教育行政部门制定的相关法规和政策指导下，充分调研教师在教育教学实践中的真实需求，总体牵头教师教育课程的开发和资源平台的建设。教研机构收集、整合、共享本地区的教育资源，合理分配经费，制定符合协议各方根本利益的合作指南，推进高校与中小学校就近结对，推进教师教育帮扶机制改革，为促进参加协议的高校和中小学校形成战略合作关系提供支持和帮助。

4. 中小学校作为教师教育课程对应的实践阵地，要充分发挥自身优势，强化实践对理论的支持性，成立教师教育资源中心，收集本校教师的培训实际需求以及与教师教育、教学研究有关的各类优秀教育资源，积极配合教育机构和协议高校进行需求、资源的整合上报。同时，各中小学校要积极协助教师教育课程和平台资源的推广，定期培训校内教师，提升在校教师使用课程资源的意愿和能力，定期监测和评估资源的使用情况和效果并进行反馈。

（三）探索 UGIS 教师教育共同体框架下协商共议制度的推进。UGIS 教师教育共同体的形成和运行是一个长期的、复杂的过程，需要参与协议的各方通力合作，共同协商。UGIS 教师教育共同体的协商共议制度要以教研机构为中心，组建教育行政部门、高校和区域内各中小学校等各部门多方参与的协作团队。协议各方积极探索和创新合作模式，各方定期会晤，进行经验交流与学习，及时沟通合作事宜，积极主动地创造条件，保障合作的顺利开展。

1. 教育行政部门整合各职能部门与教师教育相关的工作，统筹分散在教师教育相关部门的政府权责，推动高校、教研机构和中小学校之间的协同合作，充分调动各个群体参与教师教育的积极性。教育行政部门以教师教育共同体一体化为抓手，探索 UGIS 教师教育共同体框架下协商共议制度的发展机制；引领各参与单位推选负责人，组建联络机制，确保各联络人（或联络小组）通过合法合规的路径协调解决战略合作实施中涉及的重大问题。

2. 高校充分发挥自身教育学科理论引领与教育人才培养的突出优势，积极参与共建配合 UGIS 教师教育共同体框架下协商共议制度，推选教育领域的专业人士，学术专家等参与协商共议，给予学术支持、课程审查、教学研究、课题指导和评估。

3. 教研机构要发挥桥梁作用，负责组织协调各协议方内部和外部合作，管理沟通教师教育共同体内部的沟通交流，制定建立科学合理的工作制度，包括会议制度、文件管理制度、考核评价制度、经费管理制度等，确保共同体内合作的畅通性、有效性和可持续性。

4. 各中小学校的管理者和教师队伍要加强与协议内各领导小组的交流联系，成立校级教师教育工作项目小组，定期召开会议，收集、部署、指导本校教师教育工作的重难点，并定期向协议内其他组的联络负责人汇报情况，展示成果，交流经验。

四、合作机制

（一）成立战略合作小组

UGIS 教师教育共同体由高校、地方教育行政部门、地方教研机构和地方中小学校等单位联合组建。地方行政机构总体负责，各协议单位参与组建战略合作小组，对共同体重大事项进行决策和指导。

（二）建立双导师培训交流制度

参与 UGIS 教师教育共同体的高校和地方中小学校合作推行"双导师制"，符合要求的高校教师参与中小学校的日常教学管理、教学指导和课题研究，中小学校的优秀教师到合作高校参加进修、培训，或承担部分课程，以促进自身教学能力提升和科研能力提高。

（三）建立评估反馈制度

参与 UGIS 教师教育共同体的协议四方积极探索共建评估反馈机制，对共同体的职能、责任，师范生的培养质量、中小学教师的培养质量等关切到参与协议各方切身利益的重点工作和成果进行监督和优化，提升共同体工作的有效性、科学性和客观性。

五、违约责任

（一）如任何一方因不履行自己的义务而给对方的利益造成损害的，违约方应按协议约定支付违约金，且守约方有权向违约方索赔由此造成的一切经济损失（本协议另有约定的除外）。

（二）因不可抗力的影响，某协议方延迟履行义务的不承担违约责任；若延迟履行不影响协议根本目的实现的，经协议各方协商一致后，该协议可继续履行。

（三）因某一方原因导致本协议提前解除的，违约方应承担共同体其他成员单位全部损失。

本协议时限为　　　年至　　　年。

本协议一式　　份，四方各执　　份，自签署之日起生效。

第二节　教师教育共同体运行管理办法

运行管理办法在确保共同体内部协作高效运作方面发挥着关键作用。本节将详细介绍运行管理办法的内部组织结构、决策机制、会议程序以及信息共享机制。这些细节内容将有助于理解共同体内部管理的运作方式，以及如何确保共同体各方的意见和需求得到合理的表达和满足。此外，还将探讨运行管理办法的制定、更新和改进过程，以便更好地适应共同体发展中的需求和挑战。

在组织结构方面，管理办法明确了工作领导组、学术专家组、组织协调组、督导评估组、技术支持组五个具体执行小组，明确了其各自的职能职责。

工作领导组在共同体的日常管理和决策方面起着关键作用。该组由各参与方的代表组成，负责制定共同体的战略目标、计划和政策，协调各小组的工作，确保共同体的各项任务有序推进。同时还负责协调资源分配、预算管理和策略规划，以实现共同体的长期愿景。

学术专家组是确保教育质量的关键力量，由教育领域的专业人士和学术专家组成，负责审查和更新共同体的教育课程、教学方法和评估标准，促进教育研究和创新，以确保共同体的教育实践与最新的教育趋势和研究保持一致。

组织协调组负责协调共同体内部和外部合作关系，管理共同体内部的沟通和信息流，确保各个参与方之间的协作有效进行。此外，组织协调组还与政府机构、其他教育组织和社会资源合作，以促进共同体的可持续发展和扩展。

督导评估组的任务是监督和评估共同体的运行和成效，制订督导评估计划，定期检查共同体的工作进展，并收集数据以进行绩效评估。这有助于识别潜在问题，及时采取措施解决，并确保共同体始终保持高水平的质量标准。

技术支持组负责为共同体提供必要的技术支持和资源，维护共同体的信息技术基础设施，包括网络、数据库和在线学习平台，协助开发和实施教育技术工具，以提高教育的效率和效果。以下为《教师教育共同体运行管理办法》部分内容。

UGIS 教师教育共同体运行管理办法

为了促进 UGIS 教师教育共同体的健康发展，保障 UGIS 教师教育共同体的良好运行，提高 UGIS 教师教育的质量和水平，特制定本管理办法。

一、组织架构

UGIS 教师教育共同体设立工作领导组、学术专家组、组织协调组、督导评估组和技术支持组。

1. 工作领导组的职责是负责 UGIS 教师教育共同体的战略规划、重大决策和日常工作的领导与管理。工作领导组由各成员单位推荐的领导组成。

2. 学术专家组的职责是负责 UGIS 教师教育共同体的学术指导、学术评价和学术成果的审核与推荐。学术专家组由各领域内的知名专家组成。

3. 组织协调组的职责是负责 UGIS 教师教育共同体的组织协调、活动策划和资源整合。组织协调组由各成员单位推荐的代表组成。

4. 督导评估组的职责是负责 UGIS 教师教育共同体的督导评估、质量监控和反馈机制的建立与实施。督导评估组由具有督导评估经验的专业人士组成。

5. 技术支持组的职责是负责 UGIS 教师教育共同体的技术支持、网络平台建设和数据管理。技术支持组由相关领域的专业技术人员组成。

二、决策机制

1. UGIS 教师教育共同体设立理事会，理事会由各成员单位代表组成，负责制定和修改章程，决定共同体的重大事项，审核秘书处的工作报告和财务报告。

2. 对于涉及共同体的重大事项，理事会应当在充分讨论的基础上进行表决。表决应当以投票的方式进行，投票应当遵循一人一票的原则。

3. 对于理事会不能决定的事项，可以提交给全体成员单位代表大会决定。代表大会应当有 2/3 以上的代表出席方能举行。

三、会议程序

（一）理事会会议的程序

1. 理事会会议应当每年至少召开一次，由秘书处负责组织。

2. 秘书处应当提前通知各成员单位理事会会议的时间、地点和议程，并按照议程安排进行讨论和表决。

3. 理事会会议应当有 2/3 以上的代表出席方能举行。

4. 理事会会议的议程应当包括共同体的重大事项、财务报告、工作计划等。

5. 理事会会议应当有记录和纪要，并通报各成员单位。

（二）全体成员单位代表大会的程序

1. 全体成员单位代表大会应当每年至少召开一次，由理事会负责组织。

2. 理事会应当提前通知各成员单位代表大会的时间、地点和议程，并按照议程安排进行讨论和表决。

3. 全体成员单位代表大会应当有 2/3 以上的代表出席方能举行。

4. 全体成员单位代表大会的议程应当包括共同体的重大事项、财务报告、工作计划等。

5. 全体成员单位代表大会应当有记录和纪要，并通报各成员单位。

四、信息共享机制

1. UGIS 教师教育共同体应当建立信息共享平台，及时发布各类信息，促进成员单位之间的交流与合作。

2. 成员单位应当及时向共同体秘书处报送本单位的工作动态、教育教学成果和教育教学资源等信息，并定期参加共同体的各项活动。

3. UGIS 教师教育共同体应当建立成员单位之间的信息交流机制，定期组织开展信息交流活动，促进信息共享和资源共享。

4. 成员单位应当遵守信息共享协议，不得泄露其他成员单位的机密信息。如需使用其他成员单位的信息资源，应当征得其同意并签署协议。

5. UGIS 教师教育共同体应当建立信息发布制度，及时向成员单位发布共同体的各项工作动态和信息交流情况。

本办法自颁布之日起实施。

第三节　UGIS 教师教育共同体导师聘任管理办法

导师在共同体中扮演着重要的角色，他们负责指导和支持新教师的成长。青羊区教育局、青羊区教科院与西南大学教师教育学院积极开展教师"双证双聘"，鼓励大学的学科教育教师到中小学校任职，同时吸引中小学优秀教师到高校承担部分教师教育课程。这些创新在建设教师教育队伍、提高教师教育质量和促进教师队伍的流动方面具有非常重要的意义和价值。

导师聘任管理办法旨在规范和管理共同体中导师的聘任和工作。这一制度文件具有重要的双重职责，首先有助于确保导师的高质量和专业性，其次鼓励了导师的多样性，包括高校的专家和中小学校的杰出教师。该管理办法规定了导师的选拔标准、职责和培训要求，以确保导师队伍的质量和专业性。

关于导师聘任标准，聘任管理办法阐述了导师聘任的标准，这些标准是针对不同导师群体的，以确保他们具备适当的教育背景和经验。在明确导师职责方面，该制度文件明确规定了导师的职责包括指导教育从业者的成长、开展实地实践、参与高校学习、担任师范生实践导师等多方面。同时，通过明确不同导师群体的职责和标准，UGIS 教师教育共同体导师聘任管理办法还鼓励了导师团队的多样性，为共同体的目标实现提供广泛的视角和专业知识。以下是导师聘任管理办法中关于"导师职责"与"培训和考核"的内容。

UGIS 教师教育共同体导师聘任管理办法

第一章　总则

第一条　教育实践是教师教育重要的教学环节，教育实践指导教师的构成及其能力素养对于提高师范生教育实践能力和教师教育质量具有重要意义。为保证教育实践工作质量和工作目标的实现，对师范生教育实践培养采用校内和校外指导教师共同指导制度（简称"双导师制"），特制定本管理办法。

第二条　双导师制是以青羊区 UGIS 教师教育共同体实践基地的未来教师为教育、服务与管理对象，由师范生学习所在的西南大学教师（以下简称"校内导师"）与青羊区教师教育实践基地的基础教育学校教师（以下简称"校外导师"）共同指导和培养师范生，全过程协同育人的工作机制。双导师制中的校内导师主要负责教育实践管理，同时对学生的思想道德与修养、专业认同与情感、教育教学理论与实践进行指导；校外导师主要负责指导学生教育教学技能，"临床诊断"学生的班级管理、课堂教学实践、角色转换与专业发展等。

第二章　组织管理

第三条　组织领导

基于"三位一体"的教师教育协同育人机制的建构需求，依据西南大学制定的师范类专业教育实践管理办法，师范生教育实践指导委员会全面指导双导师制的落实，指导委员会办公室设在教务处。相关二级学院师范生教育实践领导小组负责双导师制的具体实施，包括校内外导师的遴选、聘任与考核等工作。

第四条　聘任条件

（一）校内导师聘任条件

1. 具有良好的思想政治素质、职业道德素质、科学文化素质和身体心理素质。

2. 教育理论扎实，专业基本技能和教育教学技能娴熟，知识结构合理，教学经验丰富。

3. 了解基础教育，熟悉基础教育课程改革，熟知国家基础教育改革的政策。

4. 具有较强的教研能力和较丰富的教研经验，教研成果突出。

5. 具有丰富的教学经验和基础教育领域实践经历。

（二）校外导师聘任条件

1. 具有良好的思想政治素质、职业道德素质、科学文化素质和身体心理素质。

2. 有较好的教育理论素养，乐于参与对师范生的培养。

3. 教育教学基本功扎实，教学经验丰富，教学成绩突出。

4. 具有较强的学科教研能力和教学指导能力，有一定的教育教学研究成果。

第五条　导师职责

（一）校内导师职责

1. 积极更新教育教学理念，努力把握学科前沿动态，主动适应我国基础教育课程改革与发展，引领学生树立现代教育理念。

2. 引导师范生养成教育情怀，践行师德，树立正确的职业理想与信念。

3. 积极参与基础教育教育服务，深入基础教育课堂，主动参与基础教育教研活动，努力提高教育实践指导水平。

4. 重视对师范生教育教学技能的训练，指导学生进行教学设计、试讲和班级管理等方面的训练，引导学生深入基础教育课堂。

5. 培养师范生的教研能力，有目的、有针对性地指导学生参加教研活动和教育调查研究。

6. 做好师范生的教育见习、实习和研习活动的管理和指导，落实教育实践任务。

7. 主动与校外导师沟通合作，共同完成师范生教育实践指导，保障教育实践效果。

（二）校外导师职责

1. 更新教育教学理念，把握教师教育理论与实践改革动态，掌握基础教育教师教育课程改革相关政策。

2. 以身示范，对师范生进行师德养成教育和专业认同教育，巩固学生的专业情感。

3. 熟悉师范生所在学院的师范专业人才培养方案，为师范生专业发展提供指导。

4. 组织和指导师范生参加基础教育教研活动，培养学生的教研意识和教研能力。

5. 根据二级学院师范生教育实践工作安排，指导师范生完成教育见习、实习和研习等任务，提高学生的课堂教学技能和管理水平，夯实学生为师教学的基本功。

6. 指导师范生各项教育教学技能训练，鼓励和指导学生参加各类技能竞赛。

第六条 聘任程序

（一）学校与青羊区教科院联合建立基础教育专家库。相关二级学院根据师范类专业人才培养实际需要从专家库中优先聘任校外导师，确保双导师数量充足、指导工作开展到位。

（二）教育实习要求每2个实践基地配备不少于1个校内导师，每4个实习生配备不少于1个校外导师。其他教育实践活动的指导教师根据相应工作要求配备。

（三）校内导师由各二级学院内部公开聘任。

（四）校外导师在青羊区教科院的指导下，由二级学院公开聘任，颁发聘书，并报教务处备案。

（五）双导师原则上实行四年一聘。期间因特殊原因确需更换指导教师或学生的，须向所在学院提出书面申请，经教育实践领导小组审定后，予以更换。

第三章　培训与考核

第七条　培训

青羊区教科院和大学二级学院有计划地组织教育实践指导教师进行集中培训或考察学习，召开交流研讨会，推进双导师队伍整体素质提升。

第八条　考核与待遇

（一）二级学院应制定双导师制管理与考核细则，加强教育实践指导过程管理，建立双导师指导工作档案。

（二）二级学院负责对双导师进行考核评价，主要对双导师的履行职责情况、指导工作质量等方面进行全面考评。

（三）双导师实行动态管理。在对学生的指导过程中，如出现严重违反法律、双方学校规章制度的行为或考核不称职者，取消其教育实践导师资格，取消教学工作量认定和其他相关待遇。

（四）二级学院对考核优秀的校内外导师予以表彰和奖励。

（五）校内指导教师的指导工作按照西南大学相关规定计入教学工作量，校外指导教师工作量按照所在中小学相关规定计入教学工作量。

（六）按学校要求完成校外实践基地带队教师（点长）任务的校内导师一律认定为优秀指导教师。

（七）按学校要求完成校外实践基地任务的校外教师由青羊区教育局认定优秀指导教师。

第四章　附则

第九条　本办法自印发之日起开始执行，由青羊区教育局负责解释。如遇国家、四川省和学校相关政策调整，按上级政策办理。

第四节 本硕博师范生实地研修制度

本硕博师范生实地研修制度是 UGIS 教育共同体的关键组成部分之一,旨在培养和塑造未来的教育从业者。这一制度旨在为师范生提供深刻的实践经验,使他们能够在教育一线获得关键技能,了解教育现场的挑战,并逐渐成长为杰出的教育专业人士。

核心要点包括实习计划、导师指导、评估和反馈等方面。制度明确规定了师范生的实践安排,包括实践目标、内容及结业要求。明确了师范生的表现将受到定期的评估和反馈,以确保他们达到必要的教育标准,持续改进和成长。

这一制度的意义在于为师范生提供了实际教育场景的机会,帮助他们将理论知识应用到实际情境中,培养出具备丰富实践经验的教育从业者。以下为本制度部分内容。

本硕博师范生实地研修制度

第一章 总 则

第一条 教育见习与研习是西南大学师范生(以下简称师范生)必修的教师教育实践课程,旨在使师范生获得初步的教学实践经验,促进教育理论的学习,拓展专业知识的应用渠道,理解教师的职责和培养热爱教育事业的情感,为成为一名合格的人民教师做好前期准备。

第二条 为保障教育见习与研修顺利实施,保证教育见习与研修质量,依据教育部关于加强师范生教育实践的有关规定、《教师教育振兴行动计划(2018—2022)》以及《教师教育课程标准》等,结合 UGIS 各级部门实际,特制定本办法。

第二章 任务与形式

第三条 教育实习的任务是通过跟岗实践,运用所学知识解决教学工作中的实际问题，掌握基本的工作技能，培养应有的职业道德与素养。教育实习列入专业人才培养方案，实行计划管理，应制定教育实习大纲，明确实习的目标、任务、组织实施、考核要求等。

第四条　根据学校的专业设置和学历层次现状，教育实习期限分一年和半年两种，具体时间安排各专业可根据教学实际与岗位需求灵活确定。

第五条　教育实习采取西南大学集中统筹安排和学生自主实习相结合的方式。西南大学建立稳定的校外实践教学基地，由学校根据专业设置和基地情况统筹安排；学生自主实习安排按照一定程序申请。

第六条　教育实习指导实行西南大学与青羊区中小学实习基地学校双导师制。除了实习单位的实习指导教师进行岗位带教之外，西南大学各具体责任学院应安排专门的实习指导教师加强与教育实习学生的日常联系，定期或不定期到岗位一线或线上对学生实习进行指导与管理。

第七条　学生校外实习期间，应与西南大学指导教师保持联系，认真做好实习记录，撰写实习小结和实习报告，实习结束时应提交《学生教育实习鉴定表》《学生实习报告》和授课教案等资料。

第三章　集中教育实习安排流程

第八条　师范生集中教育实习由西南大学统筹安排，各具体责任学院配合，分工协作。

第九条　集中实习采取"多学科混合编派"的教育实习模式。每个实习基地安排一个或多个实习小组，人数原则上每个学校控制在20人以内。

第十条　在青羊区教育局的协调下，西南大学与青羊区教研机构和青羊区中小学实习基地学校协商，并充分考虑实习基地学校的意见，统筹安排实习生。实习安排计划一经确定，原则上不得随意更改。

第四章　自主教育实习安排流程

第十一条　拟自主实习的学生须在实习开始前一个月（不包括寒

暑假）提出书面申请，填写自主实习申请表，说明申请自主实习的理由及承诺，并须家长签名同意。

第十二条　实习生自主联系实习单位，实习单位在确认有条件满足学生实习要求的情况下，在自主实习申请表上签署"实习接收单位意见"，并须注明提供的实习岗位及内容，出具自主实习接收函。

第十三条　申请自主实习的学生，持自主实习申请表和实习接收单位出具的自主实习接收函，到各具体责任学院办理审批手续。各学院在接到自主实习申请表后，严格按照学校相关实习要求，审核学生是否具备自主实习资格，并对实习接收单位进行资格审查。

（一）实习生具备自主实习的条件，方可列入自主实习范围（各具体责任学院自行制定）。

（二）实习接收单位必须具备教育实习的基本条件，能为实习学生配备合格的学科指导教师和班主任指导教师，提供教育实习必备的工作和生活条件。

（三）实习接收单位和实习岗位必须与所学专业相符或相近，实习内容必须符合所学专业人才培养目标的要求。

第五章　工作职责与要求

第十四条　西南大学职责

（一）与青羊区教育局协同制订全校师范生教育实习工作的总体规划和有关规章制度。

（二）负责协调各具体责任学院进行教育实习基地建设工作：本着学生实习岗位与所学专业对口、学以致用的原则，主动联系、考察拟建的实习基地情况，明确双方的权利、义务和责任，建立实习指导机制；统筹安排和利用实习基地资源，负责协调各具体责任学院选聘实习基地优秀教师兼职指导教师；协同青羊区教研机构对所属实习基地教学工作进行检查与指导，参与基地学校教学变革，与实习基地共建优质学科、特色教师教育课程体系以及教师培养资源，并及时解决实习教学中出现的问题。

（三）根据各专业培养方案，组织指导各具体责任学院完成教育实习计划、教育实习大纲等相关教学文件的制定。

（四）组织开展教育实习教学质量检查、评估、经验总结与交流等工作。

（五）协调各具体责任学院用足用好教育实习经费。

（六）负责协调各具体责任学院与教育实习基地间的工作业务关系。协同实践教学办公室，定期开展实训基地的评估工作。

（七）组织优秀实习生和优秀实习指导教师的评审工作。

（八）组织教育一线的专家教师，及时论证、修订人才培养方案，促进教师教育质量的不断提高。

第十五条　各具体责任学院职责

（一）成立本院教育实习工作领导小组，建立学生教育实习管理体系，根据部门实际制定具体的实习管理制度。

（二）制订详细的教育实习计划，并在学生进入实习前两个月进行备案。各专业教育实习大纲、教育实习指导等资料须在学生离校实习前发放到学生与指导教师手中。

（三）负责依据本院各专业教育实习计划，落实教育实习任务。做好教育实习前的思想动员、依法执教与安全教育，学生教育实习前的校内实训，实习生的组织管理及实习指导教师的安排，学生教育实习鉴定与实习总结、教案、教学反思、调研论文等资料的收集整理工作，建立学生实习档案。协助实习基地做好实习学生的日常管理工作。

（四）负责本院教育实习工作档案的整理存档工作。

（五）负责优秀教育实习生及优秀基地指导教师的初选与上报工作；对违反实习纪律的学生提出初步处理意见。

（六）协同西南大学及青羊区教研机构共同完成实习基地的评估工作。就人才培养的规格、要求等重大问题建立与实习基地专家、教师的磋商机制。

第十六条　实习基地学校工作职责

（一）实习基地学校应成立教育实习领导小组，全面负责实习学生的组织、指导和管理工作，并为实习生提供必要的工作条件，为高校提供教学科研实践平台，促进研究成果在中小学校转化。领导小组的成员，由主管校级领导、教导处、总务处、相关年级组长、教研组长、指导教师代表等有关干部及教师组成。

（二）落实实习生实习年级及见习班级，选派学科指导教师，督促指导教师认真履行职责。

（三）妥善解决巡回指导教师和实习生的食宿等生活问题。

（四）负责实习生的出勤管理，严格执行请假销假制度。

（五）与巡回指导教师协同做好实习生的实习成绩评定工作。

（六）做好实习工作相关材料的整理移交工作。

第十七条　西南大学实习指导教师负责与实习单位兼职指导教师共同完成学生实习期间的教学指导与管理，具体职责为：

（一）参与实习教学文件的编写与修订工作，掌握各类实习的教学目标与考核标准。

（二）定期与实习学生取得联系，切实加强跟班指导，深入实习单位，全面掌握学生实习期间的学习、思想和生活状况，协调、帮助解决学生实习中存在的问题，确保学生顺利完成实习任务。协助实习单位做好学生教育实习成绩的考核鉴定。

（三）负责学生提前、延续或终止教育实习等特殊情况的审核报批工作，定期向各具体责任学院负责人汇报教育实习进展情况。

（四）教育实习结束后，及时指导学生撰写实习报告，督促学生上交教育实习鉴定表、实习期间所获奖励等相关资料。

（五）按照双师素质教师培养计划，完成实习指导期间的委托培养、实践进修、短期专题培训等业务进修任务。

第十八条　同一实习学校教育实习生应组成学生实习小组，设实习组长，负责实习小组日常工作的组织与管理，主要职责为：

（一）承担并主动完成实习期间的学生自主管理，按照实习基地的教学安排，组织小组成员参加基地要求的各项活动，及时向实习基地领导及主管部门汇报学生实习情况，协助解决实习过程中的有关问题。

（二）经常与各具体责任学院和校内指导教师、班级辅导员、线上管理员联系，汇报实习情况。

（三）负责传达学校、各具体责任学院及实习基地对学生的要求和指导，关心本组同学的实习和生活，团结合作。

（四）严于律己，模范带头。严守职责，带头搞好业务学习，遵守实习单位规章制度，定期召开小组会议，搞好小组团学工作。

（五）负责实习过程中典型事件的素材收集，并及时报各具体责任学院进行汇总。

第十九条　对实习生的要求

（一）遵纪守法，不做有损学校声誉、危害集体和他人的行为。

（二）遵守实习单位规章制度，服从领导，虚心接受实习指导教师的指导。

（三）按教育实习计划、教育实习的相关要求和规定，严肃认真地完成各项实习任务；不得自行更换实习单位。

（四）重视职业道德修养，树立安全意识，遵守操作规程，遵守实习单位保密制度，遵守作息时间。

（五）严格请销假制度。离开实习岗位，必须办理书面请假手续。请假时间在1天以内的，须经二级学院指导教师同意；3天以上者，须经各具体责任学院负责人同意；凡请假时间超过实习时间1/3的，不能取得实习学分。未经同意，实习生不得擅自离开事先确定的实习单位，否则按旷课论处，并按学籍管理相关规定处理。

（六）教育实习过程中要认真记录实习日志、书写教案、撰写教育调研文章和教学反思、填写班主任工作记录和教育实习鉴定表等。教育实习工作结束后要按要求完成实习报告的撰写。

第六章 指导教师队伍建设

第二十条 实习指导教师承担学生实习期间的思想教育、业务指导、实习过程监控、实习效果评定等职责。一般由实习学校教师、西南大学专业教师共同组成。实习单位应指定专门教师负责指导学生岗位实习，校内专业教师参与指导。实习指导教师一般由具有中级以上职称的教师担任，业务水平高、工作责任心强并具有一定实习指导经验的青年教师亦可担任。

第二十一条 建立实习指导教师实践进修制度。西南大学各具体责任学院结合每年的学生实习安排，制订教师实践进修年度计划，报教师教育学院汇总统筹并由各具体责任学院在保证正常教学秩序的前提下，具体落实。通过委托培养、岗位实践、专题培训等手段，提高指导教师的操作技能与实践指导能力。

第二十二条 校内实习指导教师深入实习单位进行教学指导的工作量，按照各高校《教学工作量计算办法》执行。原则上按照实际到岗一天不超过4课时计算，巡回指导结束后，须及时填写工作量认定表，同时附巡回指导教案或工作记录，作为认定工作量的依据。实习指导期间的差旅补助按学校有关规定执行。工作量认定表和指导教师的教案或工作记录，各学院存档并同时报教务处备案。

第二十三条 校内实习指导教师及实习带队负责人由各具体责任学院安排备案。

第七章 实习实训基地建设

第二十四条 实习实训基地建设坚持立足本地、专业对口、相对固定的原则。实习基地需能满足《教育实习课程大纲》要求，能保证实习质量。

第二十五条 实习实训基地的建设利用由西南大学和其各具体责任学院协作完成。青羊区教育局及西南大学宏观协调与管理，指导各具体责任学院与实习单位建立联系，洽谈合作事宜，签订校校合作协议。各专业实习实训基地数量依据实习学生数量确定。

第二十六条 实习实训基地建设经费从教育实习专项经费中列支。

第八章 教育实习考核与成绩评定

第二十七条 教育实习结束时，指导教师应按照教育实习课程大纲要求，组织对学生进行考核。

第二十八条 学生教育实习成绩由校校双方的指导教师根据学生在实习期间的表现综合评定，按优秀、良好、中等、及格和不及格五级计分，原则上以实习基地的实习成绩评定为准。

第二十九条 教育实习成绩登记表、教育实习鉴定表、实习获得的奖励等实习资料由指导教师在实习结束后一周内报所在各具体责任学院统一整理存档。教育实习成绩由实习指导教师录入教学管理系统。

第九章 实习经费管理

第三十条 教育实习经费实行预算管理。西南大学每年根据师范类实习生数、实习基地数、实习指导教师数编制预算，经校长办公会核准后列入全校经费总预算。

第三十一条 教育实习经费专款专用，要充分考虑办学成本，提高使用效益。学校根据实习工作有关规定，对教育实习经费使用情况进行综合管理和效益监督。

第三十二条 教育实习经费管理细则由学校另行制定。

第十章 附则

第三十三条 学前教育专业和小学教育专业可根据学科特点和见习学校情况，在本管理办法的基础上进行适当调整，做出有关补充规定，经各具体责任学院审批后执行。

第三十四条 本管理办法的解释权归UGIS教师教育共同体所有。

第五节　中小学教师高校进修制度

《教育部关于实施卓越教师培养计划的意见》（教师〔2014〕5号）明确指出："建立教师教育师资队伍共同体。高校整合优化教师资源，加大人才引进力度，配足配齐教师教育类课程教师。聘请中小学校、教研机构、企事业单位和教育行政部门的优秀教育工作者、高技能人才到高校担任兼职教师，从事卓越教师培养工作。形成教师教育师资队伍共同体持续发展的有效机制。鼓励高校与中小学校、教研机构、企事业单位和教育行政部门积极探索'协同教研''双向互聘''岗位互换'等教师发展新机制。"

中小学教师高校进修制度是UGIS教师教育共同体的重要组成部分，旨在为中小学教师提供持续学习和专业发展的机会。通过参加进修、培训等促进自身的发展是教师的基本发展权。当前国家重视对教师培训实行分类分层开展、实行学分制等措施，这是教师进修研修制度建设的重点。

该制度涉及进修资格、过程管理、考核评估等方面，主要目的是有效吸引一线的优秀教师参与教师的培养培训，壮大教师教育者队伍，使教师教育过程与一线教育实际更加吻合。

UGIS教师教育共同体中小学教师进修研修制度

为提高中小学教师素质，适应基础教育改革和发展的需要，根据《中华人民共和国教育法》《中华人民共和国教师法》以及《中小学教师继续教育规定》，结合青羊区教师队伍发展现状，制定本制度。

一、教师进修的内容与形式

（一）进修的内容

中小学教师进修的内容主要包括：思想政治教育和师德修养、教育法规学习；学科专业知识扩展和更新；现代教育科学理论学习和教学科研与实践；教育教学能力培养和技能训练；现代科技知识的普及与提高等。

（二）进修的形式

中小学教师的进修以能力提升培训与学历提升培训两种模式为主。在能力提升培训中，将对不同层级的教师（新任教师、普通教师、骨干教师、教学名师、未来教育家）采用不同的培训模式。

1. 能力提升培训

（1）新任教师培训

任职在3年以内的实验区新任教师，须在试用期内参加以培养教育教学实践能力为主的培训。其中师范类毕业生进修时间应累计不少于60学时，非师范类毕业生的进修时间应累计不少于120学时。

（2）普通教师培训

普通教师参加以提高教育教学实践能力为主的培训，每位学员的培训时间每5年累计不少于300学时，其中每年不少于50学时。培训应包括课堂教学实践、教学反思和观摩学习等多种形式，以提升普通教师的教学水平和方法。

（3）名师培训

选派区级及以上名师参加以教育教学实践能力和教学科研能力为主的培训（侧重于教学科研能力），每位学员的培训时间每5年累计不少于500学时，其中每年不少于70学时。

（4）未来教育家培训

选派市级以上教学名师参加以教学科研能力为主的专题培训，每位学员的培训时间每5年累计不少于100学时，其中每年不少于80学时。

2. 教师学历进修

青羊区所有教师，均可以参加提高学历层次的培训，遴选及管理办法另见相关文件。

二、组织管理

（一）中小学教师的进修培训由区教育局统筹规划和管理，主要负责以下事项：1. 制定中小学教师进修的有关政策与规定；2. 建设与完善教师培训基地及培训网络；3. 监督和指导教师进修工作；4. 筹集和落实教师进修经费；5. 定期召开师资工作会议，对中小学教师进修工作进行部署、检查和总结。

（二）教师进修培训以西南大学为主要基地，全面负责制订实验区教师的培训规划、设计培训方案、组建教学团队、承担培训任务、制定考核标准。

（三）各实验学校应有计划地安排教师参加本校组织的业务学习，积极开展校内多种形式的教师进修培训活动。

三、条件保障

（一）教师进修经费以政府财政拨款为主，教师人均进修经费标准不低于中小学教师工资总额的2%，在教育事业经费的职工教育经费中专项列支。

（二）经教育行政部门和学校批准参加继续教育的中小学教师，学习期间享受国家规定的工资福利待遇。学费、差旅费按各地有关规定支付。

（三）由西南大学组建高水平的专家团队，在与青羊区教育局、青羊区教育科学研究院进行充分磋商的基础上，制订科学合理且针对性强的培训方案，以确保教师进修研修的有效性。同时，积极推动教师教育教学的创新实践，提升教师队伍的整体素质和水平。

四、考核与奖惩

（一）由青羊区教育局建立中小学教师进修研修考核和成绩登记制度，并将考核成绩作为教师职务聘任、晋级的重要依据。

（二）为通过相应水平等级考核的教师颁发教师水平等级证书（共五级），为通过相关学历水平考试的教师颁发学历和学位证书。

（三）青羊区教育局对中小学教师进修研修中成绩优异的单位和个人予以表彰和奖励；对违反本规定，无正当理由拒不参加进修研修的教师，或研修期间不遵守相关纪律者，视情节轻重按相关规定处理。

本办法自发布之日起生效，适用于青羊区内所有中小学教师。

第二章

教师教育共同体的协商共议制度

UGIS 教师教育共同体的形成和运行是一个长期的、复杂的过程，需要各级机构之间相互沟通和协调，只有形成机构之间的有机联动，才能保证教师教育共同体的顺利运转。对一个区域而言，教师发展机构为区域教育提供决策服务，是地方教育行政部门进行教师队伍质量提升的实施单位，更是教师获得专业学习和提升的引路人。

青羊教育创新实践的 UGIS 教师教育共同体协商共议制度，以教师发展机构为中心，组建包括高校专家、中小学校管理者、教研员、优秀教师等多方人员组成的领导小组，以终身教育思想为出发点，立足于教师的专业发展，通过资源整合，实现利益最大化。

领导小组通过协商共议制度，定期召开会议，进行区域教师教育的一体化设计，包括发现区域教师成长的专业需求，制定培养目标、培训内容，督察与评估各类培训实施效果以及后续的跟踪测评。同时，委员会需定期向领导小组、工作小组、项目实施组报送各项工作计划、工作进展等材料，保证共同体内的信息畅通，实现从前期到后期的一体化协商共议。

该制度的制定和实施，鼓励成员单位之间的协作，有助于建立更加紧密的合作关系，共同解决教育领域的问题。明确的细则可以减少工作中的混乱和不确定性，提高工作效率，确保任务按计划完成，优化工作效率。制度鼓励各类资源共享，确保所有成员单位都能够获得最新的教育信息和资源，也为项目合作提供了指导，有助于推动教师教育领域的创新。本制度制定了详细的整体工作制度与主要责任小组的工作职责，如下所示：

UGIS 教师教育共同体工作制度

为进一步推动"UGIS 教师教育共同体"建设，建立健全有关协商共议机制，根据《关于全面深化新时代教师队伍建设改革的意见》《教师教育振兴行动计划（2018—2022 年）》《关于实施师范教育协同提质计划的通知》《新时代基础教育强师计划》等文件，结合本区教师发展实际情况，制定本制度。

一、组织架构

UGIS 共同体组织架构设立领导小组，下设综合组、学术专家组、组织实施组、技术支持组。领导小组成员由高等师范院校、地方教育行政部门、地方教研机构和地方中小学校等单位的领导同志联合组建，是共同体的决策机构。各项目小组成员是由相关单位根据需要设立，选派优秀教师和教育工作者组成。

（一）领导小组工作职责

1. 负责统筹推进 UGIS 共同体建设工作；

2. 负责整体推进教师教育发展；

3. 负责对共同体重大事项进行决策和指导；

4. 负责协调解决跨单位、跨领域的突出问题；

5. 负责对区域教师教育进行一体化设计，包括发现教师成长需求，制定培养目标、培训内容，开展跟踪测评等；

6. 审议批准年度工作计划、审议年度工作总结、成员单位加入和退出共同体的事项；

7. 讨论决定共同体其他重大事项。

（二）项目执行小组工作职责

1. 综合组

（1）负责统筹组织对共同体工作部署的贯彻落实；

（2）负责统筹制订各项目小组的工作计划并组织实施；

（3）负责收集整理各项目小组工作开展情况形成报告总结；

（4）负责协调解决工作推进中遇到的重大问题；

（5）负责工作例会筹备和专项活动、工作调研等组织保障；

（6）负责共同体阶段性成果的总结和宣传等日常工作。

2. 学术专家组

（1）对共同体的学术指导，学术评价和学术成果的审核与推荐；

（2）开展学术论坛，对外交流与合作；

（3）为学校教育教学提供咨询服务，提供可执行的实施方案，在实施过程中及时跟进，适时提出改进意见；

（4）开展教学、科研、培训、社会服务等方面的指导工作。

3. 组织实施组

（1）对 UGIS 共同体工作部署的贯彻落实；

（2）研究制定相关协调推进机制，起草相关文件；

（3）负责相关活动策划和资源整合；

（4）向领导小组提出工作建议和意见；

（5）完成交办的其他事项。

4. 技术支持组

（1）对共同体提供技术支持；

（2）负责网络平台建设和数据管理等支撑工作。

二、工作制度

（一）联席会议制度

1. 领导小组联席会议由领导小组组长或者委托的副组长主持，会议议题由综合组收集，各小组做好有关资料准备；

2. 定期召开联席会议，研究、部署、指导、督促、检查本区教师教育工作；

3. 领导小组联席会议应当有会议记录，出席会议的成员应当有会议签到记录；

4. 领导小组联席会议成员要定期向领导小组报告工作，及时反映本校教师教育工作的新情况、新问题，及时交流推广本校教师教育工作经验；

5. 领导小组联席会议必须有半数以上成员出席，方可决定事项。决定事项必须经半数以上成员同意方可通过。

（二）总结制度

1. 共同体实行年度工作计划与总结制度。工作计划由综合组负责制订，领导小组审议批准；工作总结由综合组负责撰写，领导小组审议通过；

2. 根据建设实际进展情况，及时总结形成UGIS共同体建设最新成效，并大力宣传和推介，不断扩大示范效应，提高四方参与UGIS建设的热情和意识。

三、保障制度

（一）年度工作考核制度

考核工作由综合组负责组织实施，考核结果报领导小组审定。考核结果作为成员单位评选先进集体和个人、分配经费的依据。

（二）经费管理制度

经费来源包括学校支持经费和成员单位自筹经费。经费使用范围包括教育教学改革、科学研究、师资培训、社会服务等方面。经费使用按照"核定预算、专款专用、注重绩效"原则进行管理。

（三）成员单位双向进入制度

学校教师和教育工作者可以到成员单位挂职锻炼；成员单位的管理人员和技术人员可以到学校挂职任教。挂职锻炼期间的人事关系转入挂职单位。

第三章

课程管控制度

依据专业原则和职前教育培养目标，师范生职前教育课程主要包括专业知识、科学方法、教育技术和教育实习4个模块，但最突出的现实问题是很多师范院校对师范生的实习见习时间安排不足、结构不合理。例如，华东师范大学教师教育政策研究数据中心于2014年发布了《中国高等师范院校师范生培养状况调查与政策分析报告》（以下简称《分析报告》），其中对11个省、自治区、直辖市共27所各级师范大学的调查显示，1964—2013年，我国教育实习时间一般为5~8周，仅占教学计划总周数的5%。很多师范生表示缺少实践性的学习和指导，是他们无法顺利完成职前职后转变的最大原因；对中小学校来说，新教师最大的问题也离不开理论到实践的转化。

因此，教师教育课程的制定需要与教师教育职前职后一体化培养目标相适应，且具有合理的知识结构、能力结构，要根据教师教育共同体的培养目标设置教师教育课程，思考如何设置这些课程，各种课程、各种类型、各种形态的课程相结合如何达到整体优化的效应。

为了解决这一问题，UGIS 教师教育共同体在运行过程中，探索出了《课程协同开发制度》和《课程资源建设制度》。本章将详细探讨共同体内部的课程协同开发制度和课程资源建设制度，这两者共同构筑了一个高质量、创新性和协同性的教育课程体系。

第一节　课程协同开发制度

课程协同开发制度鼓励各成员单位共同参与课程设计和开发，整合各方资源，共同提升课程质量。制度明确了课程开发的流程，包括需求分析、设计、编写、评估和修订等步骤，以及每个成员单位在课程开发中的角色和职责。

具体实践中，UGIS 教师教育共同体的课程协同开发以教研机构总体牵头，根据教师在教育教学实践过程中的真实需求，与高校联合进行职前课程的优化调整，并通过改变传统职后培训模式来辐射带动职前培养。内容上，教研机构和高等师范院校联合构建"教育学基础、学科教育基础+教育实践与技能"的教师教育课程模式，重点放在基础教育的实践导向；课时上，分散见习实习时间，从师范生入学之初就形成进入合作中小学校周/月/学年等见习制度，前三年每年安排一定时间的实习任务等。

课程协同开发制度

为落实青羊区全力打造优质教育人才集聚区，深度推进教师专业化发展，依据《教师教育振兴行动计划（2018—2022）》《教育部关于开展国家基础教育教师队伍建设改革试点的通知》，关于加强师范生教育实践的有关规定及《教师教育课程标准》等，结合 UGIS 各级部门实际，适应学校发展和教师自我发展的需要，特制定本制度。

一、开发目的

积极组织开展 UGIS 协同开发课程，是充分发挥学校、政府与教科院在人才、信息、实践平台等方面的资源优势，促进教师合作交流，启迪教师的教育智慧，丰富教师的专业知识，培养教师的授业能力，促进教师教育的高质量发展的重要途径。

二、开发主体

UGIS 教师教育课程协同开发的主体有高校、青羊区教育局、青羊区教科院和青羊区中小学校。其主要角色地位与功能如表1所示。

表1 课程协同开发主体的角色与功能

简称	协同主体	角色与地位	功能
U	高校（西南大学）	驱动力和牵引力	资源的保障及共享
G	青羊区教育局	领航者，主导地位	宏观调控，政策引领
I	青羊区教科院	必要的辅助者，重要链接	政策引领，调节协作
S	青羊区中小学校	主要实践场所	推动力，实践阵地

（一）高校：负责选拔、培养讲师队伍，储备人才；提供前沿的教育信息及教育资源；承担主要的培训工作以及积极协作配合。

（二）青羊区教育局：负责筹措经费，为课程的顺利开发提供物质保障；宏观调控及政策引领支持；协同各方力量，成立课程开发小组。

（三）青羊区教科院：负责教师教育制度的制定、完善、修订等工作；负责各项培训会议的策划组织；配合实施课程开发和反馈交流；负责年度计划、预算的编制与分解，严格把控课程开发的实施情况与费用的使用情况；对开发课程进行审核评估。

（四）中小学校：负责需求调研，将不同年龄阶段不同学科教师发展的需求内容进行汇总；收集教师发展的诉求，提供课程素材；为课程的开发小组选拔优秀教师；完成课程实践工作。

三、组织与实施

（一）成立校本课程开发研究领导工作小组

1. 设置组长1名：作为校本课程开发的主要决策人和负责人，负责校本课程的总体策划、宏观调控及全面的研究和实施。

2. 设置副组长1~2名：组织实施决策及负责课程开发培训，检查课程实施，制订课程计划，对课程的研究和实施进行指导、评估、调查，分析各级各类教师对课程的需求情况及对教师教育课程档案整理工作等。

3. 小组成员构成：包括高校资深教育专家、青羊区教科院教研员及中小学校各学科带头人及骨干教师等。

（二）领导小组主要职责

1. 构思并制订课程开发工作的总体规划，做好指导、研究、实施、评估等工作。

2. 确定开发课程内容，邀请资深教育专家共同制定课程标准，共同撰写人才培养方案，共同编写教材。课程内容包括理论基础课程和教学实践课程两方面。

3. 具体分工部署：根据课程目标和内容，进行具体的分工部署。

4. 制定开发课程管理的有关规章制度并组织实施和考核。

5. 组织小组开发人员进行课程开发的理论学习，规范课程组织行为，提高其课程开发能力。

6. 积累教师发展政策资料，及时提供前沿教改信息。

7. 经常深入协同开发课程实施课堂，指导开课、听课、评课工作，和实施教师、专家一起研究情况，帮助他们及时总结。

8. 课程实施和评估：根据课程内容和讨论结果，进行教学实施和评估，不断改进课程内容和教学质量。

9. 做好课程开发的经验或成果的推广和应用。

（三）课程协同开发的具体实施

1. 定期制订课程开发计划，并根据科学性、实践性、创新性、可行性的标准对课程协同开发方案进行评价。

2. 收集整理课程协同开发中的所有资料，严格管理课程协同开发的教辅材料、学具等设施。

3. 将课程开发寓于科研课题研究之中，充分利用校内外的教育资源，根据计划按时完成课程的开发。

4. 定期安排小组研讨会，汇报课程开发进度。

5. 根据课程开发计划、培训课程、教师学习情况定期对课程开发情况进行指导与评价，加强监控。

四、开发保障

（一）组织保障：不管是西南大学、青羊区教育局、青羊区教科院还是青羊区的中小学校都应把教师教育课程的协同开发列入其工作议事日程来抓，成立专门的课程开发小组及议论小组。

（二）制度保障：拟定相关的校本开发推行制度。

（三）经费保障：从青羊区教育财政经费的经费中拿出一笔资本特地用于课程的协同开发。经费的使用必须贯彻"合理规范、专款专用、注重实效"的原则，任何人不得挤占、挪用。

五、考核与奖惩

为调动大家参与课程协同开发的积极性，确保协同开发课程的有效实施，制定如下奖惩机制：

（一）对参与课程协同开发的成员进行考核评价，并将考核成绩作为教师职务聘任、晋级的重要依据。

（二）对各项文件的撰稿人，作为科研成果记入档案，对优秀的课程内容，向区以上教育研究部门推荐发表，并给予精神和物质奖励。

（三）鼓励求索与创新，对选用、改编、新编又能形成序列的课程教材，自主开发的课程资源，教学设计，教学实录及教学反思，给予适当奖励。

（四）为执教课程的教师提供外出学习和参与培训的机会；给予教师特许时间，专用于课程协同开发的学习和钻研。

（五）鼓励非本课程开发人员参与本课程实验，对主动参与课程开发实验，为本课程开发出谋划策的教师授予"协作奖"。

（六）对课程开发期间不遵守相关纪律者，未及时完成相关工作的成员，视情节轻重进行相应的处理。

附则

本办法解释权归 UGIS 教师教育共同体所有。课程协同开发制度的实施可以有效促进教师之间的合作与交流，提高教学质量和效果。

希望本制度的运行能够推动教师的专业成长，为学生提供更好的教学服务。

第二节　课程资源建设制度

教育资源的一体化是教师教育共同体得以有效运行的一个非常重要的体现，无论是职前教师、入职教师还是职后教师，都可以共同享有合作机构之间的资源。师范院校在教师职前培养环节可以享用中小学校的教育教学资源，中小学校则可与高校共享数字化资源、教学设施等。教师教育共同体背景下，教育资源的共享主要包括网络课程与平台共享、教学设施共享和师资共享等。通过建设诸如教学评价资源库、备课参考资源库、教学软件资源库等在线学习资源，加上充分利用远程高清实时在线协同教学技术、基于网络的双向互动教学技术等信息技术手段，最终形成一站式检索数字化教师教学能力发展平台。在教师教育资源共建共享方面，"院地"双方共同建设中小学课堂教学在线观摩及反思实践平台、中小学优质课程在线观摩平台、教师教育名家名师论坛、微课开发资源平台等，为学校内涵发展和教师专业发展提供资源服务。

课程资源建设制度指导"院地"双方整合课程和信息资源，打造教师教育资源共建共享平台，包括数字化资源及自主学习平台、高水平微格训练平台、教师教育教学能力训练平台、教师课堂教学能力综合测评系统等，明确了共享平台的建设标准、内容分类、维护与更新等方面的内容，规定资源上传的流程、审核标准，保证共享资源的质量和合法性，以确保平台的高效运作。

课程资源建设制度

为满足不同阶段教师专业发展的个性化需求，充分发挥教师教育资源在教师研修中的作用，根据《中华人民共和国教育法》《中华人民共和国教师法》以及《中小学教师继续教育规定》《关于实施国家优秀中小学教师培养计划的意见》，结合青羊区教师队伍发展现状，制定本制度。

一、建设目的

（一）深化课程改革要求，优化青羊区教师专业结构，提高教师教育能力，鼓励教师不断学习和更新知识，使其能适应和引领教育发展的变革。

（二）探索具有青羊特色的课程资源建设机制，建设丰富、多元的教师教育资源以满足不同特点教师的专业发展需求，有效支持教师专业发展。

（三）通过建设课程资源，推动教师培训各主体之间的合作与共享，提高青羊整体教育水平和资源的可持续发展。

二、建设内容

涵盖中小学教师所应该具备的各种知识与能力、素养与个性品质，包括师德、学科知识、一般文化知识、教育理论与实践、教育教学能力、教育技术素养、教育研究能力等；针对新教师的特点，更应该在师德、教育教学能力、教育研究能力等方面重点开发培训课程资源。

三、建设主体

（一）教育行政部门

青羊区教育局成立领导小组负责统筹规划和协调全区域的教师教育建设工作，监管和管理教师教育课程资源建设，确保教育质量和标准。

（二）合作高校

西南大学组建高水平的专家团队负责教师教育课程的设计、资源的开发、培训的组织等。

（三）教研机构

青羊区教科院教师教育发展部门负责为区域教师提供专业培训、教学资源和指导。

（四）中小学校

中小学校负责具体的教师教育课程建设工作，如教育资源的收集和整合、教学研究等。

四、条件保障

（一）青羊区教育局成立由组织科、基教科、计财科、教研室、教育信息中心主要负责同志组成的青羊区教师教育课程资源建设项目领导小组，重点负责项目的实施方案设计、人员落实、资金筹措、过程管理、项目评价等工作。

（二）青羊区教科院联合西南大学开展教育技术研究、课程设计研究、教育评估等领域的研究。电教部门搭建中小学网络课程平台，发布网络课程，确保青羊教育城域网内部运行畅通。

（三）各中小学校积极支持课程资源共建工作，提供学校数字化资源、教学设施等。鼓励教师参与课程资源的设计和改进，为选定参与课程资源建设的教师提供支持，并纳入对教师的业务考核。

五、建设步骤

（一）设立课程资源建设中心

由青羊区教育局牵头，组建包括教育局领导小组成员、西南大学专家团队、青羊区教研员和青羊区一线骨干教师在内的课程资源建设研究团队，设立课程资源建设中心。资源建设中心一方面负责统筹规划教师教育资源课程，组织协调各资源建设主体，开展相关工作；另一方面通过研发资源样例探索工作机制和程序，形成指导手册和标准，指导、引领资源建设。

（二）规划顶层设计资源

资源建设中心依据教师专业发展领域、专业发展阶段和学科教学三个维度将教师教育资源进行分类，确立师德修养、班级管理、学科教学和教师成长四个领域，并按照新任教师、骨干教师和名优教师将教师专业发展分为三个阶段。分别从领域、学科、教师专业发展阶段三个维度对资源定位，并根据学科和领域内的二级维度确定课程。

(三) 建设课程资源平台

设计并开发教师教育资源平台，依据结构化课程设计，分层建设课程资源。资源中心共同研究、确定共建资源的具体目标及任务，并按照分配和自愿相结合的原则确定各主体的教师教育资源建设任务，分工合作，建设资源。以文本、图片、动画、音视频、虚拟仿真等多种媒体形式呈现，以满足学习者按照不同的学习方式和学习路径进行自主学习的需求。

(四) 推进青羊样例研发

在各类资源中选择代表性资源，先行研发，形成青羊样例。尝试进行微课程资源建设的探索和案例开发。通过样例研发，探索资源制作最佳方式，形成资源建设流程。

(五) 促进资源建设可持续发展

研究团队在共建的基础上，通过免费使用和购买使用相结合的方式共享教师教育资源。各单位根据实际情况，协同考虑多种培训方式（面授培训、在线培训、混合式培训），满足国家规定的教师培训要求，促进教师专业发展。在资源和平台使用实践中总结经验，提供反馈信息，逐步改进与完善资源和平台的建设。

六、考核评估

(一) 由研究团队通过专题研讨、集中培训、分组实践、循环改进、梳理资源和固化成果等环节，认真履行课程开发、建设指导、考核和评估工作，搭建多元化平台，就课程核心内容展开系统的教学研讨和实践改进。

(二) 由课程资源建设中心组织交流分享活动，聚焦项目课程资源整合、课程资源建设、资源平台共享、课程实施研究、成果总结汇报等方面，全方位开展交流、分享与评价。青羊区教育局开展教师教育课程资源建设项目领军人物和骨干教师的评选表彰。

七、管理保障

(一) 采取引进来、走出去的方式，青羊区教育局组织研究团队成员参加各级各类学习研讨活动，为教师成长提供更为优化的环境，为外出学习培训提供有力的经费保障。

（二）研究团队加强对课程资源的收集、管理，构建课程资源库，对青羊区教师教育课程资源建设开发与实施指导。

（三）青羊区教育局领导小组从政策上予以鼓励和支持，将课程统整各个子项目组、项目组长及参与研究的教师纳入绩效考核的范畴，从物质上、精神上予以奖励。

（四）搭建平台，开设课程资源统整主题论坛，围绕课程资源、精品课程、课程实施等专题进行探讨交流，定期检查教学实践情况、进度执行与青羊区域特色呈现等情况。

本办法自颁布之日起实施。

第四章

评估反馈制度

UGIS 教师教育共同体的成功运行不仅依赖于坚实的教育理念和各成员单位的协同努力，还需要一套精心构建的评估反馈机制，以确保教育质量的持续提升、组织职能的有效履行，以及培养效果的精细监测。本章将深入探讨共同体内建立的四项关键制度，这些制度构成了共同体内的评估体系，为共同体的不断发展提供了坚实的支撑。

评估反馈机制是 UGIS 教师教育共同体建设的重要保障和推动力量。它通过系统化、科学化的方法，对共同体内各成员单位进行全面的评估和反馈，从而形成持续改进的动力机制。这一制度不仅是监督手段，更是促使共同体成员单位不断优化、升级自身职能和水平的内在推动力。本章将分别阐述几项评估反馈制度的主要内容，并截取中小学教师培养质量评估制度部分内容作为例证。

第一节　UGIS 教师教育共同体职能评估机构建设方案

评估机构的设立，使得评估过程更具科学性和客观性，从而有效监督和推动共同体内部的工作。UGIS 教师教育共同体职能评估机构建设方案是一项系统化、科学化的制度，旨在提高教师培养质量、确保内部协作的高效性、促进共同体内外的合作与交流、提升社会认可度。该方案定义了职能评估机构的组织架构，包括机构设立、领导层和工作人员构成，以及各职能部门的职责划分,从而确保机构内部的高效运作。同时,方案明确了评估的标准和指标,涵盖了教育教学、科研、师资力量等多方面,以保证评估的科学性和客观性。此外,方案还包括定期的自评和外部评估,以及数据分析的工具和手段,有助于提取有关共同体运行和教育质量的有价值信息。而评估报告和反馈机制的建立也为共同体内的各成员单位提供了明确的改进方向和建议。

UGIS 教师教育共同体职能评估机构建设方案

一、评估目标和原则

(一)评估目标

1. 总体目标

UGIS 教师教育共同体职能评估机构(以下简称机构)总目标是确立完善的职能评估标准,充分发挥评估机构的监督、激励、导向职能,通过评价过程的反馈、调控作用,促进 UGIS 教师教育共同体不断改进、不断成长,促进 UGIS 教师教育共同体更好地发展,加强 UGIS 教师教育共同体的管理和建设。以促进教育事业发展为中心思想,促进四方和谐合作、互帮互助,实现共同进步,将各自资源优势最大化。

2. 具体目标

(1)对 U(高校):培养优秀教师,提升教育水平。

(2)对 G(政府):助力地方教育蓬勃发展,提高就业率。

(3)对 I(教研机构):推进本地区的教育教学事业发展。

(4)对 S(中小学校):促进教师专业发展,提高教师教育水平。

(二)评估原则

1. 独立性原则。独立性原则是指机构应始终坚持第三方立场,不为四方所影响。机构由四方人员构成,在评估过程中始终保持第三方立场,客观公正进行评估。如有违反者应立即从机构开除。

2. 客观公正性原则。客观公正性原则要求评估结果应以充分的事实为依据。评估过程由专业负责人员记录,每一次评估以表格形式记录,师范生汇报课以视频形式存档，机构以专业信息技术支撑记录工作。

3. 科学性原则。科学性原则是指在评估职能过程中，必须选择适用的方法，制订科学的评估方案。评估方案由四方负责人制订，根据高校和中小学校实际情况进行适当调整，遵循教育发展规律，坚持专业性和科学性。

二、评估标准和方式

(一) 评估标准

1. UGIS 四方履行各自职能。UGIS 四方主体各司其职，发挥其职能，完成本职工作，达到基本目标与要求。

2. UGIS 四方实现良性合作。UGIS 四方互利共赢，在合作中更好发展。

3. 师范生教师技能有所进步。师范生学有所获，提高自身水平，学习教师技能，在教师专业发展上有所进步。

4. 教师能力水平总体上升。一线教师学习丰富理论知识，与师范生互相学习，专业水平得到提升。

5. 地方教育事业取得发展。教师队伍壮大，教师整体素质提高，教师专业水平提高。

(二) 评估方式

1. 集中评估

(1) 四方主体以一学年为单位进行汇报，每年 7 月举行一次总结汇报会议。会议上，UGIS 四方主体轮流派出代表总结学年工作，对自己单位本学年的工作和成果进行汇报，汇报结束后完成自我评估，分别说出亮点与不足，针对学年情况提出改进方法。

(2) 机构就四方汇报内容进行点评与指导，统一讨论后评等级 (ABC 三级)。等级 C 将更换其负责人，机构派相关负责人进行下一学年指导。

2. 分散评估

分散评估主要是针对高校与中小学校日常工作进行评估。

（1）过程性评估

中小学校与高校每学年必须进行至少4次过程性评价，每学期至少2次。过程性评价以机构负责人随机抽查一位师范生随堂课为主，也可以采用周报、月报等多种形式，呈现高校与中小学校的合作过程。以表格文字形式记录，在每年3、6、10、12月由中小学校长提交至机构负责人，由机构负责人进行实时评价，提出建议与指导。

（2）结果性评估

结果性评价在每年6月与12月进行，全体师范生准备汇报课，机构负责人以人数1∶3的概率抽取。师范生结束汇报课以后，需要将自己学习过程做简单说明，由中小学校教师进行点评，在此过程中，中小学校教师也需要分享自己的心得体会与收获。机构负责人验收汇报课，检查提出的阶段性建议是否落实，对高校和中小学校进行学期总结性评估，统一讨论后评等级（ABC三级），等级C的师范生此次实习结果无效，需要在下一学期重新实习，其对应的高校和中小学校提出警告。如若出现3次及以上C等级情况，中小学校暂停实习任务一年，高校师范生实习人数减少到原来的一半。

三、评估主体

（一）政府教育部门人员。政府教育部门需要派出10~20名人员负责机构的统领任务，指导机构，作为机构的中心与核心。政府教育部门人员领导其他三方，进行思想指导引领，是坚实的后盾和有力的保障。2名政府教育部门人员将对所有人员及工作进行统筹安排，确保每个学校都有负责人进行工作跟进。

（二）教研机构负责人。教研机构也将以中小学校数量1∶20（1名负责人评估20个学校）派出对应人数进入机构，在机构进行评估工作，对中小学校进行阶段性评估，参加结果性评估，教研机构负责人将参与评等级。

（三）高校负责人。每所高校派2名就业指导中心教师参与评估，负责中小学校师范生的实习工作跟进，在每年2次最终汇报课上进行评估，参与评级。高校负责人要及时检查师范生阶段性成果，及时指导，确保灵活性。

（四）中小学校负责人。每所中小学校校长和分管教学主任（2名）负责评估工作，进入机构后，负责本校的实习工作跟进，在最终汇报课上参与评级。

（五）专业教育家。除四方人员外，机构聘请教育专家（8名），站在专业角度对UGIS四方工作进行评估与指导，在每年7月集中评估时，评定等级并提出建议。

四、运行机制

（一）评估周期和频率

确定评估周期和评估频率，例如，每学年末进行一次全面评估，并根据需要进行中期评估。评估的频率应充分考虑到UGIS教育共同体的规模和需求。

（二）评估流程

1. 数据收集：通过收集各种数据源的信息，包括UGIS教育共同体内部的教育数据、教师培训和发展的记录、学生表现评价等。

2. 文件审查：对UGIS教育共同体内部各种文档、报告、课程设计进行审查，以了解UGIS教育共同体的政策和实践。

3. 实地访谈：与UGIS教育共同体内的教师、学生、家长和管理人员进行面对面访谈，以了解他们的体验、看法和意见。

4. 数据分析和综合评估：将收集到的信息进行归档、整理和综合分析，以形成准确的评估结果。

（三）评估结果反馈

根据评估的结果，及时向UGIS教育共同体提供详细的评估反馈报告，包括评估的发现、问题和建议。同时，提供指导和支持，帮助UGIS教育共同体制定改进计划和策略。

（四）监督和管理

建立有效的监控和管理机制，确保评估机构的工作得以顺利进行。包括定期审查机构的运作、人员配备和评估程序的合规性等。

（五）定期培训和交流

为评估机构内的评估师和管理人员提供定期培训和交流机会，以提升他们的专业能力和知识水平，促进经验的共享和学习。

（六）参与度和开放性

确保评估机构的工作具有参与性和开放性，鼓励UGIS教育共同体内的各方参与评估过程，并充分听取他们的声音和意见。

（七）持续改进

评估机构应建立一个反馈和改进的机制，及时处评估结果的反馈和建议，并推动UGIS教育共同体不断改进和提高。

五、主要任务

（一）监督

1. 监督四方主体是否履行职能

（1）政府履行决策和领导职能，对其他三方工作进行统筹部署，提供制度保障，实现教育资源配置最优化，统筹推动教师教育院校、教育行政部门、中小学校之间的协同合作。政府根据实际情况调整与完善相关制度政策，每年至少两次考察青羊区中小学校，确保制度政策适用性，做好领头作用。

（2）教研机构对相关高校和中小学校进行信息公开，为高校和中小学校提供合作平台，供双方双向选择，促进良好合作。研究和制定本地区的教育教学政策、规划和方案，并指导、协调、监督辖区内各级学校的教育教学工作。定期组织、开展各种形式的教研活动，推进本地区的教育教学事业发展。收集、整合、共享本地区的教育资源，为教师提供有益的参考和支持。

（3）高校发挥其理论研究优势，对教师教育领域的现状、存在的问题、国际教师教育研究的前沿与热点进行深入研究与分析，为政府提供具有建设性的教师教育政策咨询，引领教师教育改革的理论方向。提供丰富的教育资源，通过创新课程、探索新型教学方式等多种方式培养优秀教师,提升教育水平。

(4) 中小学校提供实习和见习基地,提供研究基地,开展校本研修活动,助推教师专业发展。负责日常的教学工作,加强中小学教师与大学教授之间、各学校教师之间以及教师与实习教师之间的交流与合作。

2. 监督四方主体是否促进教育事业发展

(1) 高校:师范生教师专业得到发展,培养优秀教师,提升教育水平。

(2) 政府:教师就业率提高,教师专业性增强,学生开心,家长放心,地方教育蓬勃发展。

(3) 教研机构:推进本地区的教育教学事业发展。

(4) 中小学校:教师学习丰富的理论知识,促进教师团队专业发展,提高教师教育水平。

(二) 导向

以机构评估结果为导向,指导四方下一阶段工作开展,听取机构意见进行改善。四方应以机构评估结果为指导,在下一阶段中改正不足,发挥优势。

(三) 激励

机构评估结果鞭策激励四方主体,指导激励师范生和教师队伍,促进教师团队专业发展,保持良好合作氛围。

第二节 UGIS 教师教育共同体责任机构职能评估制度

UGIS 教师教育共同体是由多个成员单位组成的复杂组织,高校、政府、教研机构、中小学校承担着不同的责任和职能。为确保共同体内各责任机构充分履行其使命和职责,以推动教师教育的卓越发展,UGIS 教师教育共同体责任机构职能评估制度得以制定和实施。该制度的核心目标是通过系统性、科学性的评估制度，对共同体内各责任机构在教育教学、科研、师资培养等各方面的职能履行情况进行全面评估和监测，并为其提供有关改进和提升的建议，推动各责任机构不断改进，提高职能履行的效率和质量。

该制度根据国家教育政策、共同体发展目标以及教育领域的大量实践，制定了一系列评估标准和指标，以确保评估的科学性和客观性。同时包括改进计划的制定和执行，以便在评估结果的基础上，为责任机构提供有针对性的建议，促使他们不断提升和创新。

UGIS 教师教育共同体责任机构职能评估制度

为了加强和规范责任机构职能评估，聚焦各责任机构职能优化协同高效，提高各责任机构履职尽责能力和水平，不断促进各责任机构管理科学化、规范化、精细化，结合青羊区教师队伍发展现状，制定本制度。

一、责任机构职能评估的内容与形式

（一）评估的内容

1. 机构定位和目标评估：评估各责任机构部门的定位是否准确，目标是否明确，以及与整体目标是否一致。

2. 组织结构：评估高校、政府、教科院、学校的组织结构是否合理、科学和高效。

3. 工作流程：评估责任机构的工作流程是否合理、规范，是否需要优化。

4. 人员构成：评估各责任机构的人员是否安排合理，是否具备专业的能力，其能力是否与工作内容相匹配。

5. 沟通、共享评估：评估四个责任部门内部沟通和协调机制的有效性，包括团队合作、信息共享和决策效率方面的评估。

6. 时效评估：评估四个责任机构履行职责的时效性、成效性，以及问题解决情况。

（二）评估的形式

责任机构职能评估主要有实地评估和报告评估两种方式，针对高校、政府、教科院、学校采用不同的评估模式。

1. 实地评估。通过成立专门的评估小组，根据随机抽取责任机构，实地走访查看有关资料，进行综合评定。根据实地评估，进行定性和定量的分析，找出其存在的问题和改进方案。

2. 报告评估。各责任机构组织进行自我诊断，全面了解自己的实际情况。通过收集和分析相关的数据和信息，形成书面报告，再报送其余责任机构审阅。

二、组织管理

（一）责任机构职能评估由第三方统筹规划和管理。具体负责以下事项：（1）明确各责任机构的分工，确保各机构之间协调配合；（2）制定责任机构职能评估的有关政策与规定；（3）四方责任机构职能评估的建设与完善；（4）监督、指导评估工作；（5）筹集与落实评估经费；（6）制定清晰的评估工作计划和时间表，组织高校、政府、教科院、学校的评估工作，定期组织召开各机构工作会议，部署、检查和总结所负责工作；（7）建立严格的数据管理和保护措施，以确保数据的安全和保密性。

（二）根据责任分工，责任机构职能评估实行责任单位自评、各责任机构互评、第三方评价制度。四个责任机构原则上每月一评，第三方将每学期对各责任机构的工作进行评价。

（三）责任机构职能评估要实现全覆盖，评价周期依据培养次数和工作需要，由培养单位自行确定。

（四）建立完善的信息系统

1. 建立信息平台，确保各机构能及时沟通、协调配合、共享信息。

2. 建立数据库，确保第三方能够对各机构的工作进行监控和评估，以便及时做出调整。

三、条件保障

（一）组建一支由区政府教育督导部门牵头、高校协同、多方参与的第三方评价队伍，有针对性地实施责任机构职能评估工作。

（二）评估经费列入政府财政预算，支持评估实施及开展评估结果分析。

（三）责任机构职能评估工作要与政府部门、教科院、高校、学校的工作有机整合、统筹实施，避免重复评价。

（四）将责任机构职能评估工作纳入重要议事日程，做到按计划进行评估。

四、考核与奖惩

（一）考核成绩将作为青羊区教育科学研究院和各学校绩效考核的重要依据。

（二）在评估工作完成后，对优秀的责任机构单位和个人予以表彰和奖励。

本细则自颁布之日起实施。

第三节　师范生培养质量评估制度

师范生培养质量评估制度明确定义了师范生培养的评估指标，涵盖了师范生在知识、教育技能、教育实践等多方面的培养要求。该制度规定了评估的方法和工具，包括学生学业成绩、教育实习评估、教育教学质量评估等多种手段。此外，该制度还明确了数据收集和分析的方式，以及评估报告和反馈机制的建立，旨在全面了解师范生的培养情况，及时发现问题，并为改进提供依据。通过制度中规定的改进计划和措施，师范生培养责任机构得以根据评估结果制定有针对性的改进措施，不断提升培养质量。

此项制度的出台，首先有助于保障师范生的培养质量，确保他们具备高水平的教育知识和实践技能，为未来的教育工作提供坚实的基础。其次，提高了共同体的社会认可度，通过透明的评估和公开的结果，向社会展示了共同体对师范生培养的严格要求，能够吸引更多的支持和合作机会。这一制度还为师范生培养机构提供了有效的监督和改进机制，确保共同体的培养目标和标准得以维护，为培养卓越的教育者和提升教育质量做出积极贡献。

师范生培养质量评估制度

为深化新时代教育评价改革，落实立德树人根本任务，推进本科专业内涵式建设，规范人才培养质量达成情况评价程序及方法，全面保障和提高人才培养质量，根据《普通高等学校本科专业类教学质量国家标准》《教师教育课程标准（试行）》（教师〔2011〕6号）《教师专业标准（试行）》（教师〔2012〕1号）《普通高等学校师范类专业认证实施办法（暂行）》（教师〔2017〕13号），特制定本实施办法。

一、师范生培养质量评估的内容与形式

（一）质量评估的内容

师范生培养质量评估的内容主要包括：思想政治教育和师德修养、教育法规；学科专业知识扩展和更新；教学科研与实践；教育教学能力培养和技能训练。

（二）质量评估的形式

师范生培养质量评估包括直接评估和定量评估两种。

1. 直接评估

（1）政治态度。具体包括政治理论课及时事学习的个人表现，对党的路线、方针、政策的响应和宣传实践的程度，对社会主义制度的认识，在政治上是否积极要求进步，直接评估个人小结、作业、演讲、论文中的基本政治观点及相关平台是否达到规定分数。

（2）健康状况。健康状况包括生理健康和心理健康两方面。生理健康是指机体在运动时所表现出来的良好能力。心理健康包括高度的使命感、责任感和事业心、进取心。健康状况需达到教师法相关规定。

2. 定量评估

（1）课堂观察：每位师范生的课堂教学应定期进行观察和评估。评估者包括教授、导师和教育专家。他们将根据教学设计、教学方法、互动和学生参与等方面的表现来评估教学质量，需达到80分以上。

（2）教育项目报告：师范生需要完成一定数量的教育项目，包括教案设计、教育资源开发等。课例展示每学期不少于5节，教案设计每学期不少于20篇，听课记录每学期不少于20篇，教学反思每学期不少于20篇。

（3）教育研究成果：师范生应当积极参与教育研究，并将研究成果发表或参与教育研究项目。论文、课题成果每学年不少于1篇。

（3）贡献成果：师范生若获区级以上奖励，讲授区级以上公开课，作为学校重大教改项目和科研项目的主要参加者等，可额外加分。

二、组织管理

（一）中小学教师培养质量评估由区教育局和西南大学共同统筹规划和管理。具体负责以下事项：（1）制定师范生培养质量评估的有关政策与规定；（2）师范生培养质量评估体系的建设与完善；（3）监督、指导评估工作；（4）筹集与落实评估经费；（5）组织实施教师培养质量评估工作，定期召开师资工作会议，部署、检查和总结师范生培养工作。

（二）根据责任分工，师范生培养质量评估实行培养单位自评、参培师范生评价、区级评价制度。培养单位和参培师范生原则上每次进行评价，区教育局和师范院校每学期对培养工作进行评价。

（三）教师培养质量评估要实现全覆盖，评价周期依据培养次数和工作需要，由培养单位自行确定。

三、条件保障

（一）将师范生培养质量评估工作纳入区教育部门、西南大学和学校的重要议事日程，建立区政府教育督导部门牵头、部门协同、多方参与的组织实施机制。评估经费列入政府、院校财政预算，支持评估实施及开展评估结果分析。

（二）组建高水平、相对稳定的质量评估队伍。主要由西南大学、青羊区教育局、青羊区教育科学研究院、校长（书记）、教师及其他有关方面人员组成。要积极探索采取政府购买服务方式，培育和委托第三方机构开展教师培养质量评估工作。

四、考核与奖惩

（一）由青羊区教育局和西南大学建立师范生培养质量评估制度，并将考核成绩作为青羊区教育科学研究院和各学校绩效考核的重要依据。

（二）青羊区教育局对师范生培养质量评估工作优异的单位和个人予以表彰和奖励。

五、附则

（一）本细则适用于西南大学、区教育部门、义务教育学校（含公办、民办）、特殊教育学校。

（二）本细则自颁布之日起实施。

第四节　中小学教师培养质量评估制度

尽管国家尚没有细则清晰的教师进修研修制度，但一些国家级的指导意见已经对教师进修研修的时间、方式等进行了相关规定。《教育部关于大力推行中小学教师培训学分管理的指导意见》（教师〔2016〕12号，简称《指导意见》）要求，针对当前教师培训中不同程度存在的重项目设计、轻整体规划，重统一培训、轻教师选学，重短期学习、轻持续提升，重学时认定、轻结果应用等问题，各地要以大力推行教师培训学分管理为抓手，着力构建培训学分标准体系，科学规划培训课程，积极推行教师培训选学，完善培训学分审核认定制度，建立健全培训学分转换与应用机制，深化教师培训管理改革，进一步提升培训质量。

青羊区 UGIS 教师教育共同体在教师教育职前职后一体化实验基地建设中，重视开展教师的分类分层培训和学分制培训管理，出台了《中小学教师培养质量评估制度》。该制度是针对在职中小学教师参加职后培训提升的重要管理制度，它确保了参培教师在职后培训方面能够接受高质量的教育，并为其职业发展提供有效支持。制度规定了明确的评估标准和指标，包括职后培训课程的设计与实施、教育实践的质量、教学技能的提高等多方面。同时还提出了多样化的评估方法和工具，包括教育课程的质量评估、教育实践的实地观察、教学成果的评估等多种手段。这些方法和工具的多样性有助于全面评估中小学教师的培训成果，不仅关注了知识层面，还强调了实际应用能力和教育实践水平。具体内容如下：

中小学教师培养质量评估制度

为切实推进中小学教师培养质量保障体系建设，规范教师培养质量达成评价的程序与方法，根据《中小学教师专业标准》《关于深化中小学教师培养模式改革，全面提升培训质量的指导意见》等文件要求，结合青羊区教师队伍发展现状，制定本制度。

一、教师培养质量评估的内容与形式

（一）评估的内容

1. 培养前的评估，包括培养需求调研分析、培养主体和目标、培养项目方案。

2. 培养中的评估，包括培养教学、培养过程管理。

3. 培养后的评估，包括培养效果、教师满意度、培养特色与亮点。

（二）评估的形式

1. 自我评估。培养前，组织教师培养的单位先进行自我诊断。

2. 教师评估。培养过程中和培养结束后，参培教师通过问卷、访谈等形式对培养工作进行满意度测评。

3. 第三方评估。由相关专家和高校教授组成，对被评单位进行评估。

4. 再评估。由教育主管部门对评估工作进行评估和反思。

二、组织管理

（一）中小学教师培养质量评估由区教育局统筹规划和管理。具体负责以下事项：（1）制定中小学教师培养质量评估的有关政策与规定；（2）教师培养质量评估体系的建设与完善；（3）监督、指导评估工作；（4）筹集与落实评估经费；（5）组织实施教师培养质量评估工作，定期召开师资工作会议，部署、检查和总结中小学教师进修工作。

（二）根据责任分工，中小学教师培养质量评估实行培养单位自评、参培教师评价、区级评价制度。培养单位和参培教师原则上每次进行评价，区教育局每学期对培养工作进行评价。

（三）教师培养质量评估要实现全覆盖，评价周期依据培养次数和工作需要，由培养单位自行确定。

三、条件保障

（一）将教师培养质量评估工作纳入区教育部门和学校的重要议事日程，建立区政府教育督导部门牵头、部门协同、多方参与的组织实施机制。评估经费列入政府财政预算，支持评估实施及开展评估结果分析。

（二）教师培养质量评估工作要与已开展的中小学校督导评估、义务教育质量监测等工作有机整合、统筹实施，避免重复评价。

（三）组建高水平、相对稳定的质量评估队伍。主要由西南大学、青羊区教育局、青羊区教育科学研究院，校长（书记）、教师及其他有关方面人员组成。要积极探索采取政府购买服务方式，培育和委托第三方机构开展教师培养质量评估工作。

四、考核与奖惩

（一）由青羊区教育局建立中小学教师培养质量评估制度，并将考核成绩作为青羊区教育科学研究院和各学校绩效考核的重要依据。

（二）青羊区教育局对中小学教师培养质量评估工作优异的单位和个人予以表彰和奖励。

五、附则

（一）本细则适用于区教育部门、义务教育学校（含公办、民办）、特殊教育学校。

（二）本细则自颁布之日起实施。

第三篇 03
基于UGIS教师教育共同体的师培模式创新突破

第三篇 基于UGIS教师教育共同体的师培模式和创新突破

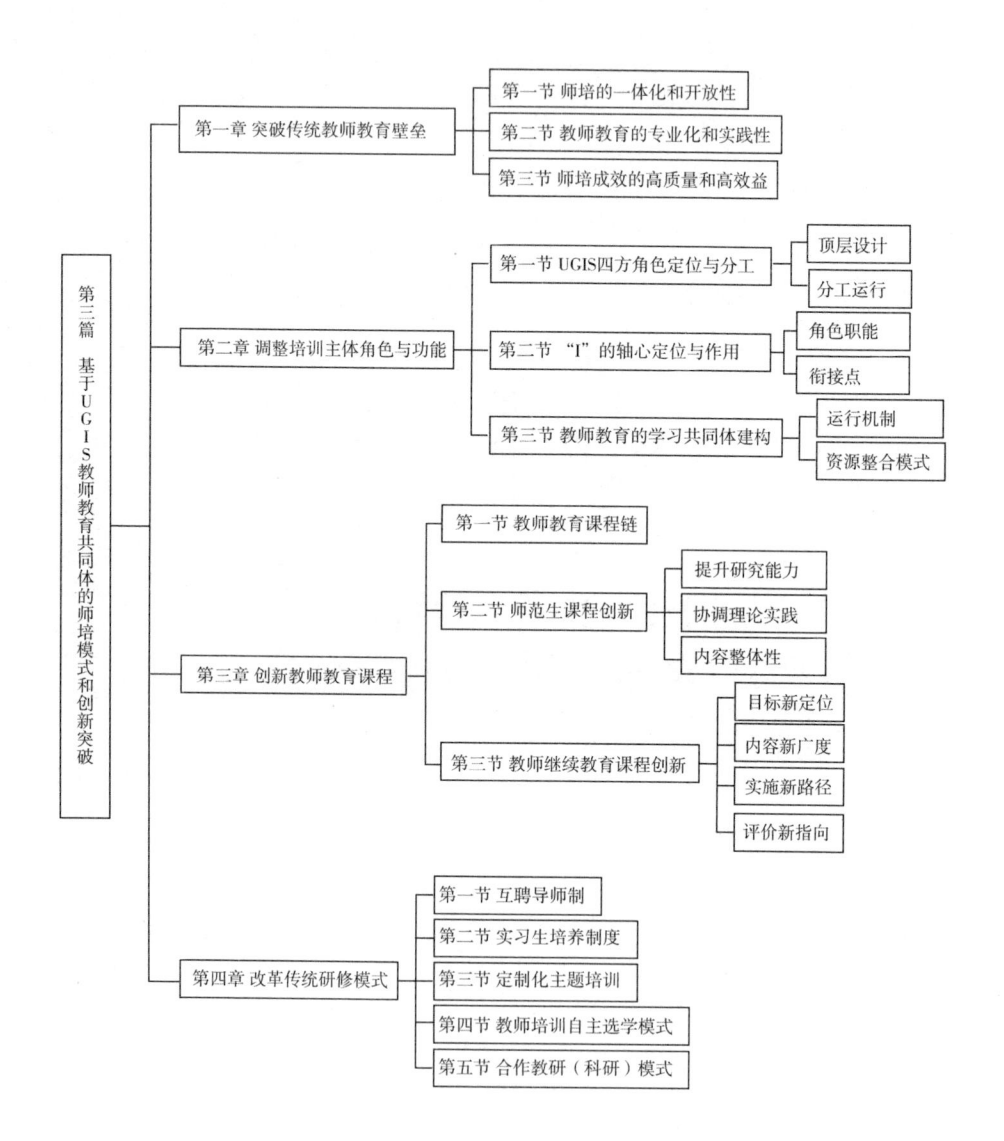

第一章 突破传统教师教育壁垒
- 第一节 师培的一体化和开放性
- 第二节 教师教育的专业化和实践性
- 第三节 师培成效的高质量和高效益

第二章 调整培训主体角色与功能
- 第一节 UGIS四方角色定位与分工
  - 顶层设计
  - 分工运行
- 第二节 "I"的轴心定位与作用
  - 角色职能
  - 衔接点
- 第三节 教师教育的学习共同体建构
  - 运行机制
  - 资源整合模式

第三章 创新教师教育课程
- 第一节 教师教育课程链
- 第二节 师范生课程创新
  - 提升研究能力
  - 协调理论实践
  - 内容整体性
- 第三节 教师继续教育课程创新
  - 目标新定位
  - 内容新广度
  - 实施新路径
  - 评价新指向

第四章 改革传统研修模式
- 第一节 互聘导师制
- 第二节 实习生培养制度
- 第三节 定制化主题培训
- 第四节 教师培训自主选学模式
- 第五节 合作教研（科研）模式

第一章

突破传统教师教育壁垒

"教师教育"的概念,在20世纪80年代就在全球范围内受到了关注,并在2001年首次于《国务院关于基础教育改革与发展的决定》明确出现在我国的政府文件中。[①] 文件中提到,我国需要对教师教育体系进行构建和完善,而在我国教师教育改革进程中,教师教育体系始终是核心问题。2014年9月9日,习近平总书记在考察北京师范大学时提出,要加强教师教育体系建设,不断提高教师培养培训的质量。[②] 2018年,中共中央、国务院印发《关于全面深化新时代教师队伍建设改革的意见》,教育部等五部门印发《教师教育振兴行动计划(2018—2022年)》,明确提出"以提升教师教育质量为核心,以加强教师教育体系建设为支撑,从源头上加强教师队伍建设"的目标要求,构建中国特色教师教育体系成为建设新时代教师队伍的重要任务和行动的着力点[③]。接着,《中共中央关于制定国民经济和社会发展第十四个五年规划和二〇三五年远景目标的建议》中明确指出,要"建设高质量教育体系"[④]。2022年2月,教育部教师工作司在通知中明晰了教师教育体系的建设的重要性,提到高质量教师教育体

---

① 姜微微.我国现代教师教育体系标准化构建初探[J].继续教育研究,2017(4):99-101.
② 管培俊.建设高质量教育体系是教育强国的奠基工程[J].教育研究,2021,42(3):12-15.
③ 中共中央国务院.中共中央国务院关于全面深化新时代教师队伍建设改革的意见[EB/OL].中青在线,2018-02-01.
④ 中共中央.中共中央关于制定国民经济和社会发展第十四个五年规划和二〇三五年远景目标的建议[EB/OL].中国政府网,2020-11-03.

系建设是"夯实教师发展之基"①。同年 4 月 2 日，教育部、中央宣传部等八部门联合印发《新时代基础教育强师计划》，为加快实现基础教育现代化提供强有力的师资保障，计划明确提出了包括加强教师教育体系建设的 15 条措施②。各级部门关于教师教育的文件表明：国家重视教师教育问题，教师队伍高质量建设问题需要更优方案出现，教师教育问题已成为需要自上而下各教育部门机构合力规划与完成的重要任务。

"国之大计，教育为本"，教育之基，在于教师。一直以来对于教师队伍的培养和教育问题都是党中央、全党关心和高度重视的一项大事，也是推动社会发展的一个重要命题，而要想建设与新时代教育事业发展相匹配的教师队伍，需要我们理解和构建好新时代中国教师教育的体系。我国教师教育体系经历了三个阶段三个体系：三级一轨的传统体系、三级一轨的转型体系、四级三轨的新体系。从总体上来说，四级三轨教师教育体系为中国基础教育培养了大量合格的教师，但为了实现"努力建设一支高素质专业化创新型教师队伍"的目标，必须解决新时代中国教师教育体系尚存的问题。近年来，教师教育体系的相关研究也在不断增多，但是传统教师教育的问题壁垒仍然是横亘在教师发展与教师队伍建设之路上的大山——教师教育体系不完善，教师教育体系科学性尚待思考，教师教育目标与路径不够明确，各级教育单位未能就教师教育体系合力并组建高效的运行机制。总的来说，传统的教师教育体系主要存在以下三方面的问题：教育体系的一体性和开放性不足，专业化和实践性不足，教师培养质量与效益需要提高。正是因为现有教师教育体系存在诸多问题，深入剖析问题并创建习近平新时代中国特色教师教育体系就成为必然选择。而建立 UGIS 教师教育共同体的师培模式，正是打破这些传统壁垒的重要尝试。借助 UGIS

---

① 教育部教师工作司. 教育部教师工作司关于印发《教育部教师工作司 2022 年工作要点》的通知 [EB/OL]. 教育部政府门户网站，2022-02-24.
② 教育部教师工作司. 教育部教师工作司关于印发《教育部教师工作司 2022 年工作要点》的通知 [EB/OL]. 教育部政府门户网站，2022-02-24.
教育部等八部门. 教育部等八部门关于印发《新时代基础教育强师计划》的通知 [J]. 中华人民共和国教育部公报，2022（Z2）：87-96.

教师教育共同体的建设，有助于创新步伐，促进教师教育路径走向更科学的方向，为教师教育带来更多可能性。同时，在这一模式下，有利于实现教师教育的资源共享、合作互动，帮助整合区域内优质教育资源，各方一体形成具有开放性、专业化、实践性、高质量、高效益的师培模式，真正促进整个教师队伍的高水平发展。

第一节　师培体系的一体化和开放性

教师教育一体化指基于对教师职前教育、入职和在职教育进行全程规划和设计而构建的教师教育各阶段相互衔接、各有侧重，又有内在联系的终身化教师教育体系。2019年2月，国务院印发的《中国教育现代化2035》中提到，要"健全以师范院校为主体，高水平非师范院校参与、优质中小学（幼儿园）为实践基地的开放、协同、联动的中国特色教师教育体系"，并且还明确指出"强化职前教师培养和职后教师发展的有机衔接"[1]。2022年4月，教育部等八部门印发的《新时代基础教育强师计划》也提到了教师教育体系的一体化的问题，并对此提出了"重点支持建设一批国家师范教育基地，构建师范院校为主体、高水平综合大学参与、教师发展机构为纽带、优质中小学为实践基地的开放、协同、联动的现代教师教育体系"[2]。这种现代教师教育体系是在终身教育思想指导下，按教师专业发展不同阶段整体设计教师培养和培训以实现教师持续专业成长的教育过程；这种一体化的目标，对于教师的终身发展具有重要意义和现实作用。然而，目前这样的教师教育体系并未形成，且教师发展面临着诸多阻滞因素，例如，各部门的协同机制不完善，教育资源始终存在不均衡的问

---

[1] 朱旭东，刘丽莎，付钰. 粤港澳大湾区一流教师教育体系建设：现状分析与路径建议[J]. 高教探索，2022（2）：89-96.
[2] 教育部等八部门. 教育部等八部门关于印发《新时代基础教育强师计划》的通知[J]. 中华人民共和国教育部公报，2022（Z2）：87-96.

题，缺乏系统性的项目引领和串联。

现代教师教育体系是由多环节构成并且复杂的系统，其效果或者说教育质量与各环节间的衔接和统一紧密相关。① 而在全球各国都存在不同程度的各环节间链接割裂、一体化出现问题的现象，也有诸多学者针对这一问题进行了探索。② 具体来说，在教师教育的诸多环节如招生、培养、入职等环节中，对应的机构往往没有统筹或者说没有一体化，没有从整体上对教师教育的目标进行制定并且细化到每一个环节，这就造成了各环节间存在一定的割裂。同样的，我国教师教育体系需要整体统筹，因为教师教育体系正式提出的时间相对较短，所以未能进行实践和改进，缺乏政策方面的整体规划和支持③。同时出现了很明显的断节、错位、分离倾向。师范教育阶段过多侧重理论学习和研究，对目前教育现状和教育过程中遇到的问题未进行深入了解和实际探索。而职后教育则以讲座、培训、网络自主学习为主，二者基本上是以各体制机构的性质为原则，缺乏统一部署，有各自为政之嫌。缺乏对教师教育的终身化思考，未能形成一个科学有序的教育培养模式。

同时，在教师教育的开放性方面，我们培养的是一个终身发展、全方位的，甚至具有前瞻性和引领性的教育工作者，要保证教师具有较强的能力和较突出的素养，就要让教师教育从一开始就保持开放的态度。随着国家和社会的发展，培养适应时代的人才离不开教育的支持，更离不开高素质的适应和引领教育教学变革的教师队伍，而培养这样高素质的教师队伍，需要完善的教师教育体系。④ 我国的教师培养体系传统而封闭，将重

---

① 姜微微. 我国现代教师教育体系标准化构建初探 [J]. 继续教育研究，2017 (4)：99-101.
② 教育部教师工作司. 教育部教师工作司关于印发《教育部教师工作司 2022 年工作要点》的通知 [EB/OL]. 教育部政府门户网站，2022-02-24.
③ 王林发，曾怡. 新时代高质量教师教育体系建设：历史经验与实践探索 [J]. 教育与教学研究，2022，36 (9)：67-83.
④ 王林发，曾怡. 新时代高质量教师教育体系建设：历史经验与实践探索 [J]. 教育与教学研究，2022，36 (9)：67-83.

点放在学历和知识的教育。① 而大部分教师都是由师范院校培养上岗，师资来源单一化，无法保证教师的活力和完善，满足不了高速发展信息化时代的需求，也导致了教师教育体系的单一和刻板性，显得开放性不足。②

建立 UGIS 教师教育共同体的师培模式，正是为了更好地实现教师教育一体化和开放性，主要通过以下三大路径。

路径一：建构连续性的目标体系。教师教育一体化应遵循教师专业发展规律，统整教师发展各阶段的目标，建构既各有侧重又连续统一的教师教育培养目标体系。尤其是要注重根据教师职前、入职和职后各阶段的特点与需求制定具体目标，形成教师不同发展阶段相互支持的目标体系。比如，青羊区在研制《教师专业发展标准2.0》时，就将教师分为合格教师、骨干教师、卓越教师、教育家型教师四类。针对合格教师及刚入职的教师，培养目标主要聚焦于课堂观察技术、课堂理解能力、教学设计方法、学情分析方法、教师师德养成等方面。针对骨干教师，培养目标主要聚焦于课堂管理策略、课程资源开发、有效教学策略、学习方法运用、教师核心素养等方面。针对卓越教师，培养目标主要聚焦于课堂生态构建、课程整合创生、教学艺术探索、学习评价路径、教师实践智慧等方面。针对教育家型教师，培养目标主要聚焦于课堂变革走向、课程领导方略、教学创新走向、学习理论发展、教师专业发展等方面。分层的目标设置使各阶段的教师教育方向明确，在各阶段都有自身的成长方向和动力；科学连续的目标体系，是"UGIS教师教育共同体"的师培模式的前提。

路径二：设置层级式的课程结构。科学合理的课程结构是落实教师教育一体化的重要前提。教师教育一体化课程结构不是职前、入职和职后教育各阶段课程内容的简单叠加，而是遵照一体化原则通盘考虑，根据各阶段教师的发展重点与实际需求设置既各具特色又相互支持的层级式课程结

---

① 宋铁莉. 现代教师教育体系构建的系统探究：兼评《中国现代教师教育体系构建研究》[J]. 中国高教研究，2017（9）：111-112.
② 宋铁莉. 现代教师教育体系构建的系统探究：兼评《中国现代教师教育体系构建研究》[J]. 中国高教研究，2017（9）：111-112.

构。层级式的课程结构既是现实的需要，更是科学师培体系构建的需要，可以促进区域内教师共同发展和个性化发展，形成良好的专业发展生态，从整体上提升区域内教师的专业水平和专业发展能力。结合不同阶段教师的需求与发展目标，深入调研区域内教育教学的普遍性问题，着力解决区域内不同层次教师专业发展的关键性问题，开发层级式课程，是UGIS教师教育共同体的师培模式层级式课程建设的重点。针对合格教师及刚入职的教师，设置课堂观察、教学设计方法、学情分析方法、教师师德养成有关课程。针对骨干教师，设置课堂管理策略、课程资源开发、有效教学策略、学习方法运用、教师核心素养等课程。针对卓越教师，开发课堂生态构建、课程整合创生、教学艺术探索、学习评价路径、教师实践智慧等方面课程。针对教育家型教师，开发课堂变革走向、课程领导方略、教学创新走向、学习理论发展、教师专业发展等方面课程。处于每个阶段的教师都可以在上一级发展的基础上获得对应的提升，根据需求汲取向上发展的力量。

路径三：创新协同型的培养机制。教师教育一体化培养不能只是局限在高等学校范围之内，必须构建高校、地方行政部门、地方教研机构和中小学校共同参与的协同型培养机制，使教师教育中的学校教育、职业体验与教学实践相融合，优化统合各方教师教育资源。在此基础上，权责、角色清楚明晰，多方协同为教师发展保驾护航，形成共同体价值认同，最大程度发挥优质教育资源的优势。借助高校优质资源和理论研究成果，将教师发展、教育教学等方面的学术前沿运用于教师教育实践中，地方政府根据本区域具体现状给予教师发展的政策支持，并对政策的执行与落地效果进行科学把控和评估，以确保教师教育、师资队伍建设的效果。区域教研机构根据对本区域师资构成和教师发展需求的调研结果，设置课程与培养计划，积极搭建高效与学校之间的交流合作平台。学校层面则积极将培训成果落地，激发教师发展与成长的活力和内在动力。在多方力量的协同下，聚力实现教师队伍的真正高质量成长。

第二节　教师教育的专业化和实践性

我国早在 21 世纪初即掀起了"教师教育专业化"的改革热潮,《教师教育振兴行动计划（2018—2022 年）》明确提出的"教师教育学科专业建设行动"即包括"建立健全教师教育本专科和研究生培养的学科专业体系"[1]。新课程标准指出，加强教师专业化发展与实现教师教育课程改革工作具有深远影响和意义，教师教育专业化发展也是当前教师教育课程改革的必然发展趋势。全面提升教师教育专业化能力和素养，有利于推动教师教育课程教学质量和效果的提高，也可不断解决教师教育课程存在的问题和不足。[2] 近年来针对教师教育体系的研究虽然在增多，但这些学者主要关注教育目标、教育模式、课程设置等方面，忽略了问题的核心——教师教育的专业化。[3] 类似地，聚焦教师教育的专业化，并对此存在疑问的现象也普遍发生在世界其他国家和地区，有些甚至影响到对教师的认同度。[4] 而针对教师教育的专业化的概念应该如何界定，也存在着不同的见解。首先，有学者认为，教师教育专业化指教师教育在不断提升知识和工作质量方面推进专业化，以及得到公众的认可、获得一定职业地位方面实现专业化，索克特（Hugh Sockett）从职业的专业度如何得到认同的两方面进行

---

[1] 教育部等五部门. 教育部等五部门印发《教师教育振兴行动计划（2018—2022 年）》[EB/OL]. 教育部政府门户网站，2018-03-22.

[2] 熊小庆，姚俊杰，王迎. 教师教育专业化与教师教育课程改革研究[J]. 科学咨询（教育科研），2021（1）：53-54.

[3] 宋萑. 教师教育专业化与教师教育体系建设[J]. 国家教育行政学院学报，2022（7）：40-47.

[4] APPLE M W. Is deliberative democracy enough in teacher education? [M]//COCHRAN-SMITH M, FEIMAN-NEMSER S, MCINTYRE D J, et al. Handbook of research on teacher education. New York：Routledge，2008：104-110.

了解释①。有学者从"教师专业化的特征"为落脚点，认为教师教育专业化应该根据不同的标准分为不同的层次，比如，不同学段的教师教育专业化不同，而不同学科的教师专业化也存在区别。② 教师教育的师资即高等教育专职教师的学历和职称方面也存在专业化。③ 还有学者研究发现，教师教育与医学教育比较类似，都是将基础知识与其应用性进行统一的专业，即不仅需要基础理论的指导，也需要将基础理论应用于现实的实践指导。④ 因此，教师教育的专业化指标也可以参照医学教育的专业化指标，参照医学教育的相关全球标准，可以总结为培养目标、培养方案、培养队伍、实践资源和评估改进五个维度。⑤ 具体地说，教师教育专业化就是培养目标的专业化、培养方案的专业化、培养队伍的专业化、实践资源的专业化和评估改进的专业化。综上所述，可以发现各位学者理解的"专业化"大部分都是参考教师教育的内部结构、特征或者与教师教育的联系后，据此建立了一定的标准，并按照这些标准分别进行专业化的推进。

在本书中，教师教育专业化的定义为：教师教育领域的专业人才通过系统的培训和学习，具备专业知识、专业技能和专业素养，能够胜任教师教育工作的专业要求。在教师教育过程中实现培养目标的专业化、培养方案的专业化、培养队伍的专业化、实践资源的专业化和评估改进的专业化。培养目标专业化即明确教师为专业培养目标；培养方案的专业化是构建完整的培养方案体系，囊括知识型和应用型两大类，而不同的学段和学

---

① SOCKETT H. The moral and epistemic purposes of teacher education. Enduring questions in changing contexts [M]//COCHRAN-SMITH M, FEIMAN-NEMSER S, MCINTYRE D J, et al. Handbook of research on teacher education. New York：Routledge, 2008：45.
② 王林发, 曾怡. 新时代高质量教师教育体系建设：历史经验与实践探索 [J]. 教育与教学研究, 2022, 36 (9)：67-83.
③ 教育部教师工作司. 教育部教师工作司关于印发《教育部教师工作司 2022 年工作要点》的通知 [EB/OL]. 教育部政府门户网站, 2022-02-24.
④ 中共中央国务院. 中共中央国务院关于全面深化新时代教师队伍建设改革的意见 [EB/OL]. 中青在线, 2018-02-01.
⑤ 世界医学教育联合会. 本科医学教育质量改进全球标准 [S]. 中国教育部临床医学专业认证工作委员会秘书处, 译. 2012 年修订版. 北京：中国教育部临床医学专业认证工作委员会秘书处, 2013：1-35.

科都应该有对应的体系，在此基础上根据情况对课程设置进行调整；培养队伍的专业化指师资队伍的专业化，不仅包括师资结构，还包括师资队伍的学历和职称；实践资源的专业化则是实践资源体系建立和完善，包括实践基地、实践体验、实践指导等；评估改进的专业化是整套系统的及时更新机制，要求根据目前的环境和背景，定期对教师教育的质量进行反馈，并对系统的相关环节和措施进行相应调整。

目前，教师教育的专业化存在一些问题：我国在教师的职前培养工作中，主要采用师范院校培养教师的方法，不断提升教师的专业素养和教学技能；在教师职后教育和专业化发展的过程中，主要通过进修学校和教育学院培养教师的方式，让教师进行继续教育培训。但这样分离的培训方式也进而导致了教师职前培养和职后教育相分离的问题。教师的在职培训和专业培养之间存在隔离，不利于更准确和有效地提升教师专业化水平，也就是教师教育的专业化在培养方案的专业化和实践资源的专业化方面都出现了问题，并且没有及时和有针对性地进行评估和改进。具体地说，我国早在1993年颁布《中华人民共和国教师法》时，明确了培训目标即教师的专业性，这是教师教育专业化的基础。而很多学者都在研究中发现，我国教师教育的培养目标模糊、不具体，而且培训方案中的课程体系构建存在问题，知识类中的学科课程占比明显高于教育专业课程，缺乏教育专业技能类、教育专业态度类、教育研究类等课程。[1] 还有研究显示，目前的教师教育城乡之间的结构和学科之间的结构存在较大的差距，导致了结构分布不平衡，进一步导致了教师教育专业性失衡——农村的语文、数学、英语等传统学科的教师有余，而信息技术、音乐、美术、体育等学科的教师缺乏[2]。这不仅是培养方案的专业化存在的问题，也是评估改进的专业化存在问题的体现。

---

[1] 杨文芳. 基于教师专业发展的职前教师教育课程设置研究：以重庆市本科阶段教师教育课程设置为例［D］. 重庆：重庆师范大学，2006.
[2] 王鉴，张盈盈. 新时代我国教师教育高质量发展的逻辑与路径［J］. 重庆高教研究，2023，11（1）：14-25.

而教师教育的实践性是指培养教师具备实际教学能力和专业技能的过程和要求。在教师教育中,实践性非常重要,因为教师需要通过实践来解决实际教学中的问题,并将理论知识转化为实际教学能力和专业技能,提高教学效果,促进教育的发展。目前在我国"唯实践"倾向的教师教育尚处在"职业性实践"的水平,远没有达到"专业性实践"的水平;而高品质的"专业性实践"是"理论与实践有机融合的反思性实践"[1]。不少研究者认为,教师教育体系中实践课程少而薄弱,从事教学的教师接受的教师教育普遍缺乏实践课程,且缺乏相关学段的教学经验。[2] 教师教育体系在实践性上的短板,主要包括课程和教学理论方面的能力以及在学校教学的能力,要将教师的教育教学能力落到实践上,需对教师教育体系进行重建,建立一套具有中国特色的教师实践体系。[3] 有学者补充,因为我国教师教育的现状和背景都较为复杂,不仅如此,教师教育中实践性课程的缺位严重且没有受到关注,课程也未跟随时代和教育理念及时更新,这也进一步加重了教师教育体系在实践性上的匮乏。[4] 虽然教师教育的实践性在职前和职后阶段都有涉及,但职前阶段的形式化性质更为严重,教育实习时间有限,根本无法达到熟练上岗的目的。而教师深入走进和吃透一线教育几乎都在职后三年左右,这种断层式的空档期,则需要教师自身不断去探索、研究和总结经验,一步步提升。

所以,目前的教师教育体系在专业化和实践性两方面都存在问题和不足,因此,我们希望通过建立 UGIS 教师教育共同体的师培模式,深入分析教师教育在专业性和实践性上的问题,进一步优化教师教育体系,结合教师教育专业化发展需求,构建健全的教育学科课程体系、创新教师教育

---

[1] 李斌辉,张家波. 职前教师需要什么样的教育实践 [J]. 教育发展研究,2017,37(6):42-49.

[2] 教育部. 教育部等五部门印发《教师教育振兴行动计划(2018—2022年)》[EB/OL]. 教育部政府门户网站,2018-03-22.

[3] 朱旭东. 我国教师教育体系的重建 [J]. 教育研究与评论(小学教育教学),2016(7):92.

[4] 朱旭东,刘丽莎,付钰. 粤港澳大湾区一流教师教育体系建设:现状分析与路径建议 [J]. 高教探索,2022(2):89-96.

的课程模式、健全教师教育质量保证机制，实现对教师的教育专业化培养。具体可以通过以下三个实施路径，促进教师教育的专业化和实践性的发展，提高教师的教学能力和专业素养。

路径一：革新教育理念，明确教育目标。

作为促进教师发展的重要手段，教师教育既要满足教师的发展需求，解决教师实际面临的问题，又要满足教师的心理期望，激发教师的学习兴趣，因此，革新教育理念、明确教育目标成为提升教师教育专业化的首要问题。教师教育需摒弃原有求快求全的错误理念，追求教育的"质与精"，树立促进教师全面发展的教育理念，想教师之所想，备教师之所需，遵循教师成长规律。要以系统的思想规划培训工作，以研究的态度实施教育内容。以教师为中心，以教育发展与国家政策要求为关键，根据不同对象、不同发展阶段、不同层级制定具体的教育目标，对照目标开展针对性的教育，并结合实施过程对目标进行动态调整，打造动态性、阶段性的科学目标体系。

路径二：丰富教育内容，创新教育方式。

传统教师教育的内容多考虑社会对教师的外部要求，而教师自身的迫切需求遇冷。新形势下，教师培训应以师德修养为本，以职业能力为根，以职业幸福感为源，立足实际需求，深化教育内容，创新教育方式，以教师为中心，按照教学实践逻辑系统设计教育内容，增强教育内容的横向关联与纵向延伸，保持教育内容的动态发展，促使每一模块的内容既有关联性，又有连续性与递进性。教育内容紧跟教师蓬勃发展态势，以教育热点、重点问题为切入点，选择必需的、有价值的内容模块；以教师在工作上的问题困惑与最感兴趣的方面为抓手，设置个性化、菜单式的培训模块；充分考虑不同教师在个人素质、专业背景、发展阶段的个性化特点，更好地实现教师教育的针对性与有效性。在制定了科学合理教育内容的基础上，创新教育方式，利用UGIS教师教育共同体增加校际的合作交流，实现优质资源共享；搭建培训线上平台，采用线上线下结合的方式灵活开展培训；增加教师在培训过程中的交互与参与，鼓励教师积极参与到培训过程中；采用小组研讨、案例评析、教学展示、现场观摩、角色扮演、沙龙讨论、实地参观等形式，增加课间联系、拓展活动等，激发教师的参训热情与学习兴趣，让教师做有效参与者而非旁观者，引导教师在交流研讨和思想碰撞中积累新认识，并将其渗透到教学实践中。

路径三：优化体系建设，深化教育模式。

建立健全的教师教育课程体系，从前、中、后一体化的视角规划教师教育活动，在思想上与行为上把作为"点"的教育变成一条"线"，贯穿教育活动的前、中、后，才能真正发挥教师教育促进教师理念与行为改变的作用。同时，加强理论学习与实践操作之间的密切结合，"知道如何应用知识"的操作体验与多次应用知识的直接实践是促进学员由"知"到"融会贯通"的重要环节。在课程设计上应注重实现理论知识和实际教学的统一，结合参训教师的教学实践开展理论知识的讲解，帮助教师理解教育理论知识的实际应用，并培养他们的教学技能和专业素养。在课程的设置上也应更多将参训教师的日常教学情景与对应的专业学科知识或教育教学理论相联系，让教师在真实的教学场景中锻炼和提升自己的教学能力。还应不断探索创新的教师教育课程模式，例如，引入案例教学、问题导向学习、实践教学等方法，让教师在实际教学中积累经验，培养解决问题和反思的能力。

第二节 师培成效的高质量和高效益

师培成效的高质量和高效益指的是教师教育培训的效果和效益达到了较高的水平，具体表现为教师专业素养的提升、教学实践能力的增强、教育教学研究能力的提升、教师发展和职业提升的支持。师培成效的高质量和高效益要求教师在知识、技能、态度和价值观等方面都有明显的提升。《中共中央关于制定国民经济和社会发展第十四个五年规划和二〇三五年远景目标的建议》中明确指出，要"建设高质量教育体系"①。高质量的教师教育最终要体现在"优质师资"的持续培养上，最终目标是促进并实现教师的实质性发展，即教师的全方面能力得到可持续发展。教师教育的质量主要有两个层面，一是教师教育机构的质量，二是教师教育培养对象的质量，这两者是紧密相关的。② 教师质量参差不齐，是由于教师教育体系培养质量就存在着巨大的差别，而究其根本是没有保障教师教育质量的体系和相关的问责体系。③ 教师教育体系质量的基础是能够开展相关教学的专家、学者还有渠道等，所需的资源是亟待解决的。④ 同时，《新时代基础教育强师计划》中对教师教育体系建设的培养效益也提出了要求，明确指出"以信息技术应用为抓手，推动教师队伍建设提质增效"。除了发达地区的教师教育发展得比较顺利、收益较好，我国大部分教师教育发展之路都困难重重，其中，因职能宽泛和交叉而产生的资源浪费和占据现象广泛存在。⑤ 不仅如此，除了部分得到国家大力支持的培训效果较为理想，其他的培训因为投入不足、资源得不到支撑和保证，其效益并不显著，比如，教师教育体系中的职后培训就普遍存在此类现象。

目前，我国对中小学教师培训投入了比以往更多的经费、资源和力度。同时，教育信息化深入发展，信息技术为教师专业学习提供了有力的支持，基于网络开展的教师培训比例大幅上升，教师获得培训的机会大大增加。我国的教师教育主要集中在职前培养、任职培训与在职进修三个环节。在职前师范教育阶段，教师教育的培养主要以课程和教学输出为主，专业理念、专业知识、专业能力的获得也是通过课程与教学，然而部分师范生的自主学习与钻研思考意识薄弱，由此带来的教师教育必然无法达到

---

① 中共中央.中共中央关于制定国民经济和社会发展第十四个五年规划和二〇三五年远景目标的建议［EB/OL］.中国政府网，2020-11-03.
② 顾明远.教育大辞典：增订合编本上［Z］上海：上海教育出版社，1998：798.
③ 朱旭东.论当前我国三轨多级教师教育体系［J］.教师教育研究，2015，27（6）：1-7.
④ 朱旭东.构建国家在线教师教育体系刻不容缓［J］.教育发展研究，2020，40（2）：3.
⑤ 闫建璋，王曦.新时代高质量教师教育体系建设研究［J］.当代教师教育，2022，15（3）：1-6.

国家所倡导的教师教育培养体系预期质量和效益。任职培训与在职进修阶段，多由学校、各级教研机构和教育行政部门组织。以命题式、讲授为主的传统培训在一定时期满足了一些教师的需求，然而，培训低效依旧是困扰我国教师培训的一大难题。在实践中，教师培训的投入与收益的巨大反差使教师培训处在了理想和现实的尴尬境地。教师的专业学习动力和教学行为一直没有发生人们所期待的变化，大量的培训甚至使教师产生抵触情绪。就培训本身而言，就存在着培训内容和方法与教师需求不符、教师缺乏自主发展的空间、学习动力不足等问题，教师培训总体上仍然是以专家为主，将教师当作被动的接受者来灌输知识和技能，培训内容泛化，教师个性化需求难得满足，培训针对性、实效性不强。因此，针对当前教师培训中的主要问题，可以从以下三个关键策略切入，切实提升教师培训的质效。

第一，完善制度环境，畅通培训路径。

提升教师培训的实效性，应当确保UGIS四方的有机衔接，明晰培训提供方与受训方的责任。健全UGIS教师教育共同体协同育人体系，集合高校、地方教育行政部门、地方教师培训机构和中小学校四方力量，整合各级资源参与协同培养，全面提升教育的质量与效益，为国家教育事业发展高效供给高素质、专业化创新型的教师队伍。地方教育行政部门作为重要行为主体，在集体行动的规则与目标制定方面发挥着不可替代的作用，因而在各类主体的协同中，地方教育行政部门应持续发挥主导作用，承担该组织体系的协同治理责任，保障教师培训的高质量开展。地方教师培训机构作为教师培训中教育系统力量的表征，侧重确保系统教育目标的实现，其需要真正从参训者视角进行培训方案的思考与探索，在培训模式设计上进一步激发参训教师及培训协助者的积极性，最大限度提升培训能力。而高校和中小学校有着丰富的教育理论积淀和实践经验，可深入挖掘其培训潜力。借助各类资源、信息和能量交换，使多元主体处于协同之中，形成完善的组织结构。

第二，明晰教师需求，激活内生动力。

培训参与者内生动力的激活，是培训核心也是目标，还是培训质量的决定因素。参训教师作为教师培训活动中学习的主体，其参加培训的动机和态度直接关系着培训项目的成效。首先，参训教师应加强自我学习意识，将培训中所学到的知识与自己的教学实践相结合并加以反思，探索改进自身教学的新途径，切实提高自身的专业素质和教学技能，实现培训价值。其次，增强参训教师的培训主动性，能有效提高培训方"知识供给"和参训方"知识吸收"的效率。最后，要提高参训教师的参训兴趣，做好教师培训需求分析。对教师培训需求的调研，是教师培训得以开展的首要环节，教师培训需求分析关系着为什么培训、谁来参加培训、培训什么内容以及怎样开展培训等问题。教师培训需求分析是确定教师培训目标、教师培训内容、教师培训方式、教师培训师资、教师培训管理、教师培训评价的前提，通过对教师培训需求的调查，在把握教师培训需求的基础上，展开的教师培训才可能是有效的。通过科学、系统的分析，以确定参训教师教育教学能力现状与通过培训后理所应该达到的标准之间的差距，并以此为依据组织开展教师培训。因此，培训需求分析既是教师培训的起点，也是检验教师培训是否落实的标准。明确了教师培训需求分析的定位和重要性，在进行教师培训需求分析时，不能将参训教师对教师培训的具体要求作为教师培训需求，而要透过参训教师对教师培训的具体要求这一表象，重点分析参训教师在教育教学实践中存在的问题，以参训教师的共同问题为出发点，设计教师培训方案、设置教师培训内容、组织实施教师培训。

第三，提升质量保障，建立评估机制。

建立健全的教师教育质量保证机制，包括教师教育师资队伍建设评估、教师教育课程评估、教师教育实践能力评估等方面。建立多元开放的评估机制，优化评估队伍结构，拓宽评估渠道，使定性与定量评价相结合，及时发现问题并进行改进。任何单一的、阶段性的评价都无法得出整体客观科学的结论，需要建立多元的教师培训评价体系，充分发挥评价功能。首先，实现评价主体多元化，在培训承办者之外，将培训参与者主体纳入，针对具体培训项目，机动调整各类子系统的评估权重，确保评估的公正性与科学性。培训方综合学员整体表现给予评价，培训专家针对课堂表现、互动交流、作业情况给予评价，学员所在院校对学员参训后的进步给予评价，如教学水平、科研成果、专业实践能力、师德素养等方面的综合评价，学员通过小组讨论、团结协作等方面进行互评，并及时总结反思进行自我评价。其次，充分发挥教师培训评价功能。一是发挥评价的鉴定功能，通过总结性评价从宏观层面掌握培训目标的实现情况，培训的满意度、合格率等。二是发挥评价的诊断功能，通过形成性评价掌握受训者的成长与不足，为下一阶段的培训方案提供参考依据。三是发挥评价的反馈功能，向不同主体反馈信息。一方面，培训方、培训专家通过信息获得培训目标达成度的信息，以此分析培训的有效性；另一方面，受训者根据反馈信息，了解自身学习情况，以提高今后学习发展的针对性。四是发挥评价的激励功能，推动培训方不断完善培训方案，优化培训活动，激发受训者学习发展的内在动机，提升参加培训的积极性。最后，建立与参训教师及其所在单位的反馈评价机制，重视参训教师及其单位对其教学实践的反馈评价是保障和提高培训质量的重要举措。

第二章

调整培训主体角色与功能

实施中小学教师教育的主体，一般而言有四方：高校（U）、地方行政部门（G）、教研机构（I）、中小学校（S）。在传统教师教育体系中，高等教育院校（U）主要负责教师的职前培养，而地方行政部门（G）和教研机构（I）以及中小学校（S）主要负责教师的职后培训，教师职前职后的培养培训也即高等教育与基础教育之间存在的显而易见的壁垒。从国内现有的相关研究和实践经验来看，现有的 UGIS 四方合作模式大多无法适应当下教师教育改革的要求，在真正联动各方力量、实现"教师教育布局优化"的过程中尚存诸多现实问题。

首先是成员间角色比重不均。高校因为其理论高度与社会地位，往往被定为"专业权威"，地方行政部门被定为"行政权威"，地方教研机构容易被看作"传达者"或"实施者"，中小学校被认定为"服从者"或是"配合者"，没有实现各成员的"平等对话"。其次是场域文化隔阂。高校、地方行政部门、教研机构、中小学校处于四种不同的场域文化中，利益诉求的不同容易引发合作组织内的权利博弈，呈现分隔化的、机械化的局面，影响合作。最后是协调机制缺位。由于参与协同合作的各成员本身就是一个正式的组织系统，分属不同的关系体系，遵循不同的运作规律，所以很多合作模式都缺乏一套适用于所有成员、促进长效合作的协调机制，给教师教育共同体的顺畅运行带来阻碍。

鉴于此，教育部等五部门联合印发《教师教育振兴行动计划（2018—2022 年）》，在高校、政府、中小学校"三位一体"协同育人的基础上提出"以教师发展机构为纽带",体现了国家层面对中国独有的教研机制的重视,以及对其在教师教育领域能够发挥重要作用的认同和倡导。青羊教育也在实践探索中发现,只有区域教研机构才能够上联高校、地方行政部门,下联区域内中小学校,变革与更新以大学为主导的师范生单一培养模式和以校本研修为主导的中小学教师培训模式。

但是,如何打通教师培养培训的高等教育与基础教育壁垒,依然是当前突破教师教育改革创新的难点所在。教师教育职前职后壁垒存在多年且难以消解的根本原因,在于实施教师教育的四方主体之间没有明确而具体的共同价值追求,四方主体利益存在冲突,四方合作机制固化。针对此困境,我们认为,可以充分利用中国独有的教研机制,探索区域教研机构独特的角色职能,发挥区域教研机构在教师教育合作模式中的关键价值,以区域教研机构为"衔接点"与"突破口"推动现代教师教育体系的建构。

第一节 UGIS 四方角色定位与分工

一、UGIS 四方角色的顶层设计

UGIS 教师教育共同体与其他教师教育合作模式最本质的区别,就在于它创新地提出以"I"为共同体的轴心,也就是以中国基础教育特色制度——教研制度为牵引。在这一制度下,中小学教师在教育理念、教学能力等方面能够获得专业支持,从而提高专业素养和工作能力。

值得注意的是,这里的"I"特指县级教研机构。中共中央办公厅、国务院办公厅于 2019 年 7 月印发《关于深化义务教育教学改革 全面提高义务教育质量的意见》,第一次提出建立国家、省、市、县、校五级教研工作体系。目前我国基础教育领域的专职教师发展机构主要是省、市、县三级。省级教研机构主要在规划全省教研工作、为教育决策提供支持、设计具有全局性的教研项目等方面发挥宏观战略指导作用,市级教研机构

主要为各县级教研团队建设、教研工作经验交流搭建平台,只有县级教研机构的工作重心是深入学校、课堂、教师、学生之中,紧密联系教育教学一线实际开展研究,指导学校和教师加强校本教研,改进教育教学工作。

所以只有以县级教研机构为轴心,上联高校、县级行政部门,下联区域内中小学校,将四方力量充分汇聚到共同体中,并且从区域教师队伍建设的真实痛点和难点入手,才能打破传统教师教育职前职后"双轨制"壁垒,通过"院地"深层次交融实现职前职后贯穿式"一轨制"培养找到可操作的范式(图3-1)。

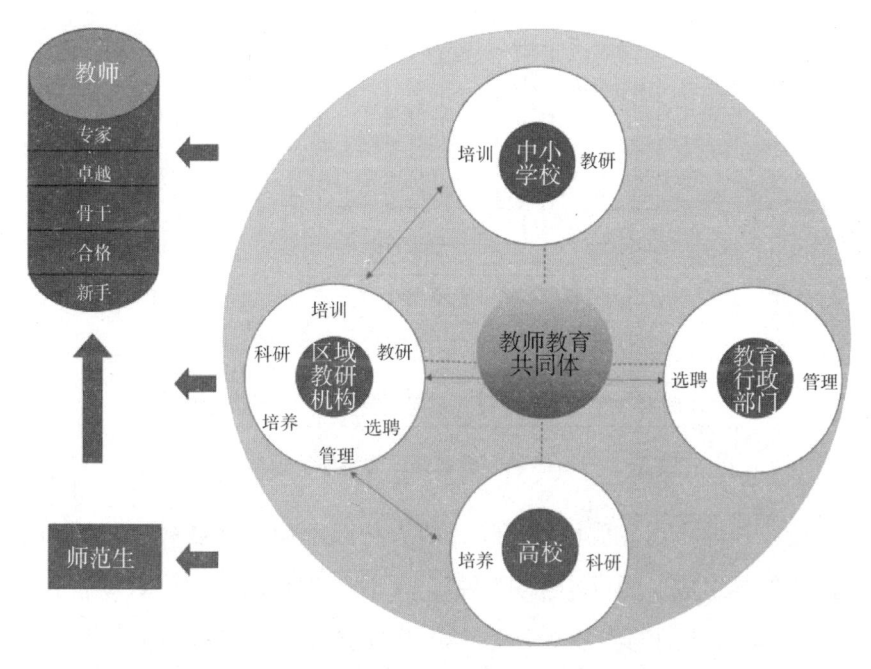

图3-1 UGIS教师教育共同体四方角色定位及功能示意图

二、UGIS四方角色的分工运行

(一)协作管理

UGIS教师教育共同体虽属于一种契约型非实体性组织,却有明确的目标,因此必须由四方共同建立科学合理的UGIS教师教育共同体组织管理和运作体系，明确成员的角色与功能，才能促进共同体与外部环境互动，输入共同体生存和发展所需要的人才、资金、知识、信息，推动整个共同体的良性演化。建立科学合理的 UGIS 教师教育共同体管理组织体系，实现四方成员的关系协同（图 3-2）。

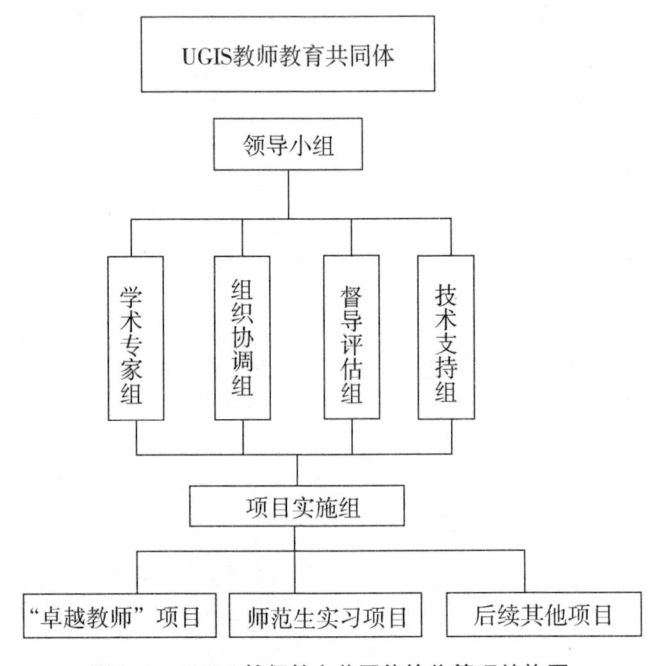

图 3-2　UGIS 教师教育共同体协作管理结构图

一级：领导小组。成员由高校、地方行政部门、区域教研机构和中小学校四方领导组成，领导小组共同制定《教师教育改革实验区项目管理办法》，总体负责共同的发展规划，定期召开会议并对各成员的工作任务进行分配。

二级：以"1+"模式运行的四个工作小组。领导小组之下设立学术专家组、组织协调组、督导评估组和技术支持组四个工作组，都由区域教研机构工作人员牵头开展工作。学术专家组成员由高校、区域教研机构专家和实验学校优秀教师担任，主要负责培养方案制订、课程开发、项目设计咨询等；工作协调组设在区域教研机构，主要负责协调各方开展具体项目，解决共同体合作过程中所出现的问题和冲突；督导评估组由四方选派成员组成，负责对共同体运行的过程与成效进行检查督导，并及时将任务达成度反馈给各成员单位；技术支持组由区域教研机构和实验学校信息技术管理人员组成，提供智能平台的构建及共同体运行所需要的各种技术支持。

三级：项目实施组。四个工作小组之下再设若干个项目实施组，包括职前培养项目和职后培训项目两个模块，职前职后并不是各为阵营，而是在每一个具体项目都视实际情况而产生不同的合作。例如，"卓越教师"培养项目、师范生实习实践项目、教师学历提升项目等，根据具体推进工作动态调整。

（二）协同运行

区域教研机构为区域教育提供决策服务，是地方教育行政部门进行教师队伍质量提升的实施单位，更是教师获得专业学习和提升的引路人。所以在实践中应以区域教研机构为中心，组建包括高校专家、中小学校管理者、教研员、优秀教师等多方人员组成的专家委员会，委员会通过协商共议机制，定期召开会议，进行区域教师教育的一体化设计，包括发现区域教师成长的专业需求，制定培养目标、培训内容，督查与评估各类培训实施效果以及后续的跟踪测评。同时，委员会需定期向领导小组、工作小组、项目实施组报送各项工作计划、工作进展等材料，保证共同体内的信息畅通，实现从前期到后期的一体化协商共议。通过联合开发课程、合作实施培养培训、教师双向流动等方式促使共同体在具体实践中顺利运行。

联合开发课程。区域教研机构重新梳理全区教师队伍发展的真实问题和需求，根据需求导向，联合高等师范院校共同开发师范生职前培养的实践课程，对师范生进行"定制化"培养。同时，通过对师范生职前课程的分析，双方协商确定区域教师培训项目课程内容，弥补职前课程的空缺。

合作开展培养培训。教育部发布的《教师教育课程标准（试行）》对职前教师课程设置列出三大目标领域，将此引入入职教师和职后教师的培训中，从三大目标出发，使UGIS四方全程参与职前职后一体化的过程中（表3-1）。

表 3-1　UGIS 合作培养模式

阶段	目标领域	培养培训重点	责任主体
职前	教育信念与责任	强化教师职前的从教信念教育、综合基础教育、学科知识教育和教育实践基础	U
	教育知识与能力		U、I、S
	教育实践与体验		U、G、I、S
入职	教育信念与责任	强化教师任职初期职业道德教育、课标教材理解及课程教学技能、学生组织管理等能力训练，重视实践训练与职前教育理论知识的衔接和融合，体现入职教育衔接职前的过渡性特征	I、S
	教育知识与能力		U、G、I、S
	教育实践与体验		U、G、I、S
职后	教育信念与责任	强化职业情感教育、专业理论知识补充和课标教材分析、教学组织管理、教育评价等能力训练，体现以教学实践为中心从而提升教师教学能力的实践性特征	I、S
	教育知识与能力		U、I、S
	教育实践与体验		U、G、I、S

教师双向流动。一方面，高校选派专家，与区域教研机构教科研人员组成专家团队，为区域实验学校提供科研支持；另一方面，实验学校选派优秀中小学教师到合作高校进行专业能力提升、综合素质提升和学历提升等培训，同时可担任合作高校的师范生实践指导教师。

（三）评估反馈

为了用科学评价手段调节与制约共同体成员间的关系，确保科学决策，保证运行和管理目标的实现。通过对共同体运行过程进行全程跟踪评估，并适时将评估结果反馈给成员单位，保障共同体运行质量。

在 UGIS 教师教育共同体中，高校、地方行政部门、教研机构、中小学校共同构成评价主体，师范生、一线教师是评价客体；教育行政部门是主要负责机构，高校、教研机构是主要执行机构。评价标准由教育行政部门、教研机构共同制定，对职前教师和职后教师专业理论知识、能力结构及专业发展水平实行动态持续的跟踪评价，同时落实问责机制，规范共同体各方及成员的行为，形成职前—入职—职后一体化教师专业发展评价体系。

第二节 "I"的轴心定位与作用

一、区域教研机构的角色职能

（一）基础教育中学术引领的高地

区域教研机构深入教育教学一线指导教师开展科研工作，相比于高校，其对于真实的基础教育现状与问题具有更加丰富的经验，能够在科研中为教师们带来更为"接地气"的指引；相比于中小学校内部科研团队，区域教研机构具有一支专业的专职的科研力量，能够全身心地投入科研指导工作中。区域教研机构最基本的职能，包括学科教育教学研究、教育科学研究，以学科教育教学研究（教研）为主。区县教研机构从事的主要是先进教育理论指导下的微观应用研究，是对区域教育、学校、学科现实教育教学问题的研究。

（二）基础教育中教师培训的驿站

区域教研机构牵头组织与设计开展教师参与各级各类培训。相较于教育行政部门，区域教研机构对于教师的个人水平更为了解，能够制订更为聚焦、精准的培训方案，因此能够及时准确地了解教师的成长需求，开展科学的培训工作，从而在教师专业发展之路上不断为教师充电，服务教师专业发展，推动学校教育教学的改革和发展。

（三）基础教育中学科教研的灯塔

区域教研机构立足基础教育改革，基于区域教育现状，提升区域教研水平。相较于中小学校内部，区域教研机构对于教育教学改革的意义与做法思考更为全面深入，教研员的经验与能力丰富，能够发现问题，指导区域学科教育教学和校本教研，引领教师不断提升教学能力，也能够监测教学过程和教学质量，为区域教育改革和发展提供决策参谋和咨询服务。需要注意的是，在教师教育共同体中，教研员与教师的地位，不再是居高临下，而是平等中的"首席"。

二、"衔接点"：教师教育共同体中区域教研机构所处位置

一方面，区域教研机构具有教育行政部门、高校、中小学校所具有的促进教师专业发展的角色职能，这为区域教研机构与四方合作建立了良好的基础。在协作发展过程中，区域教研机构具有一支较为专业的团队，能够充分理解并落实其余三方的指导。同时，也能够作为合作的润滑剂，将其余三方的文化、利益等差异进行融合，最终生成与落实利于教师教育共同体建设发展的方案。

另一方面，区域教研机构相比于其他三方，更为了解区域教师发展现状，具备其余三方所不具备的天然位置优势，作为教师与其余三方对接的衔接点，将工作不断推进。总之，区域教研机构具有其他三方所具有的职能，并且能够与其余三方及时对话交流，因此处于教育教育共同体中教师培养培训的衔接点。

第三节　教师教育的学习共同体构建

以区域教研机构为教师教育职前职后的衔接点，协同联动教师教育的四方主体，构建由高校、地方行政部门、区域教研机构和中小学校四方为子系统，以师范生、教育行政人员、教研员、中小学在职教师为元素的UGIS教师教育共同体。共同体以教师培养为宗旨，以提升教师质量、建设高素质教师队伍为共同目标，重在解决教师教育中的实际问题，实现高校、地方行政部门、区域教研机构和中小学校四者之间的优势互补、资源共享以及协同合作。

"UGIS教师教育共同体"首先是一种精神共同体，即所有成员都有着共同的目标、信仰和价值追求，不以获取现实的物质利益为诉求，而是为

了"教师教育"这一共同的事业而努力;其次是一种合作共同体,成员之间的现实差异和共同发展的价值选择,决定了它们需要通过相互尊重、相互协商、平等互利的对话式交往寻求合作效能的最大化;最后,它也是一种实践共同体,需要基于教师教育中的现实问题,在相互介入、相互开放的合作实践中实现所有成员的共同发展、共同成长。

一、形成保障共同体顺畅运行的四大机制

（一）价值共识的"激发之源":三级联动的组织推进机制

区域教研机构与其他三方主体共同建立科学合理的教师教育共同体组织管理和运作体系。基于三级联动的组织推进机制建设,四方主体在每一级中均有相应的组织机制和主体团队,成为整个教师教育共同体形成价值共识的前提条件,同时也确立了良好的推进保障。

（二）协同文化的"融合之径":渠道通畅的协商共议机制

区域教研机构牵头建立"教师教育共同体"委员会,促进了教师教育共同体中形成良好的协同联动文化。通过协商共议机制,定期召开会议,进行区域教师教育的一体化设计,包括发现区域教师成长的专业需求,制定培养目标、培训内容,督查与评估各类培训实施效果以及后续的跟踪测评。保证共同体内的信息畅通,实现从前期到后期的一体化协商共议。

（三）策略匹配的"生发之根":双向融通的课程管控机制

协同发展是一个持续协商、理性互动、实施一系列治理策略的实践过程。因此,需要基于真实教师教育情景与问题不断进行策略建构优化,对此区域教研机构根据教师在教育教学实践过程中的真实需求,与高校联合进行职前课程的优化调整,并通过改变传统职后培训模式来辐射带动职前培养。

（四）权责制度的"检验之窗":客观有效的评估反馈机制

协调发展具有正式的规章制度,制度结构使得协同合作处于一定的常规状态下,非松散临时的协作。而如何检验权责制度是否落实到位,则需

要建立科学完备的评价反馈机制。由此，区域教研机构要对职前教师和职后教师专业理论知识、能力结构及专业发展水平实行动态持续的跟踪评价，同时落实问责机制，规范共同体各方及成员的行为，形成职前—入职—职后一体化教师专业发展评价体系。

二、形成 UGIS 统领下的教师教育资源整合模式

UGIS 教师教育共同体能够整合"院""地"各类资源，发挥共同体的群体优势、组合效应和规模效应，形成教师教育资源整合的特有模式。在教育行政部门统筹下，针对师范生职前培养，建立由"1 位学科课程专家+1 位学科教研员+1 位实验学校骨干教师"组成的"1+1+1"师范生导师团队，通过"学科专业导师+教育实践导师+教育研究导师"的 3 个"1"模式培养，使师范生从入学之初就接受校内专业学科知识学习、生涯规划指导以及课堂教学、班级管理等实践能力的指导；针对中小学教师职后培训，形成高校专家和教研员双线专业发展支持体系，解决一线教师现实教育教学问题。详见图 3-3。

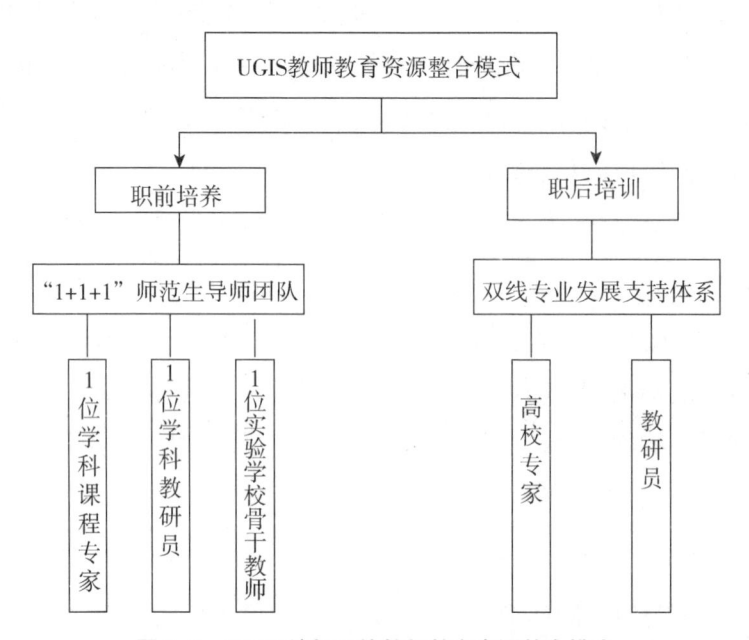

图 3-3　UGIS 统领下的教师教育资源整合模式

第三章

创新教师教育课程

　　创新教师教育课程是教师培训改革的重要着力点，是实现培训目标的主要途径，是教师教育教学活动的直接载体。优质的课程是教研机构的核心竞争力，也在很大程度上决定着培训的质量和效益。职前教师培养的理论和实践创新及在职教师专业发展与职后培训模式创新，是推进教师教育一体化建设的重要途径。如何缩短师范生专业成长周期，保障教师职前职后专业发展无缝对接，迫切需要各方院校在师范生职前培养及职后衔接上有更多的创新探索与实践。

　　目前，我国的教师职前与职后教育课程存在一些问题，例如：教师教育课程目标不明，目标的确立过程缺乏对参训教师现有水平和预计达到的发展水平的科学化评估和测量，所制定的培训目标与参训教师的近期发展需求不符；教师教育课程内容缺乏针对性，内容大都是通识类的理论课程或者是进行全员培训的公共课程，缺乏相应的针对性和可操作性，没有结合参训教师具体的需求设置培训内容，脱离了一线教师的实际教学；教师教育课程实施方式单一，大都采用专家讲座的集中授课方式；教师教育课程评价方式不合理，当下教师培训课程评价主要通过出勤情况考核、培训书面总结感悟和撰写论文进行，无法保证培训的质量和效果，没有反映出真实的问题；课程的管理体制无保障，实施教师教育的不同主体之间的沟通不畅导致培养目标、课程内容的不衔接、不连贯，使教师培养和培训的质量都受到了影响。

　　因此，我们通过 UGIS 教师教育共同体建立地方教研机构、高校、地方行政部门和中小学校的内外联系，以一种资源共享、优势互补、合作互赢、全面发展的模式将教师培训对象的侧重点从"个人化的努力"转向

"学习者的共同体"。同时，创新教师教育课程，根据教师专业发展理论，对教师职前和职后教育进行全程的规划设计，建立起教师教育职前与职后阶段的相互衔接的课程链。根据教师在教育教学实践过程中的真实需求，与高校联合进行职前课程的优化调整，并通过改变传统职后培训模式来辐射带动职前培养，和高等师范院校联合构建"教育学基础、学科教育基础+教育实践与技能"的教师教育课程模式。为教师教育课程的实施和学习活动的开展提供多样化的保障，丰富教师的学习体验，提升学习效果。

第一节 教师教育课程链

课程链是以某一项目、主题或核心能力为主，具有逻辑相关序列的有层次的三个或三个以上的一系列课程的链式组合。课程链的基本单元是课程模块，每个课程模块之间环环相扣、层层递进。建立教师教育课程链是为了解决教师职前教育课程体系和职后教育课程体系各自为政、互不关联的问题，对教师专业发展进行全程规划、全面设计、通盘考虑，让教师教育课程序列化、连续化、整合化、系统化，促进教师成长的连续性、阶段性和发展性的统一。

我们希望通过发挥UGIS教师教育共同体模式的优势，在与高校、地方行政部门和中小学校等多方主体间的开放合作和协同促进的过程中对教师教育课程资源进行充分分析、挖掘、整合与优化，建立形成系统、完整和连贯的教师教育课程链。构建教师教育课程链，应遵循教师教育的基本规律，根据教师专业发展的需要，对教师职前教育、入职教育和职后教育进行准确定位，构建横向统整及纵向一体的课程体系。重点是实现教师职前和职后教育的教学内容和课程体系的相互衔接，探寻其结合部位，使之形成既彰显教师教育的阶段性，又体现整体性的教师教育内容和课程体系。UGIS教师教育共同体的教师教育模式通过以下措施来建立系统、完整和连贯的教师教育课程链。

首先，分析需求与挖掘内容。在对教师教育课程内容进行整合之前，需要对现有的教师教育课程资源进行全面的分析和挖掘，在与多方主体开放合作的基础上，了解现有各种资源的特点、优势和不足。对能够选择为课程内容的学习经验资源进行摸底调查，了解教师的真实需求，全面把握课程资源的质和量，选择真正合适的课程内容。

其次，整合内容与构建课程链。根据分析结果，将各种教育资源进行整合和优化，确保课程链的连贯性和系统性；同时依据教师的素质结构和专业需求，构建横向统整的教师教育课程链。一般来说，教师教育课程链应包括综合基础课程、学科专业课程、教育专业课程和教育实践课程。综合基础课程主要是为教师提供一定的基础知识，并奠定后期发展的学术基础，应涵盖自然科学、人文科学、社会科学等领域，其目的是避免专业视野狭隘，拓宽教师知识范围，形成良好健全的人格和教师气质。学科专业课程是为教师提供所任教学科的专业知识和技能的基础课程，强调对学科知识和核心技能的理解、掌握和运用，要具有一定的广度和深度，即既能覆盖专业基础，又能对专业前沿有所涉及。教育专业课程不仅应涵盖教育专业领域的内容，如教育原理、教师与学生、课程与教学、教育评价、教育管理等，还应重视对教育领域和学科专业领域的整合与融合，将学科教学知识与技能置于教育视域之中。教育实践课程是通过具体的教育教学实践来提高教师的教育教学能力，主要包括教育见习、教育研习、教育技能训练、教育综合实践等。

最后，优化机制与推广运用。根据教师的终身专业发展需要，优化形成"三段五级"纵向一体的教师教育课程链。所谓"三段五级"，即教师职前、入职和职后三个教育阶段和职前教师、新手教师、熟练教师、卓越教师和专家教师五个发展层级。教师职前教育着力培养教师的基本素养，使之获得教师资格和初步的教育教学能力。教师入职教育立足于教育教学的实际需要，着力培养教师的适应能力和胜任能力，使之能够适应和胜任教师实际的工作岗位，成为真正意义上的合格教师。教师职后教育立足于教师持续的专业发展需要，着力提升专业素养和教育智慧，根据发展程度将教师培养成熟练教师、优秀教师和专家教师。同时与高校、地方行政部门和中小学校等多方主体进行开放合作和协同促进，共享资源、经验和专业知识，并定期进行评估和改进，收集反馈意见，不断优化课程链的内容和教学方法，以提高教师培训的效果和质量。

第二节 师范生课程创新

　　2018年，《教育部关于实施卓越教师培养计划2.0的意见》颁布，进一步明确了教育现代化背景下提升实践教学质量、健全协同培养机制和优化教师教育质量的时代诉求。随着教师队伍年龄结构、学历层次和师资来源发生变化，传统的师范生培训课程已经不能满足新时代对教师素质的要求。校内师范生培养缺乏有效的教学实践经验，针对性指导始终没有得到很好的落实，高师院校在见习、实习上的安排，跟岗衔接的有效性仍不能令人满意，双导师（校内和校外）中的校外中小学指导教师也难以有效落实。因此，教师职前教育课程体系建构应针对师范生的学习特点，强化互动参与式培训和混合式培训，指向师范生个体发展的过程性评估，将课程体系精准付诸实践，促进预期课程目标的实现并完善其知识储备，转化为行之有效的教育行动。

　　首先，需要精准化构建教师职前教育课程体系。精准培训强调一个"精"字，对教师队伍整体需求和个性化需求把握准，培训课程设计和安排定位准，培训师资和培训方式选择准，培训效果评价准。

　　其次，需把握教师职前教育课程的实施策略。在教师职前教育课程实施中要针对师范生的学习特点，主要以讲授、互动、合作、探究的学习方式，采用过程性评价和标准化考试对师范生个体发展进行评估，促进预期课程目标的实现。课程的实施强调以师范生为主体，整合多元化的培训师资，包括市区教育专家、高校教师、教研员、骨干教师、优秀青年教师等，多方法、多视角、多维度引导师范生深度参与。学科课程研修以课例研修为载体，通过听评课，与骨干教师分析课例、观摩课例等，多层次、多主体、多轮次互动，促使师范生不断建构对于教学设计、教学实施、教学评价与反思的认知，主动建构学科理论知识系统。同时，以多样培训方式突破课程实施重难点，夯实学科教学基本功，精准促进师范生可持续发展，开展基于培训主题和内容的基本功测评，不同学科采用不同的基本功测评方式。在课程实施中，师范生在见习过程中可以详细记录观课的教学过程，依据课堂教学评议的观察要素，选择重点展开分析，撰写观课报告。

最后，以多元化评价促师范生卓越成长。评价具有诊断、激励、调节等功能，为了促进师范生的卓越成长，高校辅导员、学科导师、实习学校领导等都应该参与到对师范生的专业成长评价中，并适时引导师范生进行自我评价。师范生的身份从"被评者"转换到"评价者"，应在参与自我评价前，通过课程学习掌握评价理论的内容性和程序性知识，以增强其主动参与意识、提升其自我评价能力。此外，还需对评价方法进行多元整合。单一定量的评价方式无法有效客观地反映培训效果。因此，需要整合多种评价方式，做到过程性评价、发展性评价和终结性评价等多元评价多管齐下，由注重考查师范生对知识的记忆转向注重考查其创新性地运用知识解决问题的能力，将师德师风、教学技能、互动研讨、见习实习报告撰写与评价相结合，将实践成绩与书面检测成绩相结合，通过多元评价方式的有机结合及对多种因素的考量形成对师范生的综合性评价，促进师范生的卓越成长。

一、师范生课程应提升师范生的研究能力

不论是在本科阶段还是硕士阶段，我们都应为培养研究取向的教师做准备。大学应根据培养目标制订以目标为指导的课程计划。培养研究取向的教师有多重方式：理论课程的学习培养初步的科研意识；科研项目提升科研能力；论文撰写检验研究性学习的成果。课程、教学、指导都应体现研究取向。教学的最终任务是让师范生在实践中研究，实现研究自觉。本科阶段由于学术水平有限，师范生主要进行教学实践与反思。师范生要对教学实践的过程进行记录，并将档案袋作为师范生反思的工具。硕士阶段除了教学实践之外，师范生还应具有研究实践的能力。在研究实践的过程中，师范生利用相关理论对自身的教学经验进行加工，产生自己的教育哲学，可以将理论与实践联系起来做出正确的教育决策。

二、师范生课程应协调好理论与实践之间的关系

实践课程和理论课程不应该割裂开来，而是要从整体的角度出发，互相协作，即在掌握理论知识的同时提供参与实践的机会，在实践的同时也应对他们进行理论指导。在传授教育理论的过程中，设计课程时要努力创设模拟的教学场景，一步步引导师范生运用所掌握的理论知识来分析教育现象和教育问题。完成某时间段的理论课程学习之后要立即提供参与实践的机会。在指导教育实践时，要引导师范生在实践时紧密结合所掌握的相关理论，同时要通过平时的教学观察记录和教学反思日记分析教育现象和教育问题进行研究。

三、师范生课程注重课程内容的整体性

我国更加强调的是师范生在自己所学专业的纵深发展，强调高深以及专业性，这在一定程度上不利于不同学科之间的内在联系。我们应培养师范生的跨学科素养，探索不同学科知识。例如，语文职前教师需要结合专业课程学习地理、历史等学科课程。我们应意识到，未来，教师必须能够在扎实的学科知识的基础上理解与之相关的其他学科知识，以使自身的知识结构更加完善。我们可以从整体的角度出发，安排好课程内容，循序渐进地组合排列；同时，要将系统化的课程内容跟教育实践贯穿始终，由浅入深，步步深入。此外，教育实习上也要做到分层次进行，使学生由最开始的教师职业意识向最后能够运用教育教学理论开展教育实践活动转变。

第三节 教师继续教育课程创新

传统的教师继续教育课程体系存在着"课程目标不明确、课程内容局限性、课程实施途径单一、课程评价方式不合理"等问题，没有达到教师继续教育的实效性以及教师需求多样化的要求，并不符合现代教师学习的特点，特别是不能很好地帮助教师形成个性化的知识结构和能力结构，对

教师适应教育教学改革、引领自身专业化的可持续提升和创新能力的培养培训力度不够。所以，教师继续教育课程结构的调整亟需依托UGIS教师教育共同体四方合作统筹规划课程设置。

在UGIS教师教育共同体中，高校、教育行政部门、区域教研机构和中小学校以共同体成员的身份融入教师教育中。高校负责课程理论构建和反思；教育行政部门侧重政策的宏观调控；区域教研机构搭建合作平台，中小学校重视行动和经验，重视教学的实践操作。四方协同促进彼此的交互创生，突破彼此的壁垒，释放彼此的人才、资源、信息和技术等要素，实现优势互补、共建共享，促进了理论和实践的"双向激活"，发挥了"整体大于部分之和"的整体性效应。

一、课程目标的新定位

树立全面发展的课程目标观，关注不同发展阶段教师的发展目标和多样化需求。坚持以促进教师的专业发展和个性发展，最终实现教师个体的全面发展为取向，设定课程目标；全面考虑社会需求、个人需求和学科发展需求，实现课程目标的全面性。既要从提高教师职业适应性的角度拓宽知识面，也要重视对教师创新素质的全面培养；既要重视对教师获取知识与技能培养，也要重视对教师人格、品性、交往处事能力等方面的关照；既应有具体的行为目标，也应有包括关注教师情感意志以及创新意识、创造力发展的展开性目标和表现性目标。例如，成都市草堂小学西区分校根据教师的专业成熟度，建立教师队伍的层级课程目标体系。将学校教师队伍主要分为优化型、提升型、能力型、风格型四个层级，每个层级有不同的课程目标、课程内容和培训措施，以形成学校教师队伍的梯度发展格局和持续发展局面。优化型教师，是从合格到"熟手"阶段的教师；提升型教师，是从"熟手"到优秀阶段的教师；能力型教师，是从优秀到骨干阶段的教师；风格型教师，是从骨干到专家阶段的教师。每一个阶段的教师有不同的特点，串起了专家型教师的成长轨迹，这一轨迹也构成了教师团队的发展和培养体系。详见图3-4。

```
                    风格型教师
           发展需求：将实践理论
           化、将体系创新化、将
           成果品牌化

                能力型教师
        发展需求：理论与实践转化能力、学术研究
        能力、实践创新能力、创造反思能力

              提升型教师
      发展需求：凸显"四力"课堂特色、提升教育教学高度、
      提升教学效益、强化数据意识

            优化型教师
   发展需求：夯实专业基础、丰富教育教学技能、拓展学科教学的专业深度、
   提高教育教学目标的实现能力
```

图 3-4　教师队伍层级

二、课程内容的新广度

随着时代的发展，教师继续教育课程内容不仅局限于教育教学基础知识的通识性培训，更应该关注教师综合素养的提升，拓宽课程内容的广度，体现多样化特点。首先，需要将教师的个人特点和实际需求紧密结合，构建贴近实际教学和实际生活的教师继续教育课程内容体系，除教育基础知识课程群和学科专业知识课程群外，增加教师素养课程群，并且每个课程群下有相对应的子课程。例如，成都市草堂小学西区分校构建的教师素养课程群下教师形象管理课程则是将新时代对教师素养要求和学校教育哲学追求"向美而生 诗意栖居"相结合而研发的课程。其次，在课程研发过程中，可以聘请高校教授作为课程导师，以讲座培训等形式聚焦课程开发的理论建构，对课程框架搭建、课程目标设置、课程内容选择、课程实施路径和课程评价机制进行顶层设计，而学校一线教师以课程实施者和受培训者的双重角色身份参与到课程的研发中，不仅改变了教师的课程

观,还提升了其实践能力。

三、课程实施的新路径

首先,在课程的实施中,依托UGIS教师教育共同体,将原来分散于高校和中小学校的各种优质资源——高校的学术资源、智力资源和设备资源,以及中小学校实践基地和实践经验,在地方政府部门和教研机构的协调下优化组合,从而实现资源的二次集聚。可以采用双向合作的方式对教师进行科研培训。一方面,邀请高校专家教授以讲座、学术指导等形式,聚焦课题的理论建构和问题解决,改变教师的科研观念,提高教师课题研究能力。另一方面,中小学校为教师创造发挥自主能动性、凸显主体性的机会,激发他们实现自我发展的内在需求,鼓励和吸引教师参与高校的课题研究,使他们以切实感受强化自我主体意识。通过双向合作的方式,中小学校一线教师有机会参与到大学教师主持的课题研究之中,中小学校教师的研究能力在这样的过程中得到精准提升,而高校课题研究有了中小学校的支持与参与,也更具实践性和可行性。合作双方在组织教师开展各种层次的教育教学研究课题的同时,还组织教师结合自己的工作撰写教育教学案例和专题反思总结,进行个案研究和交流研讨。课程的实施形成了科学研究促进教育教学,教育教学促进科学研究的良性循环发展态势。

四、评价方式的新指向

当下教师继续教育课程评价主要存在以下问题:对于培训课程的评价,往往是通过调查问卷进行,问题也比较简单、笼统,反映不出课程存在的实质问题;对于学员结束培训的效果,没有进行持续的跟踪评价,并且未采用分级分段式考评;评价方式缺少开放性,一般的评价方式通过出勤情况考核、培训心得感悟和撰写论文进行;评价的考核者缺少高校、教育行政部门和区域教研机构的深入参与。这些都是培训的评价机制中出现的问题,应引起关注。

为了解决上述问题,首先应制订完善的评价方案。围绕课程目标、课程结构和内容、课程实施等方面设计评价指标。在设计评价方案时,遵循全面评价、突出重点、引导落实的原则，进行科学规划。在课程目标上，既评价课程设计的指导思想，又评价课程目标的适切程度；在课程结构上，既评价课程体系的构成状况，又评价课程结构的优化程度；在课程内容上，既评价课程内容的针对性、实践性、适用性，又评价内容的先进性、科学性、教育性；在课程实施上，既评价课程实施过程，又评价课程实施的实际效果。

其次，采用分段式评价对标课程学习主体，以此强化过程管理对课程学习主体（教师）的考核评价，将过程性评价与终结性评价结合起来，要按照培训的不同阶段分别设计不同的教师成绩考核表。这些评价材料将成为评选优秀学员、优秀论文和优秀案例的重要依据。不同阶段有不同的评价主体和考核内容，各评价主体严格按照各阶段的培训目标和要求对学员进行考评，评价主体对各阶段的学习材料进行归档和分析。例如，草堂小学西区分校构建动态分层的教师评价体系。在考虑统一的教师年度考核评价的共性要求的同时，密切关注个体差异，从教师成长阶段和专业发展角度入手，根据教师的专业成熟度，将学校教师队伍主要分为优化型、提升型、能力型、风格型四个层级，建立不同的评价体系，力求促进每一位教师的全面成长。

最后，UGIS教师教育共同体还应该承担起教师考核评价的职责。以落实中共中央、国务院《深化新时代教育评价改革总体方案》精神，深化教育评价改革为契机，转变对高校教师及中小学教师的评价方式。将高校与基础教育学校合作过程、内容及成果作为教师考核的重要指标，以提升合作的内生动力。高校可以将承担教师教育课程的教师与基础教育合作的成果、过程（例如，担任基础教育各领域的评审专家、命题专家，项目主持者参与者，在中小学兼职、兼课经历等）作为教师考核评价的重要条件之一。同样，中小学教师参与UGIS合作机制的付出也应该得到适度肯定，教育行政部门、区域教研机构及学校应出台配套政策、措施，做出合理的安排。

第四章

改革传统研修模式

UGIS 教师教育共同体能整合各类资源，区域教研机构作为衔接点，将高校教育研究优势、中小学校教育实践优势、地方行政管理优势有机整合，发挥共同体的群体优势、组合效应和规模效应，形成教师教育资源整合的新模式。它除了常规的校内骨干教师引领、同伴互助、自我反思、课题研究等方式外，还通过互聘导师制、实习生培养制度、定制化主题培训和合作教研（科研）模式等充分发挥了优势互补、特色发展、整体提升的特点，使校本研修在常规模式的基础上更加多元化、专业化，有效加速了区域教师的专业成长。教师教育共同体以学校为中心，建立区域内中小学校间的横向教育共同体和高等学校、地方教育行政部门、地方教研机构间的纵向教育共同体。横向教育共同体主要起着校际合作、资源共享、研讨交流、联动发展、抱团成长等作用；纵向教育共同体则着重专业引领和理论指导。

第一节 互聘导师制

建立互聘导师制，就是加强高校、地方教育行政部门、地方教研机构和中小学校的四方联动，本着优势互补的原则，四方之间建立良好的合作关系，并相互输入或输出一定数量的优秀人才，将其聘请为导师。互聘导师制有助于构建一个紧密、协同的教育体系，这种广泛的合作包括教学方法的交流、教育资源的共享、教师培训的合作等方面，通过全面的协同合作以提升整个教育系统的质量和效益。互聘导师制开展的具体形式包括以下三点。

其一，中小学校派出骨干教师或名师到高校进行经验分享。例如，成都市实验小学青华分校的美术骨干教师受四川师范大学美术·书法学院邀请参加四川师范大学美术·书法学院主办的"基础教育名师讲坛"活动。同时，中小学校为高等学校提供教育实践研究的基地，推荐一线优秀教师，解决目前高等院校"双导师制"教师队伍建设中缺乏优秀校外实践导师的问题。例如，成都市草堂小学西区分校与成都师范学院、西华师范大学合作，建立教育实践基地，双方共同协商，签订合作协议，明确双方的职责和义务。双方互聘指导教师，实施"专业导师制"，即聘请学校优秀骨干教师为高校大学生"教学实践指导教师"，学校聘请高校专业资深教授、副教授为"学科指导教师"，开展小学职前、职后一体化培养的实践探索。

其二，中小学校或地方教研机构聘请高校专家为教育共同体导师。采用"请进来、走出去"的方式发挥专业引领作用。利用纵向共同体的上下联动，纵横交互，发挥纵向共同体的专业引领优势，解决横向共同体学校缺乏理论指导、专家引领的发展瓶颈，提升校本研修内涵，促进教师专业发展。例如，成都市清波小学与成都师范学院深度合作，积极探索大学与小学合作共赢的长效机制，清波小学将大学导师请进来，举办教科研主题培训讲座与研讨会，青年教师参与大学导师的教育教学项目为契机，以论文撰写为抓手，加强大学导师与青年教师的沟通交流，潜移默化地提升青年教师科研能力，从而明显改善以往青年教师科研难的困境。

其三，横向教育共同体学校之间，定期开展校际的研修活动。共同体学校之间可以通过集体备课、联合教研、观摩学习等活动形式，使校本研修形式更加多样化，使教研更加专业化和内涵化。此外，充分发挥共同体学校之间的异质互补优势，实现共同体学校间的优质资源共享，包括软硬件的资源共享。学校积极搭建教师专业发展网络平台，将优质课、微课、外出培训资源、课件、教案、管理资源等学校优质资源放到资源平台上，向共同体学校开放，实现校际教学资源共享；名师工作室开展活动时，邀请共同体学校的相关教师共同参与、共同提高；组织名师、带头人到共同体学校巡回上示范课或做讲座送教等，实现优质师资共享；还有教研工作计划、活动方案、教学模式、教研模式、管理模式等，均可实现教育资源共享。例如，成都市实验小学明道分校在本区域内，除了与区域小学进行深度沟通协作外，还定期派骨干教师到幼儿园（天府菁芙蓉幼儿园、万家湾幼儿园为代表）进行校际交流进行合作，并与其他各区建立了广泛的交流合作关系，与崇州市江源小学、崇州市廖家小学、蒲江县寿民小学、蒲江县甘溪小学在教师专业化发展、教师成长管理、教学示范课、案例分享等方面进行了经验交流探讨。同时，积极参与援藏干部教师赴民族地区（甘孜州得荣县）的对口援建帮扶工作。

第二节　实习生培养制度

随着我国教师教育改革的发展，教师教育由大学本位的模式扩展、延伸、辐射到了中小学校，教师教育也由教研机构的单一主体扩展为由大学、中小学校及其他相关机构广泛参与的合作共同体。为了适应教师教育开放化、一体化和专业化发展需要，高校师范生培养从封闭转向开放，延长了教育实习时间，注重提高教育实践能力。同时，也加强了对基础教育的服务，主要包括教育教学改革、师资培训、科研等。但目前高校与中小学校的合作教育实习大多是自发的，缺乏完善的合作实习机制和评价机制。因此，为实现高校与中小学校"共同发展"的合作理念和目标，我们应结合实际，努力探索高校与地方政府、机构和中小学校共同培养教师的机制，构建"实践、研究、发展、服务"四位一体的实践基地；探索高校与中小学校教师教育共同体，为师范生提供教学观摩、见习实习基地以及实践导师，从而适应双方合作从"服务实践"走向"双向成长"的发展趋势。所谓的"双向成长"是指合作主体的共同成长及理论与实践两方面的丰盈。它意味着双方都承担起双重角色，具有共同的价值认同，以悦纳共生的方式，真正行动起来，共享合作成果。这就需要双方在角色定位上注重转换调试，在合作主题上关注自下而上的选题，在合作动力上发挥行政、学术和经济的混合驱力，在合作方式上坚持务实与务虚相结合，在合作成效上坚持学术标准与实践行动相统一。

  基于以上分析与发展需要，我们以 UGIS 项目为依托，借助其资源优势，与当地教育行政部门合作，由当地教研机构负责协调所辖中小学校接纳并管理实习生，并联合全区 23 所 UGIS 教师教育共同体项目实验学校，一方面为高校师范生提供全方位的实习实践指导服务，如生涯规划、课例指导、课堂教学、班级管理、团队合作等。另一方面，调动中小学名师进入大学参与师范生培养，而地方行政部门则要在高校和中小学校实现教学联动的过程中给予政策协调和必要保障。在 UGIS 教师教育共同体协同育人背景下，实习生的评价机制也可以做出相应调整，从最初单一的由学校带队指导教师评价发展到学科指导教师、带队指导教师和实习学校指导教师三方综合评价，让教师教育共同体更好发挥作用。让高校与中小学校构成合作伙伴关系，在此合作伙伴关系中，实习基地的中小学校相当于高校的师范生培养及专业发展的实践基地，高校教师和中小学教师在共同指导师范生的实习过程中，实现了资源共享，促进教育理论与教育实践的有机结合，同时促进合作双方的教师专业发展。尤其是对中小学教师而言，相当于提供了一个获得新的教育信息、更新教育观念、促进教学改革的平台。例如，成都市树德实验中学（东区）与四川师范大学、成都师范学院合作，在合作中充分发挥高校理论高地的作用，从高校引进前沿的教育教学思想、基础教育理论等，从理论上思想上引领青年教师的成长，拓展青年教师的视野，开拓他们的思维，为他们的教学实践提供理论基础。同时，为高校师范毕业生教育教学实习提供实践平台，双方共谋发展。成都市青羊实验中学附属小学与成都师范学院自 2016 年签订"教育实践基地共建协议书"后，开展了多项关于实习生培养的工作：每年定期接纳该校学生见习、实习；精心挑选指导教师，一对一指导实习见习学生；参与成都师范学院专业人才培养方案的论证，为课程设置提出了合理建议；为该校学生开展讲座、示范课，奠定教师生涯的基石；优秀实习生提前签约，作为校聘教师留校工作等。

此外，建立和完善高校与中小学校合作的教育实习机制是双方合作顺利进行、取得实效不可或缺的制度保障。

首先，要成立双方合作教育实习的组织管理机构，管理人员由双方共同组成。只有双方经过协商，才能制定和完善相关管理制度，包括教育实习基地建设目标和计划、合作制度、协议、方案等，分清双方各自的责权，以便共同监管、督导合作工作，将合作教育实习落到实处，保证双方合作顺利进行，并使其常态化、健康地发展。结合我国的实际情况，同时借鉴了英国、美国等国教师发展学校的成功经验，目前我国高校与中小学校实习生合作组织形式包括以下三种，如表3-2所示。

表3-2　高校与中小学校实习生合作组织构成表

组织方式	主要成员	角色描述	主要职责
联络小组	高校教师及实习班级辅导员	实习生的指导教师及实习生的活动安排者	以兼职身份每周到学校亲临指导，负责安排实习生的实习、专题讨论会
指导委员会	高校教师、中小学校长及教师发展中心、其他行政管理人员	决策者、管理者、活动者、执行者	负责安排实习生的实习、规划专业发展活动。负责高校和中小学校实习课程和教学安排
多方合作委员会	多所高校及中小学校教师管理人员等	全面管理者、协调者	全方位负责高校间与中小学校实现资源共享，统筹教师专业发展活动

其次，签订正式的合作协议。高校要与中小学校实习基地学校签订合作协议，明确双方职责和任务。中小学校要为高校师范生提供实习便利条件，协助完成实习教学任务，为高校师范生参与教研、听课等提供方便，提供教学经验丰富的教师指导实习生的教育教学工作，同时，相关管理人

员应加强对实习生的监管和教育。高校要有计划地接受实践基地学校有关人员的进修、培训或旁听，并提供教育理论、教法等方面的咨询服务；保证实习生必须遵守实践基地学校的管理制度。

再次，制订切实可行的实施方案是落实高校与中小学校双方进行合作教育实习的保证。在合作方案中，对高校与中小学校合作教育实习的人员构成、合作时间等方面的安排要具体、有可操作性。

最后，完善教师评价制度。教师考核管理制度是高校与中小学校合作教育实习的前提条件保证。因此，为了调动高校和中小学教师参与合作教育实习工作的积极性，提高双方共同发展的积极性和创造性，需要增加与合作教育实习相关的考核评价。比如：对于高师院校，要减少教师纯理论研究在绩效考核和职称评聘中的比例，提高其具有操作性科研成果的比例，尤其是师范生的教育教学实践能力培养，以引导和鼓励教师从纯理论研究转向基础教育研究，有针对性地研究中小学校的教育、教学问题等，凸显师范教育的特色；对于中小学校，不仅要把指导师范生实习的数量和质量作为其绩效考核和职称评定的重要指标之一，而且要把科研成果列入其考核和职称评聘的重要条件之一。

第三节 定制化主题培训

定制化培训就是满足教师个性化培养需求的培训过程。教师执教是一个不断发展、持续深化的过程，一个教师在自己的执教生涯中，会经历不同的阶段，对知识的需求也有所不同。因此，职后培训应以终身学习为指导思想，遵循教师的成长规律，统筹安排，按需培训，制订符合社会发展和教师个人需求的培训计划，突出培训的实效性和专业性，学研结合、研训一体，搭建培训资源立体化平台，突出教师的主体地位；教师具有对课程的选择权，能够通过培训解决工作中的实际问题，循序渐进地提升自身的综合能力。定制化培训系统模型如图3-5所示。定制化主题培训帮助学校梳理出真正的培训需求，并根据学校发展需要，针对具体的培训对象及培训需求，进行专门的培训内容设计。因此，借助 UGIS 的资源优势，可以发挥共同体的群体优势，量身定制各项主题培训。比如，青羊区"卓越教师"培养项目充分运用 UGIS 教师教育共同体四大运行机制来完成具体工作：利用组织推进机制和协商共议机制对培训项目进行统筹协调、资源整合与督导评估；利用课程管控机制，由青羊区教科院语文、数学、英语教研员与高校专家和相关学科名师共同研发培训课程。在第一阶段 357 名"卓越教师"基础上，创设"新锐""青锐""精锐"三大培训项目，扩大四方协同育人的辐射面，增强 UGIS 教师教育共同体在区域的影响力，着力打造分层分类的协同育人教师培训模式。

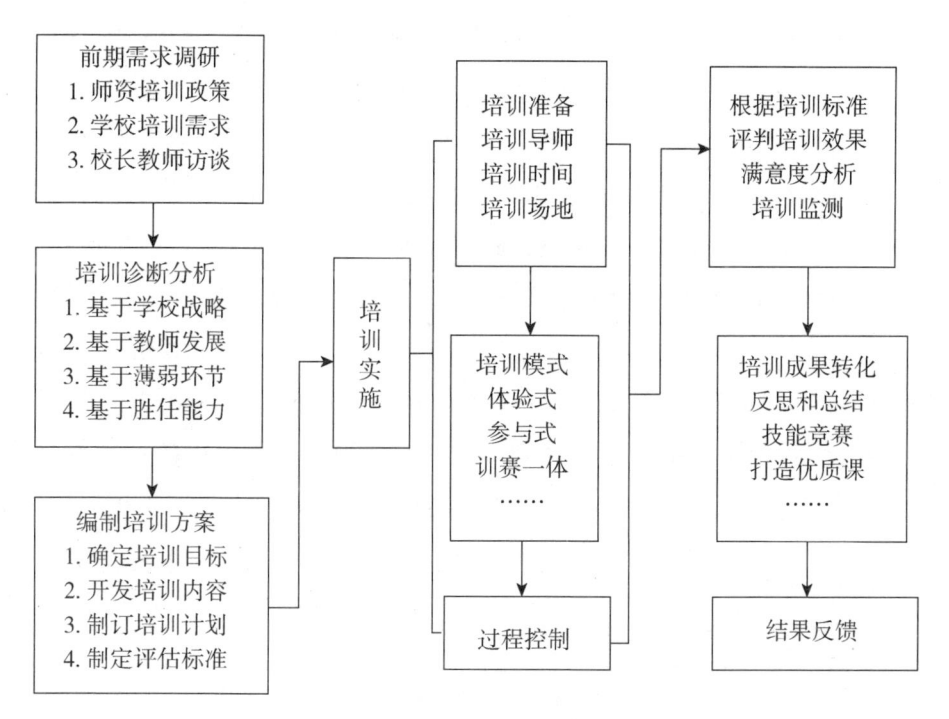

图 3-5 定制化培训系统模型

第四节 教师培训自主选学模式

教师培训自主选学模式是指中小学教师根据组织需求、岗位需求和个人需求，在教育行政部门的统筹协调下，自主选择培训机构、培训内容、培训形式、培训时间等，从而提高培训质量和效益的一种培训方式。[1] 教师培训自主选学的提法由来已久。2011年年初，教育部印发《关于大力加强中小学教师培训工作的意见》，对中小学教师全员培训工作做出了总体部署和安排，要求"改进培训方式方法，鼓励教师自主选学"[2]。应该说，这是国家教育主管部门首次对自主选学培训提出明确要求。2013年，教育部印发的《关于深化中小学教师培训模式改革全面提升培训质量的指导意见》明确提出，要"强化培训自主性，激发教师参训动力，要探索建立教师自主选学机制"[3]。2018年，中共中央、国务院印发的《关于全面深化新时代教师队伍建设改革的意见》进一步指出，要"推行培训自主选学，实行培训学分管理"[4]。2019年3月，教育部教师工作司印发《关于组织2019年"国培计划"示范项目申报工作的通知》，在"国培计划"示范性项目中设立教师自主选学试点项目，鼓励地方培训机构进行申报并开展试点实验。[5] 随着新一轮"国培计划"（2021—2025年）工作的持续推进，自主选学已被正式提上了教师培训工作的日程，明确提出要"推进以教师

---

[1] 肖远军. 中小学校长培训"自主选学"机制探讨[J]. 浙江外国语学院学报，2011(4)：70-75，86.
[2] 教育部. 教育部关于大力加强中小学教师培训工作的意见[EB/OL]. 教育部政府门户网站，2011-01-04.
[3] 教育部. 教育部关于深化中小学教师培训模式改革全面提升培训质量的指导意见[EB/OL]. 中国教育网，2013-05-08.
[4] 中共中央 国务院. 中共中央 国务院关于全面深化新时代教师队伍建设改革的意见[EB/OL]. 中青在线，2018-02-01.
[5] 教育部. 教育部教师工作司关于组织2019年"国培计划"示范项目申报工作的通知[EB/OL]. 中国教育网，2019-03-14.

自主学习、系统提升、持续发展为导向的'国培计划'改革,实行分层分类精准培训,建立教师自主发展机制,探索教师自主选学等模式,推进人工智能与教师培训融合发展"[1]。对教师自主选学培训做了更加细致的规定,为教师自主选学提供了重要指导。

目前,已有教师培训形式相对固化,限制了教师自主发展的空间,大部分教师培训还是采用传统的培训方式,即通过组织选派的方式在统一的时间对参训教师进行线上或线下大班额的面授,培训内容单一、形式陈旧、缺乏互动性,教师被当作被动的接受者,无法完成教师作为学习者实现真正意义上的学习的转变;少部分教师培训已经采取自主选学的模式,比如,提供几个不同的培训主题供教师选择,不同的培训主题的培训时间、内容和形式可能不同,但这种模式下的"自主"具有局限性,教师不能自主选择是否参加培训,也不能选择培训时间、培训内容和培训形式,已有教师培训网络平台内容也相对单一,无法满足教师多样化的需求。从而导致教师参训的意愿不强,学习动力不足,培训的效果也并不理想。

因此,我们要激发教师自主学习的内驱力,对现有的自主选学模式进行创新,在培训时间、培训内容和培训方式等方面为教师提供更多的选择性,转变教师作为被培训者的角色,变教师被动学习为主动学习,增强教师自主发展的空间。

在UGIS教师教育共同体的师培模式下,我们建设了一个"菜单式、自主性、开放式"的选学服务平台,提供更多类型的培训内容,为教师创造自主选择培训内容、时间、途径的机会。

一、积极开展教师需求调查,根据内部需求构建学习共同体

通过问卷调查和线上访谈,了解参培教师在教学中遇到的困惑以及对于培训的真实需求。采取以共同的内部需求为纽带的方式,组建多个学习共同体。教师可以根据自己的需求,自主选择学习主题,同时也可以分享

---

[1] 教育部,财政部.关于实施中小学幼儿园教师国家级培训计划(2021—2025年)的通知[EB/OL].教育部政府门户网站,2021-05-13.

与学习主题相关的可供学习者之间互相查看的学习资源。另一方面，在明确了共同发展愿景的基础上，通过任务式驱动，各学习共同体都参与了成果设计，激活了学习的主观能动性，增强了共同体内的凝聚力和发展力。

二、搭建自主选学服务平台，针对性地设计培训项目

根据参培教师的发展需求和专业素养的结构，建构符合个性发展的具有开放性和交互性的平台和丰富多样化的课程设计。此平台相对以往的教师培训平台来说，除了包括理论学习章节和教学实践章节下的板块，最大的特色是能支持互学资源章节下的参培教师自主上传学习资源。共享资源分为"理论学习、教学实践和互学资源"三大板块，其中互学资源需要学员通过上传聚焦主题的学习资源进行共建，比如，教学实践中的作业设计等，从而达到共享与互学。同时，教师可以进行"规范+自主"的交互式学习，学习完必修课程后，教师可以在相互的交流中找到符合自己需求的内容，通过互学资源选择自己感兴趣的课程进行自主学习。这样的自主选学模式，既促进了共同体发展，又满足了教师的个性化需求。

三、线上培训和线下研修相结合，任务驱动式协同学习

融合线上和线下两条路线，做好"线上培训+线下研修"方面的设计。线上理论学习结束后，线下进行任务驱动式协同学习，即每个学习共同体都有展示任务，参培教师将培训的收获进行梳理，运用于教学实践。同时采用线下教研员进校和线上"云磨课+云教研"相结合的方式，包括高校专家引领的理论指导与学术交流，区域教研员入校观课、议课，还包括共同体学习小组内的"云评课""云改课"的"一课多磨"，全体学员在研修平台上开展跨时空的可互相查看的评课与反思，从而逐步形成专家指导、骨干带动、教师选学、团队互助的可持续发展的研修共同体。

四、建立评价反馈机制，形成创新后的教师自主选学模式

建立科学完善的评价反馈机制，培训结束后，教师可以通过云平台上

传参培收获与成果,主要包括教学设计、课堂实录、作业设计和经验反思等。区域教研员结合学员自荐与互荐以及课程的完成质量、点击数量等,对参培教师进行学习评价,选出此次培训的优秀学员与优秀案例。并再次通过问卷调查,了解参培教师对此次培训的满意程度与改进建议,以便对学习共同体理念下的教师自主选学模式进行进一步创新。由此,构建了集"教师申报、能力诊断、菜单选课、教师选学、专家指导、校本研修、应用实践、考核评价"于一体的选学流程和参培教师可自主上传互学资源的学习共同体理念下的教师自主选学模式。

第五节 合作教研(科研)模式

合作教研(科研)模式为教师提供了适用的资源、平等的机会以及有效的学习模式,让每一位需要、愿意成长的教师都能方便有效地参与终身学习从而持续成长。教师专业成长过程中,除了备好课和上好课,也需要做一些力所能及的课题研究,通过课题研究助力专业成长。但如果只是同一层次的横向交流,而没有专家与骨干教师等高一层次的纵向引领,可能会使合作教研(科研)一直停留在固有的水平上徘徊不前,无法突破向前的层面。在合作教研(科研)中更需要搭建专家引领,尤其是在课题研究中,更需要发挥专家引领的作用。

因此,可以借助 UGIS 教师教育共同体的资源优势,根据专家或骨干教师的发展需求,在高校、地方教育行政部门、地方教研机构和中小学校四方之中挑选有研究专长的专家来指导,并进行深度的持续跟进合作。在研究过程的推进中,需要专家和骨干教师的及时纠正,从理论层面提出修改意见并对思维框架进行指点。这也是专家与骨干教师在实践教育理论中双方共同协商、合作互利的研究过程。

教育共同体下,由于高校专家的引领指导和学校间的合作,课题组的模式也悄然变化。课题组依托青羊区教科院等专业教研机构,寻求专家团队的指导，解决了缺乏引领的最大难题，学校间采用"主课题+子课题"的研究模式，使课题组成员分布更加广泛，研究数据更加充分，形成了"区域课题研究共同体"，更具引领的专业性和数据的广泛性，使得教师专业发展走上了快车道。例如，成都市实验小学西区分校专设高校博士生站，博士专家每月进校就教育科研的选题、基本研究方法等进行实操指导，提升学校教师的科研基本能力。博士专家每季度进校，观摩学校的重大教学活动，提出方向性的建议，提炼学校的特色做法，科学梳理帮助教师形成自己的特色化成果。成都市草堂小学西区分校参加了成都师范大学科研课题研究活动，合作双方组织教师研究各层次的教育教学研究课题，在提升教师的科研能力的同时，鼓励教师结合自己的工作情况撰写教育教学案例和专题反思总结，进行个案研究和交流研讨，形成了教育教学促进科学研究，科学研究促进教育教学的良性循环发展态势。成都市彩虹小学与金沙小学、浣花小学、东坡小学成立了区际联盟学校，通过形成学习共同体，定时、定点定主题"线上+线下"学习方式进行合作。从最初成立的科研同盟校，到依托资源联盟，逐渐形成教师学习共同体。充分发挥优势学校在团队中的资源辐射和示范引领作用，使得联盟学校间交流互动、经验分享，促进多边共赢。通过联盟互动，初步探索出了跟岗培训、结对培训、主题培训、走访培训等形式，促进了教师全面和可持续发展。成飞小学通过参与四川师范大学创新教师研究，解决教师"重理论轻实践""重本位轻融合"问题，在STEAM实践中，加强教师的跨学科学习和合作能力，以课程为纽带，引导教师综合应用多学科知识，关注学科间的关系，将学习与生活相联系，在实践中培养有跨学科能力的复合型教师队伍。

第四篇 04
UGIS教师教育共同体发展效益

第四篇 UGIS教师教育共同体发展效益

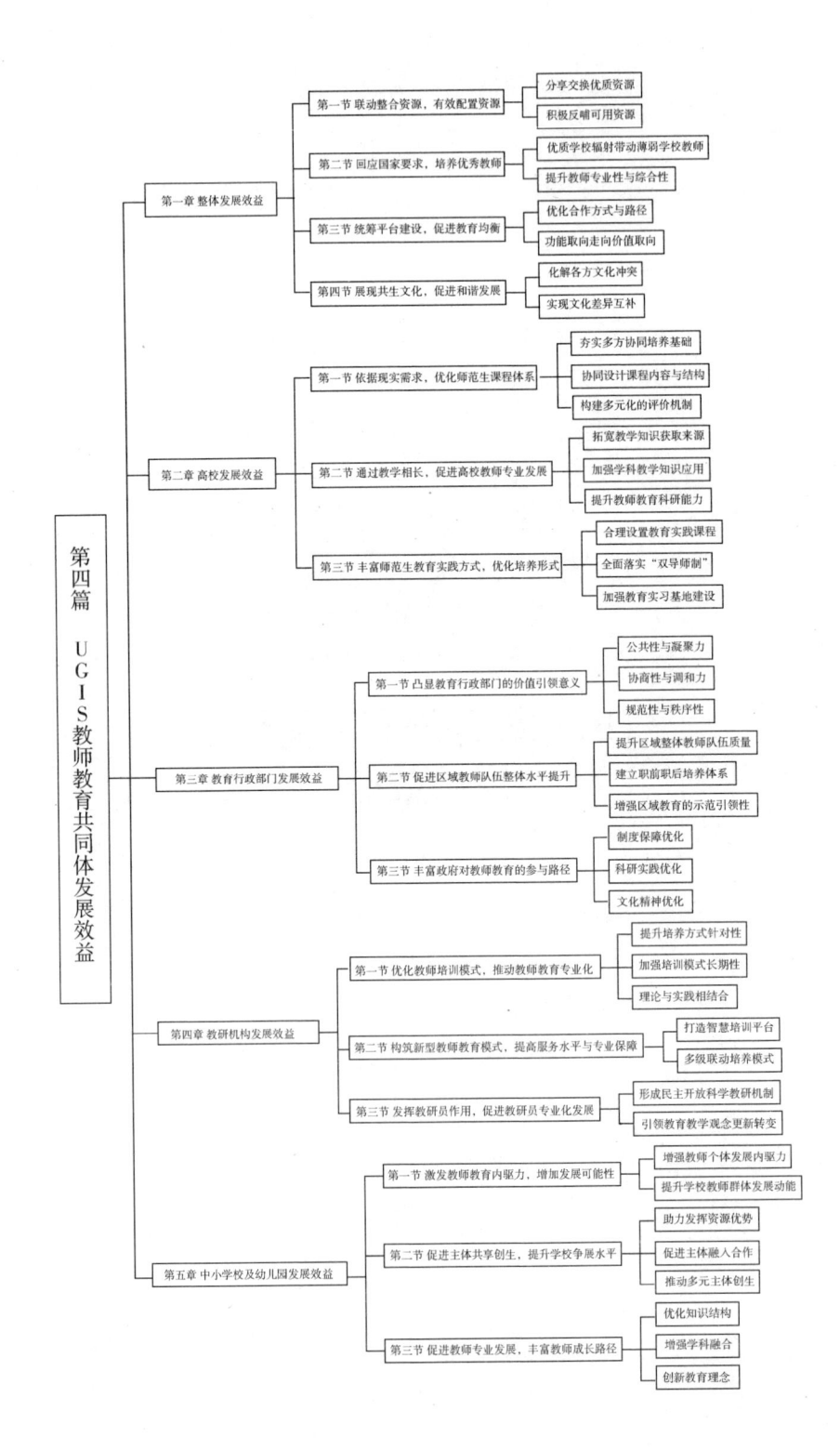

第一章 整体发展效益

- 第一节 联动整合资源，有效配置资源
  - 分享交换优质资源
  - 积极反哺可用资源
- 第二节 回应国家要求，培养优秀教师
  - 优质学校辐射带动薄弱学校教师
  - 提升教师专业性与综合性
- 第三节 统筹平台建设，促进教育均衡
  - 优化合作方式与路径
  - 功能取向走向价值取向
- 第四节 展现共生文化，促进和谐发展
  - 化解各方文化冲突
  - 实现文化差异互补

第二章 高校发展效益

- 第一节 依据现实需求，优化师范生课程体系
  - 夯实多方协同培养基础
  - 协同设计课程内容与结构
  - 构建多元化的评价机制
- 第二节 通过教学相长，促进高校教师专业发展
  - 拓宽教学知识获取来源
  - 加强学科教学知识应用
  - 提升教师教育科研能力
- 第三节 丰富师范生教育实践方式，优化培养形式
  - 合理设置教育实践课程
  - 全面落实"双导师制"
  - 加强教育实习基地建设

第三章 教育行政部门发展效益

- 第一节 凸显教育行政部门的价值引领意义
  - 公共性与凝聚力
  - 协商性与调和力
  - 规范性与秩序性
- 第二节 促进区域教师队伍整体水平提升
  - 提升区域整体教师队伍质量
  - 建立职前职后培养体系
  - 增强区域教育的示范引领性
- 第三节 丰富政府对教师教育的参与路径
  - 制度保障优化
  - 科研实践优化
  - 文化精神优化

第四章 教研机构发展效益

- 第一节 优化教师培训模式，推动教师教育专业化
  - 提升培养方式针对性
  - 加强培训模式长期性
  - 理论与实践相结合
- 第二节 构筑新型教师教育模式，提高服务水平与专业保障
  - 打造智慧培训平台
  - 多级联动培养模式
- 第三节 发挥教研员作用，促进教研员专业化发展
  - 形成民主开放科学教研机制
  - 引领教育教学观念更新转变

第五章 中小学校及幼儿园发展效益

- 第一节 激发教师教育内驱力，增加发展可能性
  - 增强教师个体发展内驱力
  - 提升学校教师群体发展动能
- 第二节 促进主体共享共生，提升学校争展水平
  - 助力发挥资源优势
  - 促进主体融入合作
  - 推动多元主体创生
- 第三节 促进教师专业发展，丰富教师成长路径
  - 优化知识结构
  - 增强学科融合
  - 创新教育理念

第一章

整体发展效益

UGIS中小学教师教育共同体是由区域教研机构（institute）牵头，参与高校（university）、地方政府（government）、中小学校（school）促进教师专业发展形成的四方协同共生新机制。该模式以互惠共生、民主协商、资源互补和主动发展为理念，以转变教师专业发展理念、优化教师专业发展资源、建构教师专业发展协同机制、培养时代良师、促进学校整体性发展为目标，强化四方联动，形成教师专业发展共同体。

教师教育发展共同体是基于教师教育合作的一种组织形态，在这一组织形态中，合作四方都具有独立的价值和利益诉求，其合作的关系体现合作几方均有利益的协同效应。共同体整体效益的实现，需要发挥教师教育共同体的协同效应，遵循整体性、互补性和主体性三个基本原则，四方的整体发展效益既相互独立，又相互关联、互相促进，拥有共同的价值观，为共同的梦想而工作，不是利益共同体，也不是事业共同体，而是命运共同体。教师教育共同体的整体发展效益体现为：建立共同体成员之间资源共享体系，实现实践效益、服务效益、文化效益。

第一节 联动整合资源，有效配置资源

为了使高校人才、信息技术、理论知识、科研成果、优秀教师、教学案例、研训基地、政策支持以及经费保障的资源发挥有效作用，需要建立

教师教育合作共同体，共同体的建构要高效，通过实践表明四方机构（高校、地方政府、地方教研机构、中小学校联合）建立了一种链式战略联盟，即四主体机构能够通过链式的组合来相互提供具有互补性的教师教育资源，以此弥补单个主体机构在某些领域或资源方面的不足。

  从理论上来看，这种互补性的资源配置方式为高校提供了师范生实践教学的真实场域和研究者捕捉、积累鲜活教育教学经验的契机；使地方教育行政部门在与其他各个机构有效互动的过程中调整组织机构，更新活动方式，从而实现飞跃式发展；能够激发中小学教师的研究意识和主体意识，以促使其进行自我反思和批判，改变自己的思维方式及实践模式，从而促进其自身专业发展。虽然四方共担责任，分享利益，但各自利益诉求的差异和具体的实践与理论研究认识方面的分歧使他们实质上处于疏离状态。在现实合作中，高校教师被普遍认为是研究教育知识的"专业权威"，地方教育行政人员则被认为是制定、实施教育政策制度的"行政权威"，中小学教师在这两种"权威"面前扮演着身处权利最边缘位置的"服从者"角色，当其无法获得预期利益时，他们合作的积极性就会降低，组织内部的资源依赖单向结构是不能达成共享的。想改变这种状态需要由第三方从中斡旋，这就是赋予"I"的角色转变。区域教研机构承担起桥梁的作用推进协同发展，需要 UGIS 中的 I 作为轴心，其他三方作为半径，共同整合优质资源，发挥校际的互补与促进作用，全面提升教育质量。教育科学研究院从实际出发，着力抓好教育的顶层设计，通过区域调研、座谈交流、广泛征求意见与建议，运用政策、标准、评估等手段，创建资源共享平台，共建教师队伍、共通教育信息、共汇科研成果、共建实践基地，公平、高效推进区域教育高位均衡发展。教师教育共同体的各方成员通过分享交换优质资源，积极反哺可用资源，合理调配资源比例，有效运转教师教育工作，实现教育共同的共同目标。

  教师教育共同体的成员之间是存在差异性和多元性的，通过共同体合作融通不仅可以避免各共同体成员的个体资源的封闭性带来的资源浪费，还能集合有效资源开展教师教育工作，创造出优质的实践成果，不断拓展与衍生出更多的再生资源。校地合作通过理论引领、实践示范、科学普及，实现高校与地方合作双赢，高校、政府、教科院、中小学校"四方协同"运行机制的核心在于形成合力，产生促进教师专业发展的强大动力，同时营造良好环境，共同撬动教师个体发展的内在动力，创新教师专业发展模式，实现教师专业的卓越发展（图4-1）。

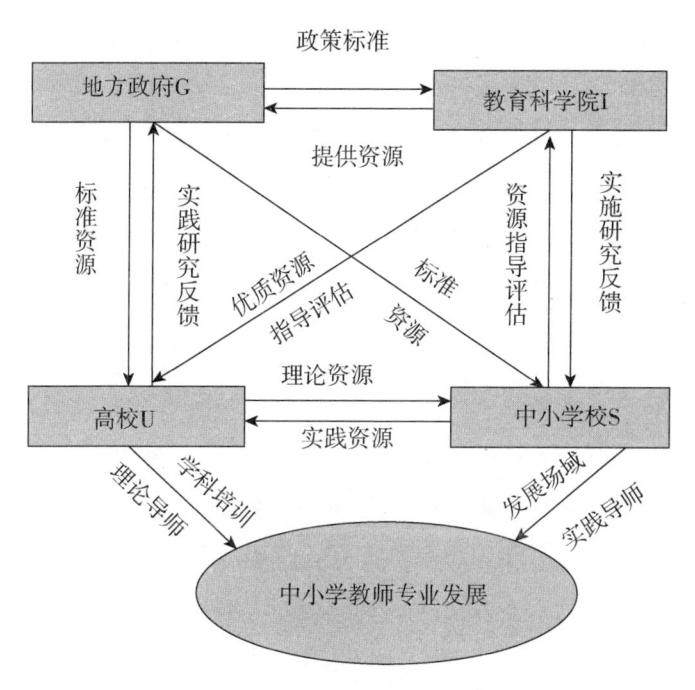

图 4-1　UGIS 四方协同运行机制

不同机构的人员联动，促进智慧共生，这样的教师成长方式是教育理论与实践双重滋养的结果，是借助于理论与实践的互动融合形成实践智慧的过程。教师教育机构中的高校教师教育者、中小学教师、教研员三方只有充分实现人员之间联动，才能跨越理论与实践的固有边界，形成跨界素养，更好地为教师专业发展服务，提升教师教育质量。高等院校的教师教育者作为教师教育研究者和未来教师培养者，只有自觉融入基础教育改革与发展的现实实践，汲取鲜活的教育营养，基于生动的中小学教育实践开展研究，才能以理论与实践融合形成教育智慧，为师范生和中小学教师发展提供教育、指导与服务。中小学教师只有走入教师教育课程分享实践智慧，才能助力师范生打通理论与实践的隔界，实现两者的对话、交融与整合。教研员只有深度参与到高校教师教育课程之中，走进中小学教师课堂教学田野环境之内，才能充分发挥教师教育理论与实践的桥梁作用。资源条件的互动整合有助于形成资源合力。教师教育资源分散容易造成资源的重复建设和浪费，导致资源管理的单位分割和使用困难，不利于形成资源的集群效应，难以为教师教育质量提升提供有效资源保障。

为此，教师教育机构之间的资源互动整合应是"高自适质量"教师教育体系的应然特征。教师教育体系只有实现资源的共建共享、优势互补和系统运作，才能形成资源合力，促进教师教育质量提升。按资源内在属性，教师教育资源可分为物质资源（如资金、场地、教学设备等）、文化资源（如教师教育课程资源等）以及心理资源（如教师的教育智慧等）。因为物质资源的不可分割性以及心理资源的不易外化性，所以教师教育资源的互动整合主要以文化资源为主，文化资源之中又以教师教育课程资源为核心。在教师教育资源的互动整合中，教师教育机构为了形成资源合力，可以将理论与实践样态的课程资源，线上与线下课程资源，纸质和电子介质为载体的课程资源，教师教育者、教研员与社会等不同主体开发的资源进行联合互动，形成资源集群，借助于组织、平台等条件进行共建共享。

第二节 回应国家要求，培养优秀教师

UGIS 的构建是响应国家教育提出的《教师振兴行动计划（2018—2022年）》教师培养供给侧结构性改革战略的重要举措，由教育科学研究院牵头，将工作重点变为对教师专业素质提升和人才培训上，与当地政府、高校及中小学校合作，协同教师专业发展培训，构建 UGIS 教师专业发展新模式。

以国家教师教育基地为引领，师范院校为主体，高水平大学参与，教

师发展机构为纽带，优质中小学为实践基地的开放、协同、联动的现代教师体系，是教育教学改革的重要环节，对促进各地教育教学健康持续发展影响深远。教育主管部门设计综合考核标准，加大一线教师的理论研究比重，由大学教师理论的高位引领，进行顶层架构，教育科学研究院具体指导一线教师的理论学习，让理论指导实践。通过四方合作，能从深度和广度上为教师提供做研究的技能，教育行政部门会在固定时间对教师的研究项目进行考察指导，成果纳入学校的年终考核。同时，将理论学习和做研究水平纳入晋升教师职称评定的必备条件，形成促进教师持续发展的闭环，这样从头至尾开展工作，共同体奔着实现未来教育高质量发展的共同目标扎实前进。

在 UGIS 四方协同下改善中小学校实践的科学性，通过教师教育共同体的联盟学校的合作，有效调动资源，设计出师范生职前教育培训的范本，根据各学校的实际情况对对口实习师范院校的师范生统一管理，按照不同专业进行划分，做到专业对口专门学科，保证在较短的实习期内有效达到实习目标。在政府教育管理部门的引导和师范高校交流中，教师教育共同体联盟学校打破各自为政的实践锻炼模式，由教育科学研究院设计制定出符合学校发展的师范生校内实践制度，科学地规范师范生实习期间的教育教学实践活动，定期对各校师范生职前实习进行指导，对带教老师的实践教学能力和带教提出明确的要求。各中小学校在教科院搭建的平台上规范开展指导工作，为高校师范生提供多样化和针对性的实习内容，也为区域教育培养高质量的储备人才，改善学用脱节的状态，为培养教育高质量人才节省时间，也缩短新入职教师向成熟教师转变的周期，节约时间成本。

教师教育共同体的实践是反思的实践，反思的实践是各种高阶职业能力的基础。教师教育共同体坚持实践反思取向，以协同培养教师顺应时代价值取向。高校、中小学校、政府在教科院的牵线搭桥下积极靠拢，维持多方合作的实践动态：职前实习生和职后在职教师通过实践过程，将教育理论知识实践化，同时在职教师也将教育实践经验与知识提炼成教育理

159

论，从而提升教师队伍的专业性和全能性。在教师教育资源整合与共享、合作中促进职前和职后教师的专业发展，帮助各方参与主体共同发展。

共同体的建设有利于教育均衡：一方面，教师教育共同体各项目校能够通过联通合作和研讨交流来共享经验、相互学习，达到优质校辐射带动薄弱校发展的效果；另一方面，教师获得知识与技能，完成态度的转变，更多的教师能够在项目学习过程中，对教育教学改革理念（如以学生为中心的理念）有更深入的理解，掌握理念落地实施的路径和方法，这有助于教师教学效能提升。

第三节　统筹平台建设，促进教育均衡

区域教研机构为一线教师创造和搭建了一个能够展现符合一线教师研究需求的发展平台。为了促进高校、地方教育行政部门、教育科学研究院和中小学校"四位一体"协同培养机制发挥长效，教科院拓展合作区域，形成区域内 UGIS 协同发展、合作育人的良好态势。作为未来教育事业从业者的"摇篮"，学院充分利用 UGIS 协同育人机制，利用中小学校、幼儿园的环境便利条件，让师范生在见习、实习过程中积极参与实习基地校教育教学活动，在真实环境中切实培养师范生。签约院校通过收集实习生在见习、实习过程中的突出问题，不断改革、主动探索新师范教育体系和师范生的培养，让教师教育共同体更好发挥作用。高校教师深度介入并参与到中小学教育活动中，双方通过指导在校大学生实践、分享经验，参与人才培养方案的制订，共同参与研究课题，打破相互之间的冲突与隔阂，既有利于师范生的职业认同感的建立，又有利于提高教师的归属感和身份认同感。

由政府统筹教师教育，师范院校服务师范生专业发展，教研机构服务中小学教师职后培训的共享共赢模式有利于解决以下问题。一是合作内容传统、形式化。许多院校合作只是成立了名为教师教育共同体的 U-S 组

织,实质却仅限于传统的校地合作,除了中小学为大学提供见习、实习基地,大学为中小学提供科研指导和在职教育之外,双方再无有关教师教育的其他议题。二是合作形式单向、机械化。中小学教师则长期作为追随者的身份,断层式的合作姿态与团队实践不力有着紧密的因果关系。而在大学教授自上而下的报告和形式单一的讲座中,中小学教师得到的更多是高重复率、低针对性的理论答案。三是培育对象分散、割裂化。教师教育共同体中的职前教师、职初教师和职后教师仍然是各自为政、少有交集,这与共同体目标指向之一——实现不同职业阶段教师发展的一体化相距甚远。四是评价沟通匮乏、孤立化。教师教育共同体普遍存在缺少自我评价机制,以及与大中小学评价机制两张皮的现象,这也就暗示着自我批驳的遗失与组织绩效的低下。除此之外,合作双方话语体系所存在的巨大差异也在事实上呼吁沟通调节制度与平等对话渠道的建立。当政府参与到教师教育共同体时,能利用自身的公共属性辐射其他成员,从而挖掘出教师教育共同体组织内部的公共诉求。这种公共诉求要求共同体并不是为了某个次级团体或某些个人的利益而存在,相反,是需要将价值追求与利益表达还原到公共的发展目的。在公共性的介入之下,共同体成员的公平、公正与正义的意识得到强化,整个团队的公共理性被重新激活,个体愿意致力于教师教育共同发展这一公共目标,教师教育共同体建设的价值取向将得以巩固。毫无疑问的是,UGIS教师教育共同体的共同价值通过政府这一意象将得到极大的重塑,在协商与调和的关系性功能上,组织成员将不再是各自散落的价值个体,转而团结为真正的精神集体。在这样的教师教育共同体中,政府既承担着价值文化的核心功能,也扮演着组织精神的领导角色。教师教育共同体理应成立核心指导委员会、多方协调委员会和学科建设委员会等成熟高效的部门机构,由具备良好教师教育、教育管理知识的教育部门领导担任共同体主席,由其他专业素养突出的政府人员参与不同工作小组,防止政府成为UGIS教师教育中的"守夜人",从而增进共同体的有机性和政府的主动性。

UGIS教师教育共同体的构建还有助于推动教师教育从工具取向走向

价值取向。一种新的知识生产模式只有经历长期的接触、互动、试探、对话，不断交流、碰撞、斗争、磨合，人际关系才能从防御状态走向信任状态。坚持行政与业务双轮驱动，高校服务国家战略需要和区域经济社会发展的生动实践，既涉及学校自身的内涵建设，也关系到国家社会的发展大局；需要高校系统思维、统筹设计、主动作为，也需要政府解放思想、深化改革、积极应对。

第四节 促进和谐发展

UGIS教师教育共同体各成员"从社会、组织、家庭生活以及政治、宗教、法律和政策中学到的东西会汇集成他们的思维知识，综合成为他们思维的文化环境，从而形成其思维深层结构的文化性"[1]。在具体的协作过程中，高校文化注重学术，强调平等、自由、多元，主张用科学的态度进行理论研究，用"探究性"为主的理性主义文化着眼于对未来教师能力的培养；中小学校文化则更务实，聚焦于教育目的是否具有实用性，对如何执行、怎样操作等高度关注，是以"实用性"为主的经验主义文化；政府更多是以"规范性"为主的折中主义文化，它关注的重心既不在于理论知识是否完备，也不在于实践经验是否可靠，而在于自身的法令文本是否合乎规范，政策条例是否便于执行。在具体的伙伴协作过程中，这三种异质性文化不断碰撞，不同的文化观念与思维习惯就会导致主体间矛盾的生成，进而影响参与者之间的理解、默契以及信任。如何协同三方文化差异，并使之从冲突走向共融共享，UGIS教师专业发展模式中，教育科学研究院作为"第四方力量"参与协同的重要功能之一便是化解高校与政府、中小学校的文化冲突。

高校、政府、教科院、中小学校的四方协同是一种行之有效的对话方

---

[1] 宁虹. 重新理解教育[M]. 北京：教育科学出版社，2010.

式。它能够推动高校文化、政府文化、基金会文化和中小学校文化的相互对话和理解，使四类异质文化在频繁的沟通交流中形成一种"彼此信任"的协同关系；它可以有效促进协同各方突破固有思维定式和赋权利益，使它们以"去自我中心"的文化心态来应对教育场域的复杂性和多元性，并通过共同商讨、解决真实问题这一纽带来实现"共变共融共享"的协同目标。民主协商有利于形成四类亚文化组织整合成"教师发展共同体"，形成一股教师培养"合力"，将民主意识与创新精神全面渗透年轻一代的教育过程，并以此推动区域社会的民主化进程。

高校文化与中小学校文化是有矛盾的，两部门融合非常艰难。因此，需要建立共同体文化拉近双方的距离。共同体"在一定程度上弥补了特定群体创造力的不足，它使特定群体在文化创造中跨越自己所处的有限时空而进入一个浩瀚无穷的文化时空之中"[①]，这种教育文化的融合会使双方扬己所长补己所短，壮大整体的教育文化创造能力，促进教育更快更好的发展。

在教科院的牵头下，U-G-S三方在规定时间里，以自身严谨务实、凝练高效、富于变革的公务文化为基点，自然糅合UGIS教师教育文化优势，形成独具特色的教师教育共同体文化，并对个体长期熏陶。教科院需要合理引导亚文化群体，提防狭隘的排他倾向，包容接纳文化异质成员，提升共同体的软实力，突出共同体的文化标识。在日常教学与科研生活中展现出共同体文化的新样态，以自然的心态和自然的方式进行文化建设，站在对方的立场，主动察觉出需要沟通协调的内容，进行文化差异下的平等对话，带着各自的优势文化相互协调、相互补充，有利于教学理论与实践的双向建构，实现教学理论与实践融合发展，真正推动教育实践。差异性与互补性、文化的多样性，可以增强教师教育共同体的兼容性和互补性。内在切合性和外在可操作性，能够帮助中小学教师对理论学习再认识，有助于显著提高其操作性成果。深厚的理论基础，只靠教育经验积累是有限

---

① 朱桂琴，陈娜．"U-G-S"教师教育合作共同体的建构：戴维·伯姆对话理论的视角[J]．教育发展研究，2015，35（18）：80-84．

的、不全面的。在共同体建设过程中，中小学教师走向理论智慧，学会在教育现场带着敏锐的觉察性反思，用研究的态度对待身边的教育事件，成为研究者；高校教师在教育实践中思考更多的理论突破点，让学术与工作融为一体。这种内在研究态度与探究心理转化是共同体成员最深刻的转变，也形成共同体独特的教育研究文化。

UGIS合作之中的文化的融合，有助于形成一种互依、互尊、互动、共生、共创、共荣的文化氛围，且这种文化氛围是高校与中小学校经过文化的碰撞、互动及融合后形成的。在这样的文化氛围中，高校与中小学校合作的主要动力便不再是自身利益诉求，也不仅是优化自身智慧这种相对比较狭隘的自身发展期求，而是对于建构共同世界的一种宽广的精神需求。与单面的"改进中小学实践""促进学生成长"有所不同的是，"共同世界"强调高校与中小学校共同发展、教师与学生共同成长，而前一个"共同"乃是后一个"共同"的必要前提。在UGIS教师教育共同体中，有助于形成以人为本、平等互尊的思想品质，开拓创新、开放多元的精神品质，理解宽容、共生共享的文化品质。

总体来看，文化生成本质上也是一种政府主导的超越过程，新的文化共同体中既包含了各要素本身的文化成分，也对其中的不适之处进行了改造。这个改造的过程既是对团队文化的形塑，也是对要素自身的超越，无论是中小学校、高校还是政府，在此过程中都得到了升华。

第二章

高校发展效益

第一节 依据现实需求，优化师范生课程体系

一、普适性师范生课程体系存在问题及原因分析

目前，教师教育通行的是理论课程（含通识类、学科专业类和教育类）占据主导地位并辅之以实践课程（教育实习、见习）的课程体系。虽然有针对课程结构、人才培养过程、教育实习的种种改革举措，但随着时代的进步，对师范生的培养也有了新的诉求，在师范生培养上也存在一些不可忽视的问题。

（一）课程协同建设不完善

一是协同培养重视程度不高，在实际培养过程中，大部分都是高校与各个小学直接对接，建立了协同培养关系，只有在与少部分中小学校的合作中政府及教师培训机构有所参与。

二是从中小学校目前参与师范生协同培养的现状来看，其主动合作、积极配合的意愿并不强烈，体现在：实践指导教师指导不充分；实习管理与安排不妥当；中小学校实践指导教师与高校教师之间处于脱节的状态，二者之间缺乏有效交流。

（二）课程设置不能满足师范生个性化建构实践性知识的需要

教育课程体系的主要决策制定者构成不具有多元化，往往一线的优秀教师没有机会能够参与其中，决策的制定与实施偏离实际。

课程协同建设不完善，课程实施主体单一，这会影响师范生所学与所用的匹配性。高校为师范生设置的课程囊括了多种类别，既包括教育学、心理学等专业理论知识，也包括不同学科的课程。但这些课程很少有中小学校一线教师进行授课，尤其是与教学设计、教材解读、教学技能训练等相关的课程，只有高校教师进行授课，会使得师范生所学不能完全与中小学校教学实际相匹配。尤其是在学科专业课程的教学中，对于一线中小学的案例引入较少，不能深切体会一线课堂的多变性、实践性，在课程实施方法上的协同创新稍显薄弱。

（三）师范生课程部分内容缺乏有机整合，理论与实践脱节

当前的师范生培养课程内容中理论与实践相脱离，缺少与基础教育实践相联系的实用性的课程。教育实践内容最关键的不是理论上的知识，而是师范生的实践过程，也就是学生在学校中得到的具体的实践经验。体现在两方面。

一是实践内容过分集中。教育实践主要是师范生在理论课差不多学完了之后，再去学校专门抽出一定的时间进行实习，在职前教育阶段的前期没有办法与中小学校相碰撞，不利于师范生得到直观的、具体的教育教学经验。

二是教育实践缺乏整合性。当前的教育理论课程与教育实践课程之间因较大的跨度而不能很好地整合起来，教育实践缺乏及时有效的理论指导，以及基于教育理论对实践经验的反思与内化，从而影响到师范生实践的质量。

（四）实践教育协同安排不够合理、深入

高校与中小学校各有自己的教育实践系统，基于师范生教育课程整合影响因素，现行的中小学校与高校存在一定排异行为，高校将中小学校作

为"教育实践基地",而中小学校也只是将高校作为"教育理论高地",而在关于共同培养"未来教师"上并未达成良性协作关系。

每一方的具体任务与对应的权力是什么,如何考评、如何协同等细节并没有明确规定,也缺乏相应的监督奖惩机制,进而导致各方找不到具体的协同路径。无论是从合作机制,还是合作领域与事务,中小学校因顾虑与高校的合作会扰乱正常的教学秩序从而影响升学率,因此在合作过程中热情不高。在操作层面,各方协同的重点和各自职责把握不足。

二、基于 UGIS 师范生课程体系整体架构的优化路径

(一)夯实多主体协同培养基础,有助于促进师范生培养的全面性

师范生协同培养的主要目标在于提高教师教育质量,培养专业素养高的中小学教师,这也成为地方政府、高校、中小学校、地方教研机构等主体参与师范生协同培养的共同目标。通过高校研究文化与中小学校实践文化的有效沟通与融合,在合作中扬长避短、互通有无、相互学习。[1] 具体而言:

一是完善协同培养中小学教师的政策制度。政府应当制定师范生协同培养的指导意见及配套的具体实施方案,各方主体应积极探索并落实师范生培养计划,同时也要加强经费的投入与管理制度。

二是强化多主体协同育人的思想观念。要树立不同主体互利共生的理念。尽管在共同培养师范生的过程中,各主体都存在不同的利益诉求,但参与协同培养的各个主体组成了教师教育共同体,有着共同的目标。

三是提高各主体合作的主动性与积极性。打破合作单位各自为营的局面,要相互支援、共商共量、共同进步。高校教师可以经常去中小学校进行理论指导、科研指导,在此过程中也能获得更多实践经验,从而充实自己的理论研究。当然,中小学教师在指导师范生的过程中本身就是一个教

---

[1] 王莉.本科层次全科型小学教师培养:必要性及应对策略[J].教育理论与实践,2016,36(8):31-33.

学相长的过程，能改进自身教学理念、教学方式，提升教学水平。

（二）UGIS四方协同设计课程内容和结构，助力师范生专业能力的发展

在建构课程内容时，课程内容的设计要以"实践取向"为价值诉求，应当联合高校与中小学校、地方政府、地方教研机构等多主体力量，以使课程内容更符合当地基础教育实际。具体而言，可通过高校教师深入中小学校开展调研、邀请一线教师和地方教育行政部门人员参与课程建设研讨会等方式，以需求为导向，反向设计课程，以使培养出来的学生能更好地满足基础教育发展需求。

在课程结构的安排上，协调好课程模块的比例。适当降低通识课程的开设比例，尽量多安排学科类基础课程、教师教育类课程和实践类课程①，通过一线中小学教师的反馈，不断调整课程体系，重点增加专业实践课程的比例，尤其是与教学设计、学生管理、引导反思教学相关的实践课程。

（三）形成UGIS四方协同完善理论与实践相结合的课程实施方法

采取"走出去"和"请进来"相结合的方式，夯实实践教学的基础，提升学生实践能力。高校可以加大聘请中小学校一线优秀教师承担部分课程教学工作的力度。中小学教师承担部分课程，尤其是关于班级管理、教学设计、教材解读等课程，能帮助学生更好地将所学内容运用于实践。具体方式如下。

一是优化实习形式和结构，有助于各阶段目标落实到具体的实践教学环节。在正式实习前充分利用微格教学实验室进行模拟课堂教学，训练师范生的教学技能。在实习形式上，可采取以多学科集中实习为主，实习支教、顶岗实习、单一学科集中实习和分散自主实习为辅助的多样化实习形式，给师范生提供更多的选择余地。

二是加强案例教学，有助于培养师范生分析和解决教育问题的能力。

---

① 马文起.论高校培养农村小学全科教师模式的优化［J］.教育评论，2017（1）：119-122.

邀请中小学优秀教师到学校上观摩课，一线教师先给师范生上一节示范课，教师上完示范课后进行说课，说明为什么要这样设计，它的依据是什么。最后，教师与师范生进行互动，师范生向执教教师提问。案例教学为各学科教学法以及训练师范生的教育教学基本技能奠定了基础。

（四）UGIS四方协同优化实践教育：完善双导师制、构建多元化的评价机制

进一步界定高校、地方政府、地方教研机构、中小学校这四方在协同机制中的角色定位及权力责任，明确各主体在教师教育实践教学中的职责，建立教师教育实践教学协同中心，使各方的机构得以重新组织和设置，明确其人员构成和职责。

实行全程化的双导师制。强化对双导师指导学生情况的过程性考核。将整个指导周期划分为多个阶段，分阶段对指导教师进行相应考核，提高指导实效。加强双导师之间的沟通交流。[①] 明确中小学实习指导教师的选择标准与职责要求，根据实习指导的特点，以教师教育者能力标准以及中小学实习指导教师指导力要素结构为基础，从基础指导、深度指导、中介指导三维度对中小学实习指导教师的理念、知识、能力、综合素质等方面设置规范化标准。

构建多元化的评价机制。第一，评价主体多元化。师范生的培养涉及高校、地方政府、中小学校、地方教研机构四大主体，每个主体中还包含很多不同身份的个体，他们对于师范生的培养都具有一定的话语权，理应将这些主体纳入评价主体。第二，评价内容多维化。协同培养共同体在对师范生进行评价时，应当以《教师教育课程标准（试行）》为基础，并结合实际培养情况，对照人才培养目标，由参与师范生协同培养工作的各主体共同从师范生师德养成情况、专业知识掌握情况、课程完成情况、见习实习情况（包括教学设计、课堂教学、学生管理等）、毕业生满意度调

---

① 姜华，李西君．师范生"双导师制"培养模式的构建［J］．中国成人教育，2013（20）：56-58．

查等方面进行评估,对人才培养目标完成情况进行评价,并将评估结果及时反馈给相应相关主体。第三,评价方式多样化。可以采用过程性评价与总结性评价相结合的方式,在见习、实习等实践活动中,师范生实践技能的获得情况无法用具体的数字进行衡量,这就需要实践指导教师通过观察进行主观判断,并通过撰写评语反馈给高校和学生自身。

第二节 通过教学相长,促进高校教师专业发展

一、普适性高校教师专业发展途径

(一)更新观念对自身角色准确定位

新时代是知识信息爆炸的时代,这一时期网络广泛应用于各行各业中。师范生获取知识的方式已不单纯依靠教师。高校教师要及时更新自身观念,要主动参与到教学活动中,并为学生提供必要的帮助和指导。同时,高校教师也要不断学习,树立终身学习的意识,不断更新自己的专业知识及技能,使自己努力成为所在领域知识的引导者和学生学习中的解惑者。

(二)以学促教,提升教师专业素质

教学模式的建立和发展比较复杂,与教师的知识技能有密切的关系。高校教师在教学过程中要有意识地完善自己,促使自身在专业素养、实践技能等方面获得发展。现在,大部分高校教师在教学时仍然采取传统的教学模式,这已无法满足新时代对教师的要求。高校教师在教学时可以采用案例、讨论、分享等方式进行教学,同时利用微信等平台学习一些优秀教师的教学思想和教学模式,通过研究提升自身的综合素质,使自身的专业获得发展。高校教师在教学时还要根据学生的特点,充分使用慕课、翻转课堂等教学方式,以学促教,进一步扩充教师的专业知识。

(三) 丰富评价体系，推动教师专业发展

高校教师在教学过程中产生的信息都会留下痕迹，高校可以充分利用现代化技术对这些信息进行收集整理，并对教师的教学计划、教学内容、教学方法和教学效果进行比较分析，为评价教师提供相关信息。高校还要根据这些信息制定相关的评价制度，根据这些制度对教师的教学水平进行评价，根据大数据整理出来的数据预测他们的未来发展。高校教师也可以根据信息的反馈不断反思，找出自身的不足并加以改正，再确立自身发展的目标，进而促进自身专业的发展。

二、基于UGIS实践研究下的高校教师专业发展新特征

(一) 教学、科研的双重性

教学和科研是高校教师的主要工作，是高校教师承担的最基本、最核心的两大社会角色。部分教师在接受高层次学历教育时并未有过教师职业所必须掌握的教育学、心理学相关知识的学习经历，使教师职业素养处于被忽视的状态。这影响了高校教师教学能力的提升，使得高校教师在"教学关"面前有些力不从心。高校教师在专业发展的过程中，应将教学与科研紧密结合起来，两者不可偏废。

(二) 内在的自主性、外在的差异性

教师专业发展侧重于教师自身内在的发展，强调的是教师个体的专业建设。教师不仅是专业发展的对象，同时也是自身专业建设的主体。自觉反思作为教师专业建设的内因，在教师专业发展过程中起着至关重要的作用，是实践知识转化为实践智慧的桥梁。高校教师拥有自主反思能力，才是实现从"他驱"到"自觉"过渡的有效途径，具备了这种自主意识，并将专业发展内化为自身不断提高的动力，才能确保高校教师专业发展不会流于形式，达到预期效果。高校专业类型繁多，不同学科专业千差万别。教师个体也同样存在差异。教师的个性决定了他们对于同样环境有不同的认知、反应和态度，决定了他们不同的发展道路。

171

(三)发展过程的持续性、动态性

教师专业发展是一个持续的、动态的发展过程,不同发展阶段的教师,其专业发展构成要素也具有差异性。前一个阶段是后一个阶段的基础,后一个阶段是前一个阶段的延续和升华,各阶段之间相互联系、相互依赖、相互促进。当然,从量变到质变的过程并非一帆风顺,它可能会经历一个挫折期,教师的专业发展并非总是处于直线上升的状态,而常常会处于曲线发展的状态中。在从事教学、科研的过程中,教师通过借助外部环境中有利于自身专业发展的保障机制,拓展实践经验、提升科研能力以及积累教学知识,从而逐渐成长为专家型教师。

三、基于 UGIS 实践研究对高校教师专业发展的优化路径

(一)拓宽学科教学知识获取来源,有助于不断开拓新的研究领域

教师所具备的学科教学知识结构,对自身学科教学知识的发展产生了重要的影响。如前所述,在高校教师学科教学知识结构中,教学对象知识、教学策略知识明显不足,学科教学知识结构不平衡。高校教师合理的学科教学知识结构是高校教学质量得以保证的关键。因此,高校教师应对照学科教学知识结构的要求,充分认识到自身学科教学知识的不足,通过各种途径来获取教育教学方面的知识,以弥补自身学科教学知识结构中的短板,促进学科教学知识结构的合理化。高校教师也可以在与中小学教师及地方教研机构对话中,汲取到鲜活的实践经验与智慧,从而为自身基于实践的理论提升奠定基石。

(二)加强学科教学知识的应用,有利于提高知识转化能力

教师学科教学知识的实质就是将他所拥有的学科知识转化到教学中以适应不同能力和背景的学生学习。在这一过程中,教师学科教学知识转化水平的高低将直接影响自身学科教学知识的发展。高校教师应积极通过实践应用来提高学科教学知识的转化能力,进而不断地促进自身学科教学知识的发展。

通过 UGIS 合作，高校教师观察真实的课堂教学，研究中小学校必需的教学实践能力，并将这些能力渗透在日常教学活动中，通过示范、模仿，规范地演绎出自己对教学设计与实施的理解，提高教学实践能力。第一，教学设计能力。在培养师范生的过程中，能够深刻分析教学目标，有效组织教学内容，选择生动的教学方法，运用便于教学的媒体软件，使师范生在各方面得到发展。第二，课堂教学能力。在实际课堂教学中，能够为师范生树立未来课堂教学的榜样，在旧课回顾、新课导入、上新课、板书设计等课堂技能方面做到游刃有余，并且照顾学生的课堂感受，使课堂生动有趣。第三，教学评价能力。在一堂课或者一段时间的教学完成后深入理智地分析学生的学习情况，并且对自己的教学进行反思，并且通过不断的教学评价使接下来的教学更加完善，提升自我教学水平。

（三）构建教师学习共同体，有助于高师教师的教科研能力提升

教师学科教学知识中很大一部分是隐性知识，而隐性知识的获得只有通过群体交流中的潜移默化才能实现。因此，高校教师应增强学科教学知识共享的意愿，积极同其他教师分享教学心得体会，以此来促进自身学科教学知识的发展。高校教师实现学科教学知识共享的重要途径之一，就是在学习共同体中进行知识的交流。由于一个起作用的学习共同体不仅是由具有不同能力的成员构成，而且它的成员能够参与各种对话、同行指导、交流讨论和协作共事，因而构建的教师学习共同体中要有提供不同资源的支持成员。在实践层面，在一线教育教学的指导力方面，教研机构和中小学教师更有发言权。而且，他们原本就已经有相当的经验积累。高校教师要吸收教研机构和中小学校已有的经验，通过 UGIS 合作，将研究的最新成果运用到实际中，将自己的教育理想变成可复制推广的"小样本"。一方面，以科研成果服务基础教育，另一方面通过基础教育实践检验课题研究的价值与不足，促进高师教师的教科研能力提升。

第三节　丰富师范生教育实践方式，优化培养形式

一、普适性师范生教育实践的现状与问题

（一）高校教育实践课程设置不完善，缺乏实践性与指向性

教育实践能力的培养离不开教育实践课程的设置。高校的课程设置是师范生教育实践能力养成的关键。在如今基础教育改革蓬勃发展的时代背景下，教师的教育实践能力更需要深入、全面、切实。但师范院校对师范生教育实践能力的培养和相关课程的设置仍存在一些问题。例如，部分教育实践课程目标定位比较狭窄，课程内容与实践需求的契合度较低，课程评价方式单一、课程改进不及时等，从而导致了课程缺少实践性与指向性。

首先，课程设置在实践性层面不够完善。在部分师范院校中，师范生的教育实践类课程比例偏小，实践环节未得到足够的重视，实践质量也普遍有待提高。虽然目前教育类课程自身理论体系较为完善，逻辑性也较强，但课程与课程之间存在明显界限，内容也存在陈旧、空泛、脱离实际的现象，这样的课程设置难以支撑师范生提升和发展其教育实践能力。

其次，课程设置在指向性层面不够完善。大部分的师范生的毕业走向都是当地的基础教育，因此设置课程时应充分考虑当地中小学教育教学的实际需求。但事实上，大多数师范院校课程设置与当地中小学教育教学的实际需求契合度较低，缺少中小学案例的有关教学，导致课程缺乏针对性和实用性。

（二）实习基地建设不完善，管理机制不健全

实习是师范生教育实践内容中的重中之重，实习基地的选择和建设以及实习管理机制的完善和健全是师范生教育实践能力基本保证。但目前的

实习基地建设与实习管理机制仍存在一些问题。

首先，实习基地建设不足，这主要体现在实习学校的工作落实不到位，缺乏积极性与组织性。通过实际了解，实习学校指导教师对实习生的引领和指导通常停于表面，并且实习要求较低，实习评价较为简单且不统一。这都导致师范生在实习的过程中缺少一线老师的有效指导，不利于师范生教育实践能力的发展。实习学校对实习生的具体安排较为不具体，在一定程度上缺少纪律与组织，还存在提供给实习生的教学岗位有限且与师范生学科专业背景不匹配的情况。

其次，实习管理机制不健全，这主要体现在实习学校与师范院校缺乏有效连接，实习指导教师角色定位不明确，指导教师激励机制不完善，以及实习评价不够合理。在协同育人过程中，高校与实习学校的合作常常不够深入，对于实习生的成长与发展情况的沟通不够及时，导致实习生在实习的过程中不能准确定位和提升自己，影响其教育实践能力的提升速度。在教师的指导工作中，高校指导教师与实习指导教师之间通常缺乏深入、有效的沟通，缺乏指导的责任意识，导致各自的角色定位不明晰、指导混乱等，从而影响了教育实习的质量。在教师激励层面，高校和实习学校之间通常没有建立完善的实习指导教师监督、评价和激励制度，双方教师缺乏动力，在指导的过程中积极性普遍较低，导致教育实践实习质量存在不稳定性。此外，教育实习的评价方式常常缺乏多元化，并且形式化严重，常忽略自我评价、同伴评价、所教学生评价等，不利于提高教育实习工作的科学性和有效性。

二、基于 UGIS 优化师范生教育实践培养路径

（一）合理设置教育实践课程，有助于完善实践课程体系

首先，在师范类专业人才培养方案中要强化实践教学环节，重视实践教学课程构建，增大实践类课程的比例。教育实践课程一般应占总课时的 15%，师范生到中小学教育实践应不少于一个学期，如此，才能真正体现"实践"在教师职前培养中的核心价值。

其次，实践类课程目标应符合中小学教育教学改革发展的实际要求，贴合地方中小学校的实际教学情况。设置教育实践课程，就不仅要围绕"教学"来设置，还要重视教师其他方面的一些重要素养如班级管理素养、教育评价素养、教育科研素养等的训练，这样才能培养出时代所需要的具有综合素养的教师。

最后，整合实践课程内容，对内容体系中适用性不强的课程进行删减，避免课程内容陈旧、空泛、脱离实际的现象，在设置和讲授理论课时要适当向实践课程延展，并且注重衔接。比如，在讲授学科课程时要结合教学法，这样师范生在学习专业知识的同时还能够体会教法，可以直观地理解教材中枯燥的概念。

(二）落实双导师制（U-S)，有利于师范生全面发展

教育部部署的文件《关于加强师范生教育实践的意见》中，明确提出全面推行教育实践"双导师制"。在"U-S"双导师制的培养模式下，高校教师提供理论支持，中小学教师分享实践经验。双导师制将高校教师与基础教育教师的优势结合起来，双方共同指导，对师范生的理论知识积累和实践技能的培养十分有益。建立、完善双导师制度体系是实化双导师制的基本要求。因此在高校现有"双导师制"的基础上进一步细化导师的职责、明确其定位，完善导师遴选、考核和评价机制，建立健全指导教师激励机制等是十分必要的。

首先，应当制定规范的指导教师选拔与培养，以及工作规范和培养标准的方案，并为指导教师提供专业化的、规范化的培训，以此增强指导教师对自身角色与职责的认识。

其次，高校教师与中小学教师应当加强沟通与合作，共同制订教育实践指导计划与指导内容，深化合作的广度与深度，除共同指导学生的教育实践外，双方导师还可以开展课题研究、教学研讨、专题讲座等活动，以此加深双方的了解与认识，形成利益共同体，从而更好地改进教学，提高教学质量，提升教育人才培养质量。

最后，由于高校教师与中小学教师属于不同部门，因此在合作中缺乏

完善的奖励激励机制，在这样的情况下，难以激起其积极性。建立健全指导教师激励机制，应当具体化和落实在薪资、奖金、职称评选等方面。

（三）加强教育实习基地建设，有助于健全实习管理机制

教育实习基地的建设是教育实习中的重要环节，教育实习管理机制是否健全也直接影响到师范生的职业认同和实践能力提升，多样化的考核评价机制能全方位地评价学生的实习效果和岗位胜任能力。

首先，实习基地要转变以往消极应对师范生来校实习的态度，积极配备师范生实习需要的条件，提高接纳师范生来校实习的承载量。

其次，相关部门和地方师范院校要对实习基地进行筛选，选择专业覆盖面宽、培养规模适中的中小学校和社会教育机构作为实习基地。建立可行性强的评估指标体系，对实习学校态度、设施等进行评估，分析实习学校是否可以继续作为师范生的实习基地。

最后，师范院校应该主动联系地方教育行政部门和实习基地，协同评选出部分中小学教育教学实践经验丰富且品德高尚的优秀教研员担任实习指导教师，并给予实习指导教师一定的政策支持。同时，师范院校需加强与地方政府、以教育功能为主的相关社会机构的合作，拓宽师范生实习渠道。中小学校不是教育实践的唯一场所，应该将实习的场所拓展到以教育功能为主的相关社会机构。

第三章

教育行政部门发展效益

教育行政部门是营造教师教育共同体的重要载体。抓住共同体建设这一核心可以积极主动地应对当前教师教育面临的问题。谈及教育行政部门的发展效益，要先熟悉教育行政部门，在此研究中教育行政部门是指教育行政机关管理教育的相关部门。在 UGIS 教师教育共同体中，教育行政部门发挥着重要的纽带作用，教育行政部门与学校联合开展多种活动，建立了适合的育人机制、教研培模式，提升了学校教师团队建设的质量。

第一节 凸显教育行政部门的价值引领意义

UGIS 教师教育共同体中 G 的具体对象应当指各级政府中专门性的教育行政部门（如教育局和教育委员会等）及其他与教育事业相关的公务机构。政府之所以能作为第三方参与者融入教师教育共同体，主要是因为它所展现出的价值和意义，这种价值和意义是相对共同体的发展需要而言的，也是为了共同体背景下如何促进不同层次教师发展困境的突破而存在的。

一、公共性和凝聚力——精神领导

公共性是政府在其生成衍化的过程中持续表现且最为本质的特征之一。政府的公共性主要体现在其产生、存在是为了公共利益、公共目标、公共服务以及创造具有公益精神的意识形态等。当政府作为教师教育共同体中重要的角色促进教师队伍发展时，能利用自身的公共属性辐射其他成员，从而挖掘出来自教师教育共同体组织内部的公共诉求。这种公共诉求要求共同体并不是为了某个次级团体或某些个人的利益而存在，相反是需要将价值追求与利益表达还原到公共的发展目的。在公共性的介入之下，共同体成员的公平、公正与正义的意识得到强化，整个团队的公共理性被重新激活，个体愿意并致力于教师教育这一公共目标的实现和教师教育共同体建设的价值取向将得以巩固。毫无疑问的是，UGIS 教师教育共同体的共同价值通过政府这一意象将得到极大的重塑。

正是政府所具有的公共性，才铸就了其较高的社会承认度和公众支持度，这也保证了政府形象能成为公共的精神支撑和价值引领。这一点在集权型的教育行政体制中尤其突出。另外，教师教育共同体正面临着内部利益冲突升级的事实，为自身谋利本身乃凡人之常情、组织之常态，但教育毕竟是需要一点理想与精神的事业。综上，当政府以教师教育事业的公益性为依托，以其公共形象为感召，重新将高校、中小学校以及幼儿园凝聚为一个由多种心理关系紧密组成的教师教育共同体时，组织成员将不再是各自散落的价值个体，转而团结为真正的精神集体。在这样的教师教育共同体中，政府既承担着价值文化的核心，也扮演着组织精神的领导。

二、协商性和调和力——文化领导

政府于教师教育共同体的第二个价值体现在协商与调和的关系性功能上。现代性的社会关系诞生于多元多向的人际交往，这也决定了其本身的复杂易变和摩擦频繁，政府的关系性价值恰恰是在这样的社会结构中产生的。众所周知，政府对各种矛盾的调和并不是对多种社会关系无条件的妥协，而是基于社会公共利益和对立双方平衡点的协商。

一方面，共同体与社会无论是在构成条件、行动机理上，还是在团队效用、生命意涵上均有着相近之处。这正说明了当政府从社会环节进入 UGIS 教师教育共同体时，能较为完整地继承协商特征并迁移调和经验。

面对系统中不同主体的既有纠纷时，政府更倾向于立足三方的共同利益，着眼于教师教育的发展前景，以化归原则来消弭共同体之内的多重壁垒。

另一方面，沟通对话机制的缺失正不断加剧高师院校与中小学校及幼儿园之间的不满情绪，这也进一步展示了政府作为第三方角色的重要意义。政府这一纽带能联结高校和中小学校，并在行为与文化上对合作双方产生了中介和缓冲的隐性作用。作为行为的中介者，政府通过统筹的领导协作和完备的制度章程，能较大程度地减免共同体的运行损耗；作为文化的缓冲带，政府擅于营造良好的团队氛围，缓和大中小学各自的文化硬度以规避不同文化的直接碰撞。

三、规范性与秩序性——法理价值

法律赋权首先界定了政府的基本职责，要求教育部门兑现行政允诺。教师教育的对象——教师本身便是在编制体系中得到确认和构建的，理应纳入国家教育管理系统。而且教师教育同样也是政府法定事业之一，调节教师教育和市场的关系必然需要政府这只"看得见的手"的长时间参与。为了诸如此类事务的顺利施行，法律也为政府赋予了充足的法理性价值。同专业实力和个人魅力等其他权威来源相比，法律所带给政府的权威显得最为根本、有效和理性。在法理框架之下，政府代表了国家的教育意志，也阐释着国家教育权力的运行，其所获取的教育信息、采取的教育决策都更具公信力。在现实中，教师教育共同体虽名为稳定的教育组织，但一直存在"非正式团体"之嫌，多数活动较为私人化、随意化。而政府的官方定位则能为UGIS教师教育共同体注入浓厚的规范意义，丰富过程内涵和成果产出。

在法理上，政府不仅代表了权威，同时也意味着效率和秩序。伴随着自我革新的深入，政府的务实能力也获得了越来越多的肯定，教育行政部门同样也不例外。对于教师教育共同体来说，政府有实力阻止其中颓势，为不同成员打入一针强心剂，梳理厘清组织脉络，合理安排发展计划，优化配置人员结构，政府可以尽可能地减少校地双方原本出现的相互扯皮、推诿现象，引导UGIS四方化学反应的发生，实现"1+1+1+1>4"，为共同体的成长添砖加瓦。

当然，最为关键的是政府不仅可以依借制度和秩序对团队进行外在打造，还能通过浸润式的感染来改善教师教育共同体的内在认同，逐渐将上文提及的法理权威转化为专业权威和道德权威，从而在UGIS中发挥更宽广的价值。

第二节 促进区域教师队伍整体水平提升

一、依托课题研究——提升区域整体教师队伍质量

在实践中，教师有很多的实践智慧却难以表达，其中的主要原因在于以下两方面。一是教师表达自己实践智慧的方式不当。在我国，理论话语长期占据教育研究的主导地位，这导致教师在表达自己实践智慧过程中多采用理论话语方式。教师在理论研究方面的欠缺导致教师根本不能充分表达自己的实践价值，而这种对实践表达的欠缺又降低了教师对自身实践价值的认同。二是教师缺乏表达实践智慧的方式。在教育理论话语占据教育研究主体的情况下，教师表达实践智慧方式几乎寥寥无几。而高校教师缺乏的往往是中小学实践经验，分析中小学理论问题往往是"空中楼阁"。

为此，教育行政部门要充分发挥自己的纽带作用，推进区域教研机构（高校）与中小学教师合作开展课题研究。中小学校根据自己设立课题请教育行政部门作为中间桥梁，请高校教师来指导或者是共同确立课题双方共同研究，以此来推动一线教师实践结合理论能力的提升，从而提升教师队伍的质量。

二、建立职前职后培养体系——提升教师专业化素养

教育行政部门与学校共同关注新教师的职前指导与职后评价。教育行

政部门借助高校教师与有经验的中小学教师一同关注新进教师的成长，提供一系列支持与示范。

一是辅导职前教师在教育实践的各阶段中获得教育教学专业知识，二是对于职后教师要进行及时的课堂点评，使新教师得到反思机会，从而获得自身发展。三是提高在职教师专业能力。在职进修是高校与中小学校合作建设教师发展学校的一个重要部分，贯穿于学校教学的整个过程。在职进修的一个途径是在教研机构的在职进修活动，这要立足于中小学校教学实践和教师专业发展需要。另一个途径是在教师所任职的中小学校中开展校本研修活动。在职教师在教学的过程中不断学习来自高校新的教育理论，并在指导实习教师的过程中获取新的教育观念和思维方式，并对原有的教育观念和教育经验进行不断的反思，开展反思性教学活动。而反思性教学对教师确立正确、有效的教学行为促进其专业发展具有重要作用。同时，在职教师在与高校教师的合作过程中开展行动研究，这个过程中小学教师不但是教育实践者同时也是研究者。传统教育研究由专家组织进行，将教师置于对教育理论被动接受的状态，而教师成为研究者要求教师具有自我监控能力，对自身实践情景进行分析和反思，在教育实践活动中开展研究以解决实际中存在的教育问题。

三、基于合作交流研修——增强区域教育的示范引领性

示范引领是指骨干教师在师德修养、专业知识与态度、教育教学能力、教研素养和人际关系等方面做出表率，为教师树立榜样。骨干教师以先进的专业理念、专业的知识以及丰富的教育实践经验，引导和带领普通教师一起开展各种教育教学活动，鼓舞和启发其他教师借助开展的公开研讨活动、科研活动等方式，主动学习骨干教师的专业品质与丰富经验。其中，引领的过程是骨干教师与普通教师信息的交流与传递，双方是互动的，双方进行的是一种平等的对话。

因此，区域教育的示范引领性，首先体现在区域内各学校之间的交流与学习，通过参加各种形式的教研活动、展示观摩活动，促进不同学校、

不同教师之间的学习、交流与沟通，使不同学校、不同教师之间相互了解和理解，取长补短，共同提高。其次，是指教师个人在骨干教师的带领下，努力向高层次发展，实现自身的成长与飞跃。在骨干教师的带领下，一名普通教师能够迅速成长为骨干教师，从而提高本区域内教师的整体素质。这种以骨干教师为引领，以普通教师为主体的发展模式，极大地激发了广大教师的工作热情和积极性，从而在一定程度上促进了本区域内教育质量的提升。最后，区域教育还体现在骨干教师在一定范围内起着"领头羊"的作用。由于骨干教师具有一定的知名度和影响力，因此他们能够成为学校、区域教育中的"领头羊"。而"领头羊"作为一种特殊的群体，具有引领、示范作用。在骨干教师带领下，一名普通教师通过努力能够成为"领头羊"。在骨干教师的影响下，一名普通教师也会积极地参与到学校、区域教育中。区域内其他学校、其他教师可以借鉴和学习骨干教师先进的教育教学理念、成熟的教育教学方法、丰富的教育实践经验。区域教育中"领头羊"之间由此形成了一种相互学习、相互促进、共同提高的良性循环。

第三节　丰富政府对教师教育的参与路径

一、制度保障优化

制度是共同体的客观保障，当政府预见到教师教育共同体中的普遍意愿之后，便需要着手建立其中的公共体制。一方面，政府需要优化教师教育的系统制度。法国奥朗德政府自2013年起，将传统的教师培训学院（IUFM）改造为新型的高等教师教育学院（ESPE），统一负责幼儿园、中小学教师的职前、职后培训，完成了教师教育的一体化，将其上升到国家高度并取得了良好成效。同样，我国应当加快将职前教师的师范培育、教师入职的招聘考试以及在职教师的继续教育等纳入教育部门统一的教师教育系统中，实现三阶段一贯制，借以提升教师教育的连续性，减少体制中的重复教育。在教师管理层面上，双轨式的人事制度可在内部普及，即个人同时拥有普通学校聘任的教师身份和政府认证的教师教育共同体成员资质，且做到不同人事制度之间相互补充，切实发挥约束和激励作用。在教师流动层面上，政府则被期望引导教师在教师教育共同体中的不同学校之间开展有序沟通与交换，在促进专业能力发展的基础上增强团队熟悉度和凝聚力。

另一方面，政府需要完善教师教育共同体的组织制度。其中，首先要重视团队的人员机构建设。教师教育共同体理应成立核心指导委员会、多方协调委员会和学科建设委员会等成熟高效的部门机构，由具备良好教师教育、教育管理知识的教育部门领导担任共同体主席，由其他专业素养突出的政府人员参与不同工作小组，防止政府成为U-G-S教师教育中的"守夜人"，从而增进共同体的有机性和政府的主动性。同时，团队的绩效评估体系至关重要。政府必须主导建立成员的考核评价机制，以集体思想、工作态度、业绩成效为评价对象，以监督、指导、激励为评价手段，以团结、秩序、效率为评价目标，最终促成教师教育共同体管理的整体科学化，凝结出共生共存的合作制度。

二、科研实践优化

首先，强化实践导向研究。科研项目是教师教育共同体的重要产出，为了改变以往高师院校片面占领研究主导权的现象，政府应妥善考虑U-G-S教师教育三方的研究契合点，以行动研究为合作连接点，将教育理论与实践相结合，形成针对实践、出于实践、服务实践的共同体研究风格。同时，教育部门要时刻思考在项目开展中承担的责任，发挥自身在田野调研过程中的经验与优势，利用行政杠杆撬动团队积极性，加快研究成果的推广和产学研管理的升级，推动科研项目对三方利益最大化的实现。

其次，营造动态组织结构。第一，营造学校动态是根本。在健全评价遴选制度的条件下，政府应牵头当地不同高校、中小学校参与至跨校合作平台，拓展共同体的伙伴基数，提升校际交往水平。第二，营造政府动态是关键。随着共同体治理专业化程度的加强，政府不能埋头搞地方主义，而应更注重与不同地区、不同层级部门（如教育部中的师范教育司以及教育督导团办公室等）之间的线性联系，润滑教育政策的制定和反馈。第三，营造共同体动态是高度。在教师教育共同体相对稳定成形之后，可以寻求跨共同体互助，结成区域教师教育共同体联盟，立足于联盟的发展愿景来统筹区域教育战略规划。

最后，引领经费筹集管理。在芬兰、瑞典等北欧国家，所有教师都可以接受完全由教育财政承担的2~3年职后培训。这与我国并不完善的教师教育经费制度形成了鲜明对比，而这一漏洞的填补在U-G-S领导下的教师教育一体化系统建成后显得更为迫在眉睫。增量拨款和绩效拨款相结合的方式能够成为主要的资金筹集渠道，前者指教育财政部门根据共同体运行的最新需求进行拨款，后者主要从团队工作成绩和教师质量状况出发发放经费。在必要时期还可以通过吸引社会力量和民间资金等途径充实共同体的资本竞争力。值得注意的是，对于经费的管理要遵循合理调配经费预算、增强经费去向监控的共识，真正做到将团队经费用于教师教育事业的发展上。

三、文化精神优化

教师的合作文化主要可以划分为四种类型：个人主义文化、派别主义文化、人为合作文化和自然合作文化。其中，前两种文化属于相对保守、孤立以及敌对的合作文化，对教师成长产生严重阻碍；人为合作文化体现了一种被迫式联合，反映了设计者构想中的理想文化，但教师却仍然浮于外界的规定或条例；自然合作文化并非指群体中自然形成的文化，而是当教师置身于良性的外部氛围时，内在主动生成的合作文化。因此，在U-G-S教师教育共同体中，应当杜绝前两种合作文化，并在政府的参与中努力促成人为合作文化向自然合作文化转型。

为此，政府应当仔细剖析高校和中小学校各自的文化特征，并以恰当的方式将自身文化融入集体，凝聚新型教师教育共同体风格。高校文化实际上是研究文化和批判文化的代表，大学教师侧重于追问是什么、为什么，不断地反思实践、解构现实、重建理念，提出新的构想和要求；中小学校文化则相对偏向实践文化和接受文化，一线教师更关注怎么做，聚焦于班级中的现实教育，并凸显出固有的执行思维。以上分析，政府须以自身严谨务实、凝练高效、富于变革的公务文化为基点，自然糅合U-G-S教师教育文化优势，形成独具特色的教师教育共同体文化，并对个体长期熏陶。在此期间，政府需要合理引导亚文化群体，提防狭隘的排他倾向，包容接纳文化异质成员，提升共同体的软实力，突出共同体的文化标识。

第四章

教研机构发展效益

第一节 优化教师培训模式，推动教师教育专业化

教师培训是促进教师教育专业化的重要路径和载体。教研机构作为负责教师发展的重要一方，能够通过优化教师培训模式，推动教师教育的专业化。

一、以往教师培训存在的问题

首先，对教师培训的内容由教研机构等统一制定，与教师的实际工作需求脱节。培训内容针对性不强，内容泛化，针对共性和非共性问题均进行统一培训。培训目标不清晰、不具体，缺乏层次性，不能从根本上解决不同阶段或不同学科教师的具体问题，培训后教师收获不大。课程教学内容随意，缺乏精准性。

其次，采取的培训方法与内容缺乏匹配性，导致培训效果不佳。教师无法将所学与教学实际相联系。出现学无所用的情况。培训方式单一，因教学任务在身等各方面原因无法参加集中培训的教师，缺乏培训学习的机会。教师因工作任务重、工作时间长，也很难保证线上培训的实效性。

再次，教师培训周期较短，既无法给教师完善且持续的引导和能力培养，又无法对教师培训的效果进行持续性评估。在一个相对较短的培训周

期内要求完成的既定培训内容，对于教育教学知识的积累和技能的提升具有一定的时效性，但是教育教学方法的应用、先进教育经验的浸润都不是一时半刻能够达成的，需要较长时间持续培训学习才有可能完成。同时，现代教育所要求的教育科研能力，需要长时间的培养，常规的培训体系难以满足教师对于教育科研能力的需求，未建立系统的科研培训体系。

最后，教师发展支持缺乏协同性，教师教育与基础教育师资队伍未能进行联动，培养资源未能进行整合。教研机构未与多方组织，如高校、行政部门以及中小学建立具体的教师教育体系，整合多方资源，实现教师教育专业化。

二、基于 UGIS 优化教师培训的聚焦点

（一）针对性

2021年5月发布的《教育部财政部关于实施中小学幼儿园教师国家级培训计划（2021—2025）的通知》明确提出了"实行分层分类精准培训"的目标任务。2022年4月教育部等八部门印发的《新时代基础教育强师计划》中强化了"深化精准培训改革"的重大举措。教师培训应该围绕"精准"二字，坚持教师培训中的针对性。针对性需要体现在定位、对象、内容和评估反馈四方面。为此，需要有针对性地结合培训对象的共性需求，确定有价值的培训主题和可实现的培训目标。从教师的实际问题出发，从教师的专业能力发展考虑，设计教师感兴趣、听得懂、能应用、见实效的培训内容。其中，培训内容应当立足教材分析、学情分析、教学设计、课堂教学四方面，培养教师的实践能力。

同时，教研机构采取多元的培训模式，如参与式、情境化、可执行的混合培训方式。最终采取有效且可行的全流程、多元化、主体性监测与考评对策，引领和激励教师生成个性化应用性研修成果的培训项目与培训活动。培训后的教师应当自觉并持续改进自己的教育教学，做出更好的成绩。针对性的培训能够使得培训更加高效，使得教师更有可能更新自己的教育教学观念，积累并运用实践经验和教师理论，能够将培训所学学以致

用，完善自己的教育教学实践过程，进一步持续提升自己的专业发展能力。更有针对性的培训为创造个性化和实践化的培训模式创造了机会。

(二) 长期性

培训应该满足教师教育教学知识和能力的长期性实际需求。无论是线上培训、线下培训还是两者相结合的培训模式，都要对培训内容、培训形式和培训结果有一个长远的规划。培训内容分学科、分阶段、分教师资质而制定，不同时间安排不同的培训形式，例如，期末安排集中培训，平时安排线上学习等。

(三) 理论与实践相结合

教育理论来自教育实践，能够有效地指导实践、作用于实践，为实践把好发展方向；教育实践能够检验理论、修正理论。教育理论与教育实践有着相辅相成的关系，缺一不可，不能割裂两者的辩证关系。如果教师培训将重点只放在培训内容的实效性，只注重功利性的学习，会导致重实践轻理论的现象，进而导致培训内容的理论需求与实践需求严重失衡。新的教师培训模式应该突出理论对实践的指导作用。

三、基于 UGIS 推动教师教育专业化的体现

深化对教师实际需求的分析，凸显培训的针对性和有效性。培训需求分析是教师培训工作的逻辑起点，直接关涉到培训的效果和效益，在极大程度上影响教师的专业化发展。了解教师的培训需求与实际困难后，需要共享优质教育资源，构建私人定制式的培训体系。得益于 UGIS 四方联动，教研机构不再成为教育行政部门的附庸，而成为独立且专业的教师发展依托机构，各级教研机构回归到促进发展、人本服务、教师研究等研究、指导、服务等本职性职能。

教研机构能够在教育行政部门的领导下，制订更有针对性、长期性和全面性的教师培训计划，使得教师教育培训模式更专业化。教师教育能从培养目标、培养方案、师资队伍、实践资源和持续更新上明确更专业化的

指标。建立高校—教育行政部门—教研机构—中小学校协作机制，实现高校与中小学校的稳定长期联系，并吸纳优秀一线教师进入教师教育者队伍，强化教育行政部门支持下的实践基地建设。教研机构作为承上启下的机构，在教师教育共同体模式下，与其他组织共同探讨和对话。

只有贴近教师专业发展的需求，根据教师专业发展的诉求进行顶层设计和有效践行，才能使教师培训发挥作用。在行政部门的支持下，教研机构确定培养目标，深入了解教师所需要的知识、能力、伦理等专业素养要求，跟随教育的时代变革，与之保持同步。注重挖掘教师教育教学背后的理念更新与思想提升解决教师队伍建设中的普遍性问题，整合并共享区域内教师教育资源，推动区域教育优质均衡发展。教师专业发展是指教师作为专业人员，在专业知识、专业能力、专业伦理、专业精神和专业智慧等方面不断发展和完善的过程，即从新手型教师到教育家型教师的过程。教研机构基于国家政策要求，提炼总结教师专业成长规律，共同研制各阶段教师的培养目标，内容具体、重点突出、环环相扣、层层递进。在多方商讨下，制订专业度高的教育计划，包括专业知识、专业能力、专业伦理、专业精神和专业智慧等方面。其中，课程建设是重要体现。对教师进行更加专业的知识与技能培训，并且为教师实践奠定基础。强化各方面的培训。联系实际，与中小学校及幼儿园教师的实际教学问题紧密联系。坚持培养对象的主体性和培养目标的发展性。

统筹优化培养方案，关注教师基本教学能力课程和实践应用能力课程，兼顾课程的基础性和应用性。重新思考教师教育课程，包含学科专业性课程、教学能力课程和教育实践课程。教研机构针对不同阶段的教师制订不同的培养方案，确定清晰的培养目标，科学安排不同类型课程，并且持续跟进，完善评估与改进机制。教研机构着力从培训课程上发力，基于我国教育领域的理论研究结果、实证研究的结论以及不同层级教师实际产生的教学问题来重构培训课程内容，构建有中国特色的教师教育课程培训体系，将教师核心素养发展和教师专业发展作为首要目标。此外，将教师从纵向结构上分为"初任教师—骨干教师—卓越教师—教育型教师"四个不同水平等级，根据各级各类教师的知识结构、能力水平、发展侧重的不同，重点探索了针对不同类型教师设计的不同类型培训课程的内在关联性，保障课程的连续性和层次性，形成最优化的课程序列，保障分层教师学习的循序渐进性。

建立专业化的多类型教师整合的教师教育者队伍，包括来自中小学校及幼儿园的专业学科教师、高校的理论导师和实践导师。实现教师教育实践资源的专业化，在与中小学校及幼儿园设置实践基地、实践指导等，关注实践体验，持续进行教育实践活动，安排专业的实践指导，加强实践资源建设。教研机构能够联系高校教师指导中小学教师的工作，走近实践，提高其实践指导能力，同时支持他们从事教师教育研究，探索教师教育的新内容、新方法、新途径。同时，中小学校及幼儿园教师需要紧跟前沿，与高校的前沿教学理论相结合，教研机构在考虑一线教师的培训体系上，要注重一线教师实操与理论的脱节问题，将重心放在高校教师对一线教师的工作指导上。以往的培训由于绩效考核的需要，都是在一个相对短周期内完成培训—考核的系列工作，实践性培训内容周期短、见效快，而理论性培训内容周期长、见效慢，因此一线教师自然更为青睐实践性培训内容。新的教师培训模式以教研项目引领，关注培训对教师的教育专业化影响，突出理论对实践的指导作用。但若要全方面推动教师的专业化发展，教师必须接受理论培训。拓展前沿化的培训视野，科学合理地运用人工智能、大数据等新技术手段。同时，与国家整体发展的方针策略相结合，紧跟时代，精心设计与时俱进的培训内容。教师教育本就是基于国家宏观战略发展需要，为国家高质量教育目标发展服务，以培养高素质创新型教师队伍为目标的教师培育活动。

反馈是检验学习的最好途径。提高培训后的反馈评价力度和针对性，能够助力教师专业持续成长。每一次培训结束后，教研机构相关责任人进一步做好培训后的服务工作，加大跟踪调查和反馈评价力度，了解参加培训的教师在培训后把所学的理念、方法和知识技能运用到实际教育教学中的效果，不断优化培训方案，在迭代发展中创新培训内容和路径，进一步提高培训的含金量，使培训真正促进一线教师和专业发展。在行政机构的杠杆式管理下，建立专业化的标准体系和评估机制。

第二节　构筑新型教师教育模式，提高服务水平与专业保障

站在教研机构的角度，新型教师教育模式是指 UGIS 四方进行联动，教研机构能够联系高校、教育行政部门和中小学校及幼儿园，多方进行互动交流。教研机构作为一个主体，不再是边缘化或被过多的行政杂务所影响的，专业性得到了较大的提升。教研机构应立足管理的视角，发挥制度优势，强调沟通，建设服务型教研机构。以前提到的教研机构更多是管理和领导中小学校及幼儿园教师队伍，而现在更多是交流合作促成长。UGIS 教师教育共同体中，各方合作，地位平等，可以相互协同解决相关问题，共同确定愿景并为学生的发展这一共同的目标同向而行。教研机构在"上下"沟通畅通的情况下，提升机构的专业性。以前的教研机构更多站在自己的位置上制定教师培训的方向，可能是按照理论或者以往的经验来确定教师教育的内容。现在，在这种模式下，教研机构可以根据掌握的大方针政策和小教学问题，为职后教师寻找专业能力保障。

在培训资源上，坚持以习近平新时代中国特色社会主义思想为指导，把国家安全和教师领域意识形态、心理健康等作为培训重要内容，在教师培训中树立德育为先，争当"三者""四有"好老师的良好风尚。根据当前基础教育现状以及培训教师的需求，确定有价值的培训主题，结合恰当的培训模式，提高教师培训的服务水平，使教师培有所获。

由于教师的任教年龄、任教学段、职称和学历等不同，教师培训需求也会存在差异。因此，培训方案的制订充分考虑到培训教师的群体差异性。注重分学科、分学段、分教龄且有针对性的开展培训，才能使教师的专业能力发展得到保障。新型教师培训最主要是提出切合教师实际的富有

挑战性的培训主题,围绕教师专业发展中的真实问题,在学科、课程或评价专家引领下,参加培训的教师通过设计解决方案、自主决策或合作探究,最终以多元化的形式展示培训成果。

为实现针对性精准培训,仅保持原有的线下培训形式不足以满足需求,创新培训模式、拓展培训资源十分必要。教研机构应探索积极有效的线上线下混合式培训方式,既保持原有线下培训的优势,又充分利用线上资源。例如,教师在参加培训时存在无法平衡培训时间和正常工作时间的情况,教师培训需求大、教学任务重,便需要采用"短期线下培训"与"远程培训"相结合的培训模式,打造智慧培训平台,建立线上教师培训课程数据库。尝试创新培训模式,积极开展"课题引领+团队研究+培训指导"的培训模式,进一步切实解决教师参加培训所面临的困难。探索"远程网络培训与校本研修"相结合,以及"校本研修示范校建设""网络研修社区建设"等新型培训模式,及时总结经验、发现问题,助力教师的专业发展,提高教师的服务水平。采用帮扶培训模式、"多级联动"培训模式等多样化的培训模式,发现教师培训的新可能。在探索中成长,构建新型教师教育模式。通过"线上自学+名师带领""线上自学+校本研修"等多种方式,既弥补了集中培训的人员限制问题,又解决了线上培训的监管力度问题,从而能够有针对性地满足教师对自身专业知识和能力的实际需求。

基于教师专业发展的新型教师培训模式将研讨、培训、展示和评价结合在一起,通过结合教师自身教学创设问题情境,提出研讨和培训主题,参培教师共同参与培训,展示成果交流评价和实践运用,达到教师积极参与、赋能教师专业发展的目的。这极大提升了教师的参与度,教师不再仅是培训的被动参与者。这一新型教师培训模式也为参加培训的教师提供了主动学习交流展示的平台,让他们开阔了眼界、增长了知识、提升了素养。在这个过程中,参加培训的教师会提升学习自信心和学习动力,体验到自身参与的存在感和成就感,发现自我的位置和价值,感受到培训带来的职业幸福和专业发展的新动力。在互相探讨、交流和学习的过程中,教师的综合素养更容易凸显，潜在的优秀教师更容易脱颖而出，教师也更容易看到别人的闪光点，进而树立职业生涯的榜样。优秀教师的带头示范，其实也会起到激励同伴的作用，促进教师专业水平群体性提升。

第三节　发挥教研员作用，促进教研员专业化发展

教研员主要是来自区域内的优秀中小学教师，有丰富且非常宝贵的教育教学经验积淀，他们具有培养、培训在职教师专业发展的天然优势。作为有丰富的实践性智慧的领军人才，他们能在教学研究机构中从事课程、教材、教学、考试、评价等方面的研究。教学研究、教学指导和教学管理是教研员的工作定位。他们围绕"研究""管理""指导""服务"这四个关键词开展工作。每个教研员都负责区域内某个学科的教学研究与工作，他们的工作关系着这门学科的教学质量。

教研员作为学科的"领军教师"，可以发挥重要作用，倡导和引领教师参与培训项目。教研员能够进一步提升组织能力，积极组建教师工作室，以教师工作室为基本单位，以"培训团队—教师工作室负责人—教师工作室成员"的培训模式和层层引领的培训方式持续关注培训项目后效。通过设计一系列恰当的教学研究项目，以项目引领的方式培育对象，对其进行三年递进式、跟踪式的培训，促进他们成为教书的能手和育人的模范。在这一过程中，教学研究项目的推进，势必潜移默化地让培训教师感受到理论学习对教学实践的引领作用。教师在新鲜感中寻找成就感。教育理念引领，引导教师深度学习，突出理论对实践的指导作用，可以有效引导教师不断进行反思，进而进入深度学习。以教师为主体的研究活动可以深入了解并及时解决教学实践中的困难和问题，总结推广教学经验，探索教学规律，有助于形成民主、开放、科学的教研机制。

教研员能够提升教师培养的专业性。教研员不同于普通教师，除了基本的教学能力，教研员还是一个领导者，承担着培养教师的任务。以往教

研员所采用的是自上而下的教研机制，但这种教学研究机制系统是在计划经济体制模式下建立起来的，缺少自下而上的教研机制的补充、促进和制约。在UGIS模式下，教研员可以更贴近教师，了解不同资质教师的需求，深入调研区域内教育教学的普遍性问题，保障教师专业发展诉求的"由下至上"的声音与渠道畅通。教师的教育教学讲究因材施教，教研员对教师的培养同样也应该遵循这个原则。解决区域内不同层次教师专业发展的关键性问题，助力区域内教师渡过专业发展的生命历程关键期，同样是教研员关注的重点问题。教研员在深入了解中小学及幼儿园教师的过程中，能够更加理解教师的不同层级和类型，合理安排培训内容，对他们进行有针对性的、系统的培养。教师应该不断加强对教育理论的研究，使自己的教育教学行为有理论的指导和支撑。为此，教研员应高度关注教师理论素养的提高，引领教师完成教育教学观念的转变，帮助教师把理论应用到实践中去，指导和规范教师的教学行为。当代教育要求教师成为研究型、专家型教师，所以，无论是哪一层次的教师，教育科研能力的培养都是必要的。教研员可以直接指导和带动教师进行教育科研，以科研促进教研，以科研促进课堂教学的深入发展。通过课题研究，吸引教师参与，提升他们的教育科研意识，提高教师的教育科研能力，促进他们的教学理念和教学行为，以推动教师专业化的发展。

在UGIS模式下，教研员能够充分发挥专业的学科指导能力，深入学校科学地指导校本教研，以学科课程标准为依据，指导教师学会自我评价与主动反思。通过集体备课、个别指导等方式促进教师的专业发展。不断改进听课、议课和辩课等多种方式，将理论、政策、经验和现实结合，科学多元合理地指导、评价和提升教师的教学能力。充分挖掘区域内名师的教育教学理念，形成系统性教育教学思想，充分发挥区域内教育教学理念的引领和辐射作用。通过先进教育理念引领，让教师重视教育理论知识的学习，通过思考进而达到深度学习，最终通过多种形式的探索，在教师培训中发挥辐射带动作用。发扬合作精神，与其他部门配合，对青年教师进行综合培训。教研员要和科研、师训等部门及基层学校密切配合，形成合力，提高教师培训的综合效益。教研员需要对教师进行理论专题培训，根据教师培训的整体规划，选择相应的专题，进行集中培训；也可以深入学校，对一个学校的教师进行理论培训，带动广大教师一起进行教学理论与实践的研究；还可以根据具体情况，对学科教师进行学科理论讲座，或者进行通识理论讲座。通过各种培训形式，让教师深入学习，转变教师的教育教学思想和观念，促进教师的专业化发展。

　　长期以来，往往是上级教育主管部门和个别领导对教研员进行评价，评价主体单一、评价指标单一，欠缺多方、全面且有层次的分析。这种评价常常依靠的是感觉和印象来判断一个教研员的工作能力，完全忽视了与教研员同样接触较多的教师和学校的建设性评价，以及教研员自我评价、分析和改进的主体性原则。现在，教育行政部门和中小学教师双方都可以对教研员专业化发展制定相应的评价体系制度和标准以及较为科学的评价方法，以此促进教研员的专业成长。

第五章

中小学校及幼儿园发展效益

第一节 激发教师教育内驱力，增加发展可能性

UGIS教师教育共同体是进行优化资源配置及管理方式创新，实现互惠共赢的一种全新合作模式。UGIS院地合作是全新的"共建平台、下沉人才、协同创新、全链服务"合作模式。在这一合作模式下，高校可以实现培养高素质的应用型复合人才，提高科研队伍的生产创造效率，提高科研成果输出的能力；对中小学校和幼儿园来说，大量高素质人才的培养和输出，将为地方未来的可持续发展注入新鲜血液。教育的发展对教师的要求不断提升，但教师队伍整体质量参差不齐。作为教育教学第一线的教师，更应该在实践中不断创新、追求卓越。只有激发教师的教育内驱力，才能让他们主动学习、积极实践、大胆探索，提高教育教学水平。

一、当前教师教育存在的问题

教师的成长是一个动态过程，在这个过程中，教师个体是学习的主体，学校作为组织主体，要发挥统筹作用，使教师个体和学校形成合力。从某种意义上说，教育是一种人与人之间的合作行为，其中包括三个基本要素：人、教育内容和教育环境。人是指教师个体和学校组织中所有参与其中的主体，教育内容是指教师在教学活动中所获得的知识和能力，而教

育环境则指外部环境对教师的影响。所以,只有从教师个体出发,才能推动整个教师队伍的发展。

目前来看,当前教师教育主要存在以下问题。第一,缺乏整体规划和统筹管理。学校缺少对教师专业发展的系统规划和统筹管理,对各环节进行了详细梳理和规划,但是没有对整体进行规划和统筹管理。这导致部分学校对学校教学工作安排不合理;对不同学段、不同学科、不同年龄阶段教师成长路径缺乏整体考虑;缺乏对青年教师专业成长支持等问题。第二,缺乏激励机制。学校缺少有效激励机制,导致有的教师没有动力持续成长。有的学校虽然建立了激励机制,但是激励机制并没有落到实处。

总之,当前教师教育较多关注教师外部,较少关注教师的精神成长和个人需求,很难看到教师发展的现有水平、需求点、难点。因此,要协同各方教育资源,形成教育共同体,让理论学习和实践操作均落实在教师的个人需求上,突破教师学习散点现状与理论和实践不一致的问题。

二、增强教师个体发展内驱力

共同体成员在共同体中通过合作与分享的方式,将个人的隐性化知识逐渐转化为显性的、可以在成员之间交换流动的知识,可以看作共同体成果的产生,供共同体内成员享用并接受共同体外同事的评价。共同体内成员享用的过程和其他同事评价的过程,对个体原有的认知结构产生一定的影响,教师个体通过对共同体成果的消费,在认识和理念上发生改变。而理念和认识的改变又引发个体新的思考和行动的变化,在新的思考和行动中产生新的体悟(新的经验、新的感受),而新的隐性化知识产生又是共同体在活动开展中形成新成果的素材。如此循环,从而不断提高教师的教育教学认识、水平和境界。

从短期培训向长期培养转变,教师职业发展空间更大。高校科研团队与地方中小学团队在教师培训方面的合作,不仅是一种资源整合,也是一种长期合作,通过院地共建,高校的科研优势可以为地方中小学的人才培养提供支持和帮助;同时,地方中小学也可以通过高校科研优势实现新知识、新技术的转化和应用，教师培训服务也将随之升级。通过院地共建，教师可以获得长期的、持续的发展空间，能够获得更多的培训机会和成长机会，同时在工作中也能积累更多经验，形成良性循环。

从个人发展向团队发展转变，教师个人职业发展实现升级。通过高校与地方中小学校的院地共建，教师可以从个体发展向团队发展转变，以个人的发展带动团队的发展。学校不仅要为教师提供机会、提供平台，还要为教师的成长提供支持和帮助，从而推动教师个人职业发展从个体化向团队化转变。在这个过程中，团队将发挥更大的作用，为教师提供一个相互学习、相互促进的平台和氛围，这有利于增强教师个人职业发展的可持续性。

三、提升学校教师群体发展动能

首先，由于UGIS教师教育共同体专业发展导向的进取性，教师之间形成交往、互助、共享、合作的相处需求与方式，从而对学校教师整体产生影响，对学校亚文化的教师文化建设产生影响，比如，教师教学风气的改善，教师之间的合作意识与共享习惯的养成。也可以说，教师共同体具有使教师从一种个人主义的封闭文化走向合作文化的作用。

其次，UGIS教师教育共同体的构建及其活动的开展，同时可引发学校领导管理方式的反思与革新，整个校园的人文环境与氛围均会受其影响。UGIS教师教育共同体构建抓住了具有"类特质"的教师，因为"类特质"的存在，一部分教师可以走到一起成为彼此成长路上的伙伴。共同体的构建及活动的开展将进一步深化发展"合作—分享"的教师文化，在对共同体组织及文化的不断完善发展中而改变学校教师全体的相处文化，进而对教师全体素养的改变产生作用，实现共同体对教师全体的作用和影响。

最后，UGIS教师教育共同体作为一个内涵丰富结构合理且又富有生命力的组织，它在基于学生发展和学校教学质量提高这两个总目标之上又保持着教师自我个性与张力，能确保每个成员有自身独立意义，实现自我价值并充分发挥其潜能。"人人皆可成为教育专家"是全体成员追求自身发展所必须遵循的基本准则之一，也是在一个多元共生结构中以人类个体为中心形成自我整合能力的最佳状态，因此，UGIS教师教育共同体更能凸显其文化意义，即能够成为促进人向更高层次发展不可或缺的组织形态。

第二节　促进主体共享创生，提升学校发展水平

建设高质量的教师队伍是教育现代化发展的必然要求，这一要求的达成有赖于教师群体的共同发展。另外，由于教师个体的自我发展受到多种条件制约，必须有其他人员的共同参与，才能实现更好的发展。UGIS教师教育共同体的关键特征在于教师主体能够集中在一起实现资源共享和共生，而资源共享的最终目的是促进参与者的共同进步，因此，从资源共享到主体共同发展才是教师共同体建构的根本目标追求。不同教育工作者集中在同一个组织体系中，在很大程度上能够实现个体之间的资源互补，从而使每个个体都获得更多的专业发展资源，得到更好的发展，这是共同体发展的关键优势。因此，在UGIS教师教育共同体的运行中，重视资源共享，尤其要通过各种方式将共同体成员之间的联系引向深入，将组织成员已有的经验和知识进行有效整合，实现共享，促进新知识、新经验的形成。

一、UGIS教师教育共同体助力发挥资源优势

主体资源共享是教师教育共同体活动中促进多元主体创生的重要机制。教师专业发展需要丰富的理论和实践资源，个体所拥有的资源越多，其专业发展的条件就越有优势。一般情况下，教师个体的专业发展资源有限，其所拥有的实践经验主要通过个体实践来积累，所获得的教育感悟由自身体会而来，所了解的理论局限于自身认知范畴内，所拥有的视角必然

受到自身知识面和思想境界的束缚。而 UGIS 教师教育教师共同体相对于个体的明显优势在于汇聚了众多资源，与个体资源的匮乏形成了鲜明对比，资源优势是共同体的基本优势。因此，教师共同体组织应利用资源集中条件，促使组织内部众多主体的更多资源共享，从而充分发挥共同体的优势。

一方面，UGIS 院地合作打破了高校与地方中小学校的"壁垒"，将高校科研优势与地方中小学校教学优势实现无缝对接，教师教育资源得以拓展。UGIS 教师教育共同体充分利用网络、数据库等平台实现资源共享，将共同体内教师所掌握的有关教育理论和实践知识与共同体其他成员共享。例如，利用网络平台发布各种有关教育的学术文章和专业知识，供共同体其他成员浏览、学习和研究；利用数据库收集来自不同学校、不同学科的教师教育资源，在共同体内部进行分析、整理、研究和共享。

另一方面，UGIS 教师教育共同体成员通过共同参与各类有关教师教育的课题研究，从而获得更多关于教师教育方面的实践经验，并在此基础上进行交流探讨。例如，通过参加各类教育教学实践活动、教学观摩等，学习他人优秀的教学设计和教学方法，反思自身的教育实践过程及行为；通过阅读专业书籍、观看相关视频、参加培训讲座等形式，提升自身对教师教育理论的理解；通过与学校内部教师进行交流讨论等活动，了解不同学校在教师培养方面所取得的成绩和存在的问题，从而不断提升自身对教育理论知识的理解和对实践经验的总结能力。

此外，UGIS 教师教育共同体的一个基本特征是该组织由多个主体主动发起、自愿组合，主体之间的联系往往不够紧密，缺乏坚实的关系基础，这些主体之间很难建立起稳固的合作关系。而通过实现资源共享，主体之间便形成了利益方面的交换或联合，多个主体之间的关系便能够因这种利益互动而加深，也会因这种共享促进主体之间的相互信任，从而使得主体之间能够更好地合作，形成教师教育共同体的合力。

二、UGIS 教师教育共同体促成主体融入合作

首先，教师的专业成长，不仅对教师的教育教学能力有较高的要求，

对教师的科研能力也有较高的要求，需要教师以研究的视角解决一线教学实践中的问题。各级各类中小学校、幼儿园在进行科研培训、课题立项答辩时，邀请负责课题管理的区域教研机构人员和高校教师入校指导，区域教研机构走进小学可以面对面对教师进行指导，帮助一线教师厘清课题研究思路、撰写要求等。高校教师走出高校走进中小学校，可以把握最新教育教学理论的运用和开展情况，清楚中小学教育教学改革的走向，以此指导研究。在这个过程中，各部分相互作用，共同成长。

其次，高校科研团队与地方中小学校团队在教师培训方面的合作，不仅是一种资源整合，也是一种长期合作。通过院地共建，高校的科研优势可以为地方中小学校的人才培养提供支持和帮助；同时，地方中小学校也可以通过高校科研优势实现新知识、新技术转化和应用，这将使得教师培训服务升级。一线教师在思维碰撞中知晓所做研究应以解决教育教学中的实际问题为主，更偏向实践教育教学理论，全面提升本校教师的课题研究能力。高校教师在这个过程中能够清楚一线教师做研究的困惑之处，以及教育教学理论的实践运用情况，并将其反馈于自身所做的研究。区域教研机构能够指导教师的教育科研，帮助教师明确研究思路，提升教师的研究能力，了解区域内教师的研究能力，制订更合理的培训计划。

最后，通过UGIS教师教育共同体，高校教师能够指导中小学教师如何选择研究主题、如何设计研究方案、如何撰写论文、如何进行课题申报。高校教师走进中小学校，能够帮助教师明确研究思路，掌握研究方法，提高教师的科研能力，更好地将研究成果应用于教育教学中。中小学教师能够利用共同体提供的平台，加强与高校教师的联系，了解最新的科研成果、最新的教育教学理念以及新课标的理念。UGIS教师教育共同体通过这种方式，能够有效提升区域内教师的教育教学水平，促进区域内教育教学水平整体提升。

三、UGIS教师教育共同体推动多元主体创生

在教育教学活动中，个体教师面临着各种问题，他们的思维方式受到

个人视角、思维方式等因素的制约，而个人的思维方式和策略注定是有局限性的。在 UGIS 教师教育共同体中，通过对某一具体问题的集体讨论，产生智慧的碰撞，某一具体问题有了更多更好的解决办法，或朝着更好的方向发展。推动创新是教师群体的一个重要特点，而各类创新成果的生成都是基于主体资源的共享，通过各方提问和分享个体体验，参与者才能产生更多创造性成果。

在 UGIS 教师教育共同体的主题讨论活动中，参与者可以通过对问题的共同讨论来获得新的思想和观点，推动不同主体间的相互沟通，从而实现主题资源的共享。通过探讨"我们该如何""我觉得如何"等话题，教师就自己在学习过程中碰到的问题与困惑进行交流，并给出了相应的对策。同时，学员也会就所学到的方法、策略进行交流、总结，并提出自己的见解。例如，在"我们该怎么办"的话题下，参与者讨论并交换了自己学习兴趣不高、学习积极性不高、学习成绩差的问题，并在问题的求解上取得了许多成功的经验。活动过后，同学们发现，经过讨论与交流，大家都从各个层面、各个角度提出了不少的意见与建议，并从中获益良多。此外，研究者也就"我们应该如何去做"这个议题做了深入的探讨。此外，参加者亦探讨了"怎样才能提高学生的学习效率"等议题。通过交流、讨论、反思、分享、总结等方式，提高了教师的个体专业发展能力。

第三节　促进教师专业发展，丰富教师成长路径

我国教育发展的水平主要依赖于教师的专业水平及其专业发展状况。《关于全面深化新时代教师队伍建设改革的意见》设计了未来的教育和教师发展，指出应重点培养青年教师，提升其专业素质能力。党和国家高度重视教师发展，习近平总书记提出的"四有"好老师、"四个引路人"、"四个相统一"等一系列要求，为教师队伍建设指明了方向。探索职前如何培养教师、如何帮助教师职后快速成长，是关乎学校发展和提升教育教

学质量的生命线。UGIS教师教育共同体的提出能够很好地回答上述两个问题，能有效促进教师的专业发展，丰富教师的成长路径。

一、促进教师优化知识结构

对教师自身而言，教学工作要求教师掌握多层次、多内涵的知识。随着教育实践的发展，特别是随着教育改革的发展，一个适合于时代发展的知识结构，对于教师的教学效果也是非常重要的。而教师教育共同体则为其提供了一个成长的平台。其特点是夯实和深化了学科知识体系，整合了学科之间的知识，构建了较为完整的综合知识系统。这意味着教师的知识结构不仅是垂直的，而且还在横向上进行扩展，逐渐朝着"T"形的结构进行优化，力求形成一个多层次、多内涵的知识体系。

首先，成员教师在合作中精准把握自己的任教学科，在合作中全局性地处理教材及教学内容。学科知识体系毕竟非常庞大繁杂，而教师掌握更多的是与教材内容相关的学科知识，这就导致教师的学科知识结构也不一定是绝对完善的，也就会出现教师对学科知识的"空白区"。为更好地实现教师间交流，教师会自主弥补知识的留白区域，不断精进扎实学科知识，明确所学知识在整个知识体系中的作用。

其次，这种教师教育共同体合作会助益教师对知识进行灵活互通。有助于解决传统学科教学中知识单一的问题，把教师所掌握的知识整合起来，最大化地表现出知识的全面性，使教师能够接触到多种学科文化，使教师的专业优势得到充分的发挥，从而使教师能够及时地寻找并吸纳其他学科的理念与知识，扩大自身的知识体系，达到横向发展。这种横向的知识扩展，可以是与该学科有关的其他学科信息，使人文和自然科学知识在原有的基础上变得更加宽广，从而建立起一个完整的知识体系，使教师能够更好地把自己的教育理论知识与技能融入教育实践中。

教师专业知识类别多样，无论是本体性、条件性知识，还是实践性知识，教师知识都应随着社会发展、教育变化而变化。而基于共同体的成员合作，极大地促进了教师拓展知识的视野，有利于教师形成一个多学科优化整合的知识结构。

二、增进教师间学科融合

教师教育共同体合作作为一种新的教师互动模式，是对单一学科教学的创新拓展，极大促进了学科融合，提升了教师发挥专业能力共同解决问题的能力。共同体中成员合作，使教师直面自己有限的知识技能，通过相互借鉴学习，形成优势互补，将不同学科在内容、方式、思维等方面进行融合。在这一过程中，教师间的合作互补融合，除了帮助其扩宽了知识视野、优化了知识结构，还逐步提高了教师的教学水平。

首先，教育教育共同体中的高校专家精选课程知识、增补知识、更新知识、改造知识，这一过程的合作有利于不断丰富、创新、重组、明确教学内容。在教师们尽力做到精选之后，其他教师合作对选取内容进行适当调整，补充社会发展及学科前沿知识或删除陈旧的学科知识。教师不再局限于本学科常规的教学内容，而是有意穿插其他学科内容，作为一种支撑融合的内容方式，极大实现了教学内容的更新和丰富。在多次这样的合作训练中，也锻炼了教师对教学内容的把握和调控能力，进而促进教师教学水平的提高。

其次，合作模式丰富了教师在课堂教学中原有的作用和授课方式，有助于教师转换看待问题的视角，设身处地地看待教学上的问题，使教师了解到自己的优点和不足。教师分享教学过程，并通过听评课环节，其他教师提出有价值的建议，有助于教师弥补不足、及时矫正教学误区，进而改进一贯的教学方式。教师的教学手段也发生了变化，不再是熟记搬运知识，而是强调在融合过程中提出解决问题的方案，设计出新的成果，贴近生活。

三、助力教师更新教育理念

教师教育共同体对教师的深层次影响体现在对其教育理念的影响，也就是对其教育观念和理想信念的影响。处于不同专业背景的教师对教育会有不同的理解，通过合作，增进对教育的理解，提升教育意识，更新教育理念。在这种理念下，教师不断思考创新，用联系的、发展的观点分析解决问题。伴随着教师的合作和碰撞，教师启发创造思维，发展创新能力，完善专业自我。

与此同时，教师的创造性思维能力不断地提高。教师合作增进了科研活力和资源共享，教师间互助促进学科内容整合，加强学科间的联系，有利于激发教师的探索欲和观察力。教师间的合作学习使更多观点碰撞交流，有利于教师创新思路的涌现，尤其学科间教师的差异，更有利于新思考的产生。主题选择需要创新，知识建构需要创新，活动设计需要创新，因而教师在该共同体的合作中，基于不同视角辨析遇到的复杂问题，从而提出新颖的解决思路和措施，发散了教师的创新思维，促进其突破尝试，提升专业自我。

在现代学校建设中，教师的角色正从被管理的客体转向参与发展的主体。将教师视作学校发展的第一资源，学校才能走得更远。在UGIS院地共建探索中，遵循发掘、拓展、整合原则，有效地开发利用各种教育资源，就能打造一支高素质教师队伍，为中小学及幼儿园发展创造良好的条件。

第五篇 05

UGIS教师教育共同体的青羊样本

第五篇 UGIS教师教育共同体的青羊样本

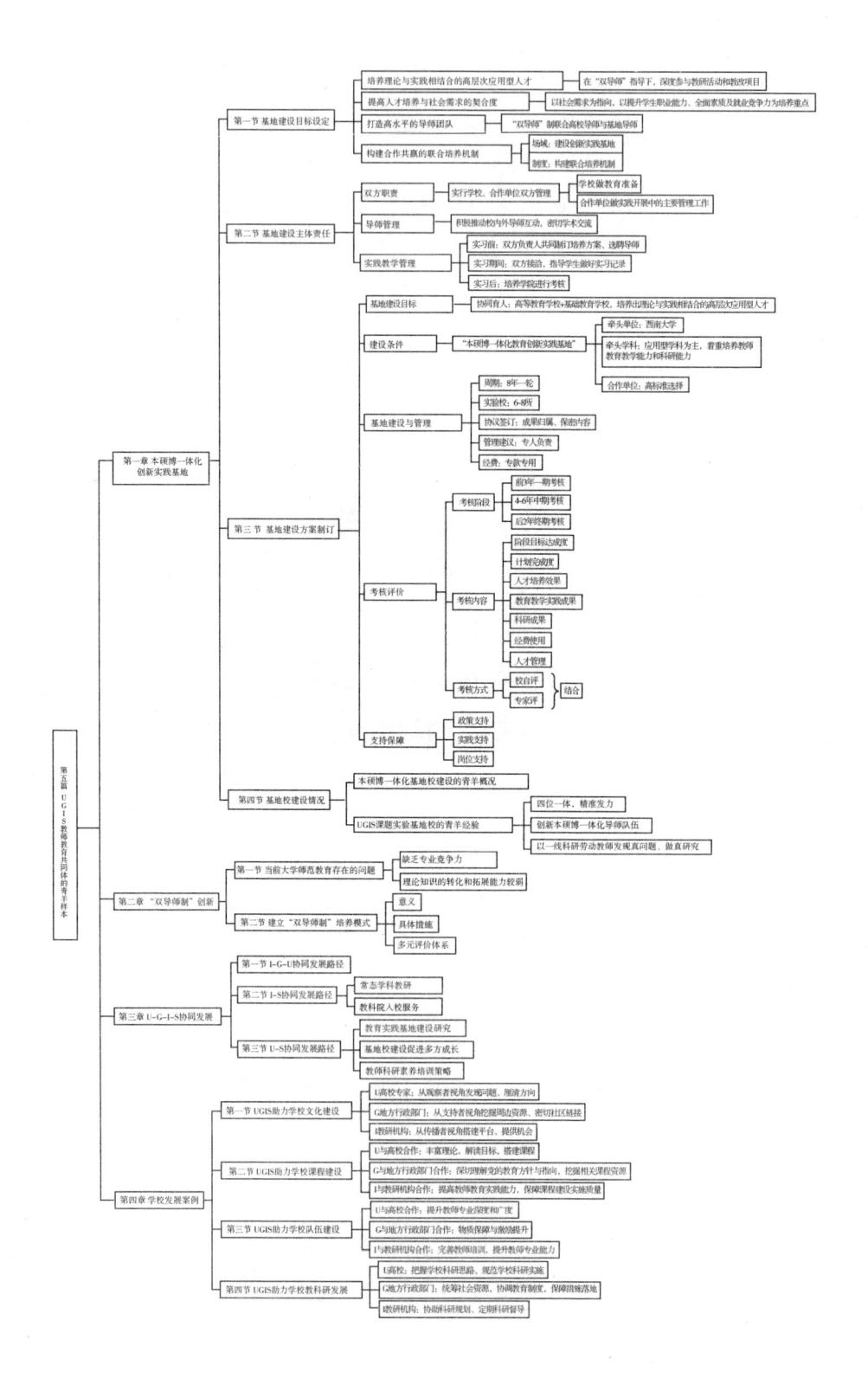

第一章 本硕博一体化创新实践基地

第一节 基地建设目标设定
- 培养理论与实践相结合的高层次应用型人才
  - 在"双导师"指导下，深度参与教师活动和教改项目
- 提高人才培养与社会需求的契合度
  - 以社会需求为指向，以提升学生职业能力、全面素质及就业竞争力为培养重点
- 打造高水平的导师团队
  - "双导师"制联合高校导师与基地导师
- 构建合作共赢的联合培养机制
  - 场域：建设创新实践基地
  - 制度：构建联合培养机制

第二节 基地建设主体责任
- 双方职责
  - 实行学校、合作单位双方管理
    - 学校做教育准备
    - 合作单位做实践开展中的主要管理工作
- 导师管理
  - 积极推动校内外导师互动，密切学术交流
- 实践教学管理
  - 实习前：双方负责人共同商讨培养方案、选聘导师
  - 实习期间：双方接洽，指导学生做好实习记录
  - 实习后：培养学院进行考核

第三节 基地建设方案制订
- 基地建设目标
  - 协同育人：高等教育学校+基础教育学校，培养出理论与实践相结合的高层次应用型人才
- 建设条件
  - "本硕博一体化教育创新实践基地"
    - 牵头单位：西南大学
    - 牵头学科：应用型学科为主，着重培养教师教育教学能力和科研能力
    - 合作单位：高标准选择
- 基地建设与管理
  - 周期：8年一轮
  - 实验校：6-8所
  - 协议签订：成果归属、保密内容
  - 管理建议：专人负责
  - 经费：专款专用
- 考核评价
  - 考核阶段
    - 前/年—期考核
    - 4-6年中期考核
    - 后2年终期考核
  - 考核内容
    - 阶段目标达成度
    - 计划完成度
    - 人才培养效果
    - 教育教学实践成果
    - 科研成果
    - 经费使用
    - 人才管理
  - 考核方式
    - 校自评
    - 专家评
    - 结合
- 支持保障
  - 政策支持
  - 实践支持
  - 岗位支持

第四节 基地校建设情况
- 本硕博一体化基地建设的青羊概况
- UGIS课题实验基地校的青羊经验
  - 四位一体，精准发力
  - 创新本硕博一体化导师队伍
  - 以一线科研劳动教师发现真问题，做真研究

第二章 "双导师制"创新

第一节 当前大学师范教育存在的问题
- 缺乏专业竞争力
- 理论知识的转化和拓展能力较弱

第二节 建立"双导师制"培养模式
- 意义
- 具体措施
- 多元评价体系

第三章 U-G-I-S协同发展

第一节 I-G-U协同发展路径

第二节 I-S协同发展路径
- 常志学科教研
- 教科院入校服务

第三节 U-S协同发展路径
- 教育实践基地建设研究
- 基地校建设促进多方成长
- 教师科研素养培训策略

第四章 学校发展案例

第一节 UGIS助力学校文化建设
- U高校专家：从观察者视角发现问题、厘清方向
- G地方行政部门：从支持者视角挖掘周边资源、密切社区链接
- I教研机构：从传播者视角搭建平台、提供机会

第二节 UGIS助力学校课程建设
- U与高校合作：丰富理论、解读目标、搭建课程
- G与地方行政部门合作：深刻理解党的教育方针与指向，挖掘相关课程资源
- I与教研机构合作：提高教师教育实践能力，保障课程建设实施质量

第三节 UGIS助力学校队伍建设
- U与高校合作：提升教师专业深度和广度
- G与地方行政部门合作：物质保障与激励提升
- I与教研机构合作：完善教师培训，提升教师专业能力

第四节 UGIS助力学校教科研发展
- U高校：把握学校科研思路、规范学校科研实施
- G地方行政部门：统筹社会资源，协调教育制度，保障措施落地
- I教研机构：协助科研规划、定期科研督导

第一章

本硕博一体化创新实践基地

第一节 基地建设目标设定

一、培养理论与实践相结合的高层次应用型人才

充分利用创新实践基地的资源优势，通过全过程参与一线学校教育教学实践，在"双导师"指导下，熟悉各学科教育教学流程，掌握实践教育教学技能与方法，促进理论向实践转化；通过深度参与教科院所组织的教研活动和教改项目，增强研究生的问题意识，提升研究生的反思能力，促使研究生成为具有较强教育科研能力的高层次应用型人才。

二、提高人才培养与社会需求契合度

创新实践基地以提升职业能力为导向，以学生的全面素质、综合能力以及就业竞争力为培养重点，利用高校不同于科研机构与企事业单位的教育环境和教育资源，采取理论教学与实践训练相结合的方法，培养具有全面素质和创新能力且满足不同用人需求的教育人才，能够更好地满足社会发展对于人才类型的多样化要求。学生在实践基地将理论知识运用于社会实践工作，不仅能积累实践经验，而且能获得接触和了解社会的机会，进而端正求职心态并及时调整职业规划。同时，院地合作可以加强高校和科

研机构对企事业单位的深入了解，从而根据企业的人才需求和市场导向不断调整培养方案，培养社会需求的针对性人才，提高人才培养与社会需求的契合度。

三、打造高水平导师团队

通过"双导师制"，加强创新实践基地导师和高校导师的合作与交流，促进资源共享。完善导师考核评价制度，建立健全导师评聘和退出机制，不断提升导师队伍的整体水平。强化合作意识，逐步形成结构优化、学科交叉、优势互补的高水平导师团队。

四、构建合作共赢联合培养机制

通过建设创新实践基地，强化创新意识和实践能力的培养，提升培养质量。通过构建合作共赢的联合培养机制，促进学生参与教育教学实践和深度教研，进一步优化资源配置，拓展、发掘相关学科的教研资源，建立优质资源共享体系，切实提高学生的教育教学能力和解决实际问题的能力。

第二节　基地建设主体责任

一、双方职责

创新实践基地实行学校、合作单位双向管理。学校主要负责基地教育准备工作，进入基地后以合作单位管理为主，分工明确、职责清晰，有效地保证了研究生培养创新实践基地工作的开展。

二、导师管理

学校将兼职导师视同校内导师，积极推动校内外导师互动。定期邀请兼职导师到校内进行专题讲座，参加专业学位研究生教育研讨会、论文开题、论文答辩等活动。学校倡导双方导师开展课题合作，密切学术交流。

三、实践教学管理

实习前，学科、领域负责人与创新实践基地负责人共同制订培养方案、选聘导师。实习期间，由带队教师负责与负责人、导师接洽，要求学生做好实习记录。学校与合作单位管理部门需要不定期对基地进行走访。实习结束后，培养学院负责组织实施实践教学考核工作。

第三节 基地建设方案制订

为响应国家政策号召，落实《新时代基础教育强师计划》，建设国家师范教育基地，构建以师范院校为主体，高水平综合大学参与，以教师发展机构为纽带，以优质中小学校为实践基地的开放、协同、联动的现代教师教育体系，为成渝两地培养高层次应用型人才，提高区域高层次人才教育水平和培养质量，增强本硕博人才实践操作和科研创新能力，以创新教师教育为核心，助力青羊航空新城建设和社会产业发展，特制订基地建设方案。

一、基地建设目标

本硕博一体化教育创新实践基地（以下简称"基地"）以创新教师教育为核心，通过高等教育学校和基础教育学校"协同育人"，培养理论与实践相结合的高层次应用型人才，形成结构优化、学科交叉、优势互补的高水平导师团队。通过西南大学教师教育学院与成都市青羊区教科院联合共建基地，实现西南大学、成都市青羊区教育科学研究院、中小学基地校资源共享与优势互补，构建合作共赢的联合培养机制，开启合作共建、共生发展的新局面。

二、基地建设条件

"基地"由西南大学教师教育学院(简称"学院")联合成都市青羊区教育科学研究院(简称"教科院")共同申报。申报获得批准后,在学院和教科院分别挂牌"本硕博一体化教育创新实践基地"。申报基地具备以下基本条件:

基地建设的牵头单位是西南大学,设有本科、硕士、博士学位点;牵头学科以应用型学科为主,侧重于教师教育教学能力和科研能力培养。学院和教科院是基地建设合作单位与挂牌单位。

合作单位应具有指导本硕博人才能力的高层次人才队伍,有需要和适合本硕博人才参与的科研项目;近5年中曾获得国家级科研奖励或多项省部级科研奖励,在国内外学术刊物等发表过一定数量的学术论文,出版过一定数量的学术专著;承担一定数量的省部级及以上重点科研项目,有充足的科研经费,具备系统规范的科研和人才管理制度;拥有能较好地满足本硕博一体化培养工作所必需的教学与科研仪器设备;能保障必要的本硕博人才学习期间的生活设施条件;能根据个人工作情况提供适当的奖助学金。

三、基地建设与管理

基地建设期一轮为8年,遴选基地实验学校6~8所。基地建设由学院与教科院共同商定,制定相关的管理制度。合作双方就合作中各项事宜签订合作共建协议。本硕博人才培养过程中所产生的成果的归属,在共建协议中做出明确规定。涉及保密内容的需签订保密协议。

基地根据双方对本硕博人才培养的需求,制订完善的联合培养计划和管理制度,由专人负责管理与计划执行。可以根据本硕博人才培养实际需求,从西南大学和教科院及合作基地实验学校遴选导师互聘,颁发导师证书,承担本硕博人才教育教学与科研能力培养工作。

基地建设经费主要用于基地和基地实验学校日常运行管理(本硕博人

才在教育教学研究与实践、科研中产生的费用，评审费、专家聘用费、学术交流费等），专款专用，不得挪为他用。

四、考核评价

考核包括对基地和基地实验校两部分进行考核，分三个阶段进行。

第一阶段为前3年，开展一期考核；第二阶段为第4~6年，开展中期考核；第三阶段为最后2年，开展终期考核。考核内容从阶段目标达成度、计划完成度、人才培养效果、教育教学与实践成果、科研成果、经费使用、人才管理等方面进行阶段汇报，自评与专家评相结合。

五、支持保障

基地联合共建单位上级主管部门给予政策支持与保障，通过政府部门顶层设计，高等师范院校与科研单位、基础教育学校教育教学深度融合，搭建协同育人平台四方共同发力，提升高等教育和基础教育办学水平，协同培养"高质量、应用型、满足学校需求的复合型人才"。

西南大学对本硕博人才培养所依托的专业给予优先支持，给予本硕博连读专业课程设置与调整、专业师资培养、制度建设支持。学院对基地实验校项目人员限额提供学历提升、专业发展机会，协助提升基地实验校教师队伍专业素养。

教科院对本硕博人才培养提供教育教学实践与科研实践指导，提供可参与的科研项目，加强教育教学与学术研究和交流。

基地实验学校为本硕博人才培养提供教育教学实践场所与对口岗位，提供可供参与深度学习与研究的项目，促进教育教学实践经验积累与成果提炼，可根据双方意向开展定向培养。

第四节　基地校建设情况

一、本硕博一体化基地校建设的青羊概况

2022年6月23日，西南大学与成都市青羊区教育局开启教师教育协同培养新篇章，学院与教科院共建的"本硕博一体化教育创新实践基地"正式挂牌成立，成都市金沙小学、草堂小学、泡桐树小学等8所学校成为基地实验学校（以下简称"基地校"）。基地校的选择依据青羊片区的划分，涵盖了幼儿园至中学的所有学段，与西南大学联合形成了"协同育人"的新模式，打通了提升高等教育和基础教育办学水平、人才培养质量的新路径。

该基地的建设，为进一步优化成渝教育资源配置搭建了桥梁，为落实《新时代基础教育强师计划》提供了行之有效的路径。在此平台上，开展中小学校与高校的合作，派遣教师相互交流学习400余人，联合举办各类学习培训10余次。

二、UGIS课题实验基地校的青羊经验

（一）"四位一体"精准发力

"本硕博一体化"需构建高校、政府、教研机构、中小学校"四位一体"的现代教师教育体系，全面统筹推进本硕博协同育人，重点是在加强顶层设计、教育教学深度融合、搭建育人平台三方面精准发力。

青羊区在推进"本硕博一体化"进程中协调高校、政府、教研机构与中小学校协同配合，构筑了"四位一体"的协同模式。首先，成立专门的"本硕博一体化"建设工作机构，使"本硕博一体化"建设专业化、有序化，做到专事专办、专人专责，避免部门间推诿扯皮、职责不清。其次，建立合理、有效的评估指标体系。高校根据自身实际情况，构建一套合理的、有效的评估指标体系。一是要体现差异化、多样化，可根据学科门类制定，也可根据学位类别制定学术型学位点和专业学位点评估指标体系；二是要设定合理分配权重比例的指标体系，做到定量与定性指标相结合、国际与国内指标相结合、刚性和柔性指标相结合，以完善的组织方式和评价体系保障各职能部门之间的高效协作。

精准发力则需要精准把握三方面：一是顶层设计，对"本硕博一体化"建设的价值意蕴充分理解、内涵界定客观清楚、理论基奠扎实牢靠、实施路径重点突出、质量反馈机制健全；二是教育教学深度融合，体现为高校立足当地特色和产业发展特点，服务当地，紧密结合地方文化，大力建设优势学科、重点培育交叉学科、着力打造特色学科，把理论与实践紧密结合；三是搭建育人平台，加强实践基地建设、强化导师制资源链接、整合社会资源、搭建创新舞台，在完成课堂教学的同时，注意培养教师的实践创新能力。

（二）创新本硕博一体化导师队伍

时代发展需要创新，创新要求人才，人才主要靠教育。在创新"本硕博一体化"贯通式人才培养模式的同时，更需要注重导师队伍的质量和创新导师队伍的构成。因此，既需要凸显高校导师的责任，又需要贯通本科生导师、硕士/博士生导师以及基地和实验学校导师的共同作用，促进高层次创新人才培育目标的提升。

"本硕博一体化"贯通式人才培养模式的导师配置，采用了学科导师与研究生导师相结合、大学导师与基地和实验学校导师相结合的方式，这是一次有益的尝试。在宽口径和扎实基础理论的前提下构建个性化培养方案，为培养学生的独立性、创新性打下坚实的基础。学生在本科阶段实行学科导师制，一般从二年级末开始实行，学生在导师的指导下选择专业、学科方向及课程。学生在导师指导下制订课程学习计划和科研训练计划，接受个性化培养，在本科阶段参与导师的科研项目，提升学生的研究与创新意识。本科毕业论文直接由选读的硕士/博士生导师指导，以提升学生的专业认知能力、硕士/博士阶段学习适应能力和实践能力，为培养创新人才打下良好的基础。

"本硕博一体化"贯通式人才培养模式对"本硕博一体化"导师队伍质量提出更高要求。导师自身应具备良好的知识结构和扎实的学科功底，并且能够与时俱进，积极了解学科前沿动态，为"本硕博一体化"贯通式人才培养提供很好的学习和科研指导。导师要善于根据学生的特点与优势，灵活运用各种教学方法，将发散式思维带到教学中，激发学生对学科的浓厚兴趣，从而形成培养创新人才独特的教学风格。"本硕博一体化"贯通式人才培养模式对导师的科研能力提出很高的要求，以便在科研项目中培养本硕博贯通学生的研究与创新意识。

（三）以一线科研带动教师发现真问题、做真研究

加强"本硕博一体化"贯通式人才培养实践中的科研训练，为从事科研工作打好基础。科研训练是一项系统工程，可以根据学科特点多渠道展开科研训练。"本硕博一体化"学习学员深入一线科研活动可以从以下方面加以推进。

一是更新科研理念。坚持以人为本，对科研工作者，我们应该引导、支持、鼓励，给予科研工作者充分的人文关怀。此外，还需加强人才团队建设。

二是加强实践效益观念。以教学真问题作为科研方向的引导，加强产学研结合，推动学生知行合一，将研究作为解决现实问题的重要途径，并将研究成果做好教学实践中的推广应用。

三是对科研工作者进行合理的科研成果管理，对科研成果、科研考核进行规范化、标准化、信息化的完善。

四是加大科研经费的合理投入，通过各种渠道，如政府赞助、企业支持、设立科研启动基金来支持科研项目的推动，在此基础上可以继续拓宽科研经费的投入。丰富的科研经费也可以增强高校对科研人才的吸引，而更多科研人才的加入可以使高校形成更强的科研团队，从而更好地提升科学研究水平。

第二章

"双导师制"创新

当前,传统高校的师范类毕业生往往存在与实际教育教学脱轨的现象。青羊区探索创新地方基础教育和大学高等教育联合培养优秀师范生的教育体系,建立高校师范生"双导师"教育模式,加快师范类新毕业教师进入课堂的速度,培养让党和人民满意的合格教师,实现高等师范教育与中小学基础教育的无缝对接。

第一节 当前高校师范教育存在的问题

大学是师范生学习成长的关键时期,其职前的教师职业素养和专业知识体系大多是在大学校园内形成,这些技能是学生毕业以后从事工作的基础。对于师范类学生来讲,高校专业课所讲授的教育学相关知识更是其在教育行业安身立命的根本。而由于高校教育的特点,师范生不可避免地存在理论过剩、实践不足的现状。主要表现在以下两方面。

一、缺乏专业竞争力

高校师范专业以培养合格的基础教育阶段教师为目的,要求师范生必须具备扎实的职业技能。但是,当前的师范类毕业生专业素养参差不齐。我国从2003年以来,非师范专业毕业生和社会人员可以通过教师资格认证进入教育系统,师资来源更加多元化,使师范生就业所面临的竞争压力急剧上升。同时，师范类学生的专业实践能力亟须提高。

二、理论知识的转化和拓展能力较弱

实践能力是衡量学生能力的重要标准。高校课堂式教学的教育方式导致学生很难做到知行合一，高校教育往往更多注重理论知识，学生将抽象的理论知识在实际课堂上转化和拓展的能力较弱。

第二节 建立"双导师制"培养模式

为将教书育人、管理育人、服务育人、实践育人落到实处，坚持以人为本，做到思想品德教育与文化知识传授相结合，课堂教育与课外实践相结合，共性教育与个性教育相结合，青羊区教育局与西南大学特此尝试建立师范生培养"双导师制"——同时为师范生配备校内导师与校外导师，以培养优秀教育人才为目标，建立师范生"本硕博一体化"培养的新途径。

一、"双导师制"培养模式意义

"双导师制"培养模式通过一线教师的言传身教，加强高校师范生师德修养，同时对高校理论性较强的教学内容与教学模式进行改进与补充，在强化教育教学理论基础知识学习的基础上，将基础教育课程体系、课程标准、教学内容、教学方法、教学模式等实践内容融合在高校师范生日常教育中，实现理论学习与实践锻炼的一致性和连续性，全方位提升师范生的专业素养，缩短毕业学生工作岗位的适应期。

二、"双导师制"培养模式的具体措施

（一）双导师配备

"双导师制"主要指高校教师与一线教师共同指导和培养高校师范生

的机制，对不同学习层级的高校师范生配置不同作用的"双导师"。一是对于高校在校师范专业大学生，授课教师既按传统模式配有高校教师，也有来自基层一线的教师承担某门课程或专题讲座的形式授课；二是对于进入教育实习的高年级师范生，既配备来自高校的跟踪指导教师，也配备来自实习校的指导教师；三是对于硕士研究生、博士研究生，既配备校内导师，又配备校外实践导师。

（二）"双导师"分工与合作

高校导师既要对高校学生的思想道德修养、专业基础知识、教学理论与教学技能、教育实践进行指导，又要对基层教师的教育教学改革与研究进行指导，还要对基层教师进行在职专业化培训。

校外导师既要到高校通过生动的教学案例、经验等参与指导学生，又要指导其做好角色转换、开展课堂教学实践等。

双导师各自分工不同但目标一致，需要紧密合作与沟通，共同为高校师范生专业知识与实践技能的提升而协作努力。

（三）建立多元评价体系

高校对大学生的评价往往只是来自校内导师与学业考核，只有实习才能获得来自基层学校的评价，但占比较小。在"双导师制"中，高校需听取校外导师的评价意见，按照适当的比例计入学生综合评价成绩，实施多元评价。只有建立了多元评价体系，才能更好地保障"双导师制"的实施效果，学生也才会更重视校外导师的指导与学习任务的完成质量。

第三章

UGIS 协同发展

第一节 I-G-U 协同发展路径

在高等学校与政府层面，青羊区教育局与西南大学于2021年签署共建教师教育改革实验区战略合作协议，确立了西南大学教师教育学院与青羊区教科院构建现代教师教育体系的合作关系。在区域教研机构层面，作为中国教科院教育综合改革实验区，青羊区与中国教科院合作完成青羊"名师成长"项目，不断提升教师教育专业水平。此外，教科院还加强与北京师范大学、四川师范大学等高校建立合作关系，教科院多位教研员被聘任为合作高校硕士研究生导师。在中小学校层面，面向青羊区遴选了19所 UGIS 教师教育共同体项目实验学校参与课题研究，并定期组织学校参与学习研讨，对学校做全方位指导。同时，教科院还选派3位教研员进入3所学校挂职跟岗，进行 UGIS 理念下的教研员成长"院—校"双向培养。

要保障 UGIS 教师教育共同体顺畅运行，完善的配套机制是基础。在实践过程中，青羊区逐步建立了保障 UGIS 教师教育共同体顺畅运行的四大机制。

一是三级联动的组织推进机制。只有 UGIS 教师教育共同体四方共同建立科学合理的组织管理和运作体系，明确成员的角色与功能，才能促进共同体与外部环境互动，推动共同体良性发展。因此，教科院建立了包括一级领导小组、二级工作小组、三级项目实施小组的联动推进机制。

二是渠道通畅的协商共议机制。UGIS教师教育共同体组建了由高校专家、中小学校管理者、教研员、优秀教师等组成的专家委员会，委员会通过协商共议机制进行区域教师教育一体化设计，包括调研教师成长需求，制定培养目标、培训内容，开展跟踪测评等。

三是双向融通的课程管控机制。根据教师发展需求，与高校联合进行职前课程的优化调整，并通过改变传统职后培训模式带动职前培养。因此，青羊区和高校联合构建"教育学基础知识+学科教育基础内容+教育实践与技能"的教师教育课程模式，分散学生见习实习时间，形成从入学之初就进入合作中小学校进行周、月、学年等见习的制度。

四是客观有效的评估反馈机制。评估反馈机制由高等学校、教育行政部门、地方教研机构共同构成评价主体，评价标准由教育行政部门、地方教研机构共同制定，对职前教师和职后教师专业理论知识、能力结构及专业发展水平实行动态持续的跟踪评价。

第二节　I-S协同发展路径

一、常态学科教研

教科院为中小学校各学科教学都配备了相应的学科教研员，每个学科教研员每学期会组织全区相应的学科教师定期开展有主题的学科教研。教研内容主要是围绕本学期的教学任务和内容观摩示范课、研读新课标、吃透用好教材。此外，教研员还会邀请著名专家为全区中小学教师进行专题培训讲座，以提高教师的教育教学技能。

【案例】常态教研帮助青年教师快速成长

统编版教科书的双线编排中，语文要素尤为引人关注，在开展每一个单元的教学之前，要关注每个单元的语文要素和人文要素，明确学生"学什么"以及教师"教什么",这对于新教师来说是比较棘手的问题。为了帮助青年教师快速成长,在教科院小学语文教研员陈涛老师的组织下,青羊区小学一年级语文"以读为本,随文识字"教学观摩研讨会在泡桐树小学境界分校顺利开展,泡桐树小学境界分校两位教师以"端午粽"为例给全区老师提供了研讨范例。听课过程中,教研员陈老师引导教师们对课堂教学情况、学生课堂表现、学生学习的积极性、教师教学方式等进行了全面细致的观察。

课后,黄睿雯老师和李林老师以"攻克读好长句子,理论实践有妙招"为主题,从课程设计、单元人文要素、语文要素、落实教学实践活动等方面为在座老师分享了精彩的设计思路。最后,教研员陈老师带领教师们开展研讨。陈老师建议年轻教师了解"学习金字塔"的学习模式,在课堂教学设计中选择合适的教学模式,综合运用,充分调动学生的参与度,由被动听转为主动学。

二、教科院入校服务

每学月,教科院都要有计划地组织教研员下到各学校开展集体视导,指导中小学教师开展日常教育教学活动。主要的方式是观摩教师的常态课,给予及时的点评并给出相应的改进意见与具体策略,以此为中小学教师团队精准把脉,并以教学、教研、科研等多角度的指导助力一线教师的专业成长。

【案例】教科院集体视导

参与人员:王琪副院长带队,小学和学前教育研究所全体教研员参与。

视导学校:成都市实验小学蕴雅校区(以下简称"实小蕴雅校区")。

视导内容:阳光大课间活动、课堂教学、学科教研活动。

服务目的:为年轻且极具活力的实小蕴雅校区教师团队精准把脉,并以教学、教研、科研等多角度的指导助力一线青年教师的专业成长。

视导再现：听课后，以学科为单位，教研员教师们和实小蕴雅校区的学科组教师们针对集体视导呈现的课堂教学以及学科组建设情况进行了深度沟通与交流，提出了素养导向的课堂教学改进思路和具体策略。在集中反馈环节，实小蕴雅校区校点负责人郭伦以"基于实，立于动"为主题，汇报了实小蕴雅校区教学管理的思考与实践。汇报从校区实际情况出发，阐述了教学管理的"四路径"：依靠联动共享池、寻找会动资源池、创造动能能量池以及生成向上动力源。

沟通交流：各学科教研员对实小蕴雅校区教师的课堂教学、常规管理、新课标学习与实践、作业设计等方面给予了高度评价，肯定了学校教师的高素质、好素养、强活力以及好学向上的内驱力。同时，教研员还以问题为导向、以方向为引领，提出了"从真问题出发以研促教，护航学生素养达成和全面发展""以结构化的策略助力课堂提质和专业发展""继续在新课标引领下加强教研组大单元备课与实践"等建议。

小学和学前教育研究所刘文可所长对实小蕴雅校区良好的发展态势、良好的校风校貌、活而有常的学生常规、行动力极强的团队、校内教研员的创新模式、校区间的联动教研等给予认可，并从英语学科角度高度肯定了学校英语组的团队建设、新课标学习成果，为学科进一步发展指明了发展方向。

王琪副院长在总结发言中以"双高"肯定了新校区开校三年的发展：一是高起点运行，实小蕴雅校区适逢新时代教育改革的时代机遇，在实小新的百年征程中，在"一校"（指成都市实验小学集团，简称"实小"）统领下，传承创新，同频共振。二是高标准管理，规范之下有特色。实小蕴雅校区在传承百年实小雅教育的基础上以动教育为校区特色，学校有主张，教师有主见，短短三年，教师专业发展成果显著。王琪副院长还对校区建设提出了共享之下强共建的发展思路，充分依托"一校"，有力拓展特色课程、主题教研、学校文化和教师发展。

李蓓校长代表实小蕴雅校区全体教师对教科院全体教研员的深入

指导、沉浸陪伴、躬耕示范表示感谢，同时也表示有教研员随时随地的跟踪指导，实小的"一体化共享式管理模型"将不断完善，"双新双减弯道超车高速发展专业范式"将结合教研员的宝贵意见，从全面育人五育并举出发研究学科素养在课堂上的具体落实。

第三节　U-S协同发展路径

一、教育实践基地建设研究

近年来，青羊区大部分中小学校都和高校签订了《教育实践基地共建协议书》，成为高校师范生培养的基地校，为高校实习师范生提供实习基地；高校也派专家为基地校提供教师教学优良发展的深层指导，并为基地校教师提供导师的岗位。高校与基地校通过这种方合作式，对人才进行协同培养，形成需求互补、共赢共生、相互支持、相互合作的良性循环态势，从而实现双向互赢。教育实践基地共建的主要合作模式图5-1所示。

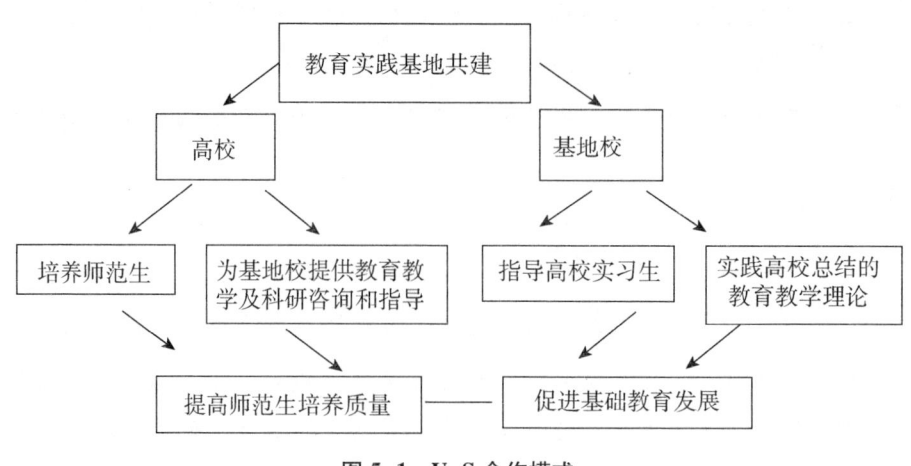

图5-1　U-S合作模式

具体做法如下。

(一) 基地校制定高校实习管理条例，明确职责

为了规范高校实习师范生到校实习的管理制度，基地校成立"基地校—指导教师—实习生"三位一体的领导小组（图5-2），负责高校实习师范生到校实习工作，并制定管理条例，明确教师职责。在实习过程中，基地校管理有条不紊，全面细致。每天一次考勤，每周一次简讯，每周一次记录，每月一次分享，每月一次实习总结，每学期一次分析，规范完成《师范生教育实习情况记录表》和《指导教师指导情况记录表》。

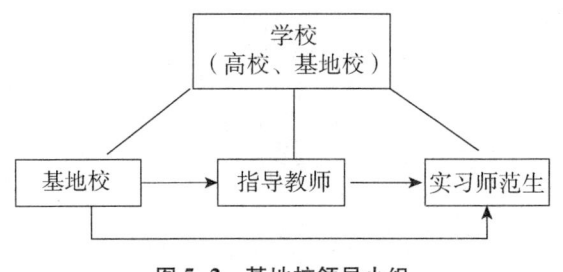

图5-2 基地校领导小组

(二) 实行双向选择培养模式，激发实习生学习动力

实习师范生进入基地校之前，可根据实习基地校给出的带教老师教学风格、教育理念、教学年段等信息进行选择，自主选择符合自身性格特点、论文研究方向、生涯发展目标的指导教师（图5-3）。既能让实习师范生在进入一线教学前对一线教学内容有基本了解，也促使实习师范生明确其实习目标，化被动为主动，激发实习教师的学习动力，形成良性的学习循环。

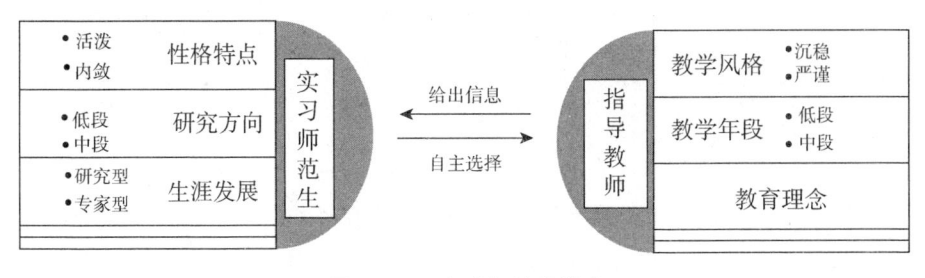

图5-3 双向选择培养模式

（三）"一带一"和"一学X"培养模式促进实习生多方位学习

基地校为高校实习师范生提供最优质的实习指导，请学校优秀教师"一带一"长期固定指导，从大三下学期见习时就跟着指导教师熟悉工作，到大四上学期实习时继续跟着指导教师进行教育教学实践活动。在实习过程中，高校实习师范生除了"一带一"学习外，还可以自愿选择参加"一学X"的学习，即跟学校推荐的优秀班主任、优秀学科教师学习，到各年级班级观摩学习日常教育教学活动，集大家智慧促进实习生的成长和进步（图5-4）。

图5-4 "一学X"模式

（四）实习生考核具体化，细化成长维度

以"掌握基本教学技能和班级管理技能"为目标，按照专业课模式（教材解读与课标理解、教案设计与修改、教学说课、有生试讲）对实习师范生进行考核，让实习师范生以明确的步骤完成"大学生——一线教师"的角色转换（图5-5）。

图5-5 实习师范生成长路径

（五）指导教师考核清晰化，提高教师指导时效性

对指导教师的考核，会更有效提高指导教师的工作实效，无论是对实习师范生的帮助，还是指导教师自己的个人成长都很有价值。可以从以下三方面来考核指导教师：向实习生发放问卷调查，了解指导教师的德与绩；按照指导教师职责进行考核，逐一落实指导情况；通过实习生的汇报课，综合评定指导教师的指导成绩（图5-6）。

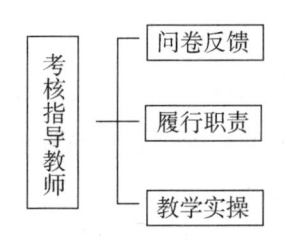

图5-6　指导教师考核方式

二、基地校建设促进多方成长

U-S（大学—中小学校）这样的协同共育合作模式，使高校和基地校实现了互惠互赢。主要表现在以下三方面。

（一）高校实习师范生的成长

高校基地校建设后，实习师范生的成长主要表现在以下三点。

1. 促进高校实习师范生将教育理论应用到教学实践中

在为期3~4个月的实习过程中，大多数实习生课堂教学实操能力的提升是比较理想的。通过对实习生以及指导教师的访谈得知，在整个实习过程中指导教师普遍对实习生实践性知识掌握方面要求较高，从实习初期的紧张不适到实习后期的应对自如，这是一个潜移默化的成长过程。

2. 有助于高校实习师范生掌握教育教学技能，提高教育教学能力

实习生实习的主要目的在于习得和提升实际的教育教学能力，尤其是课堂教学能力和处理班务工作能力。人才是中小学校发展中第一位需求，通过基地校建设，基地校可以从实习生中发掘优秀的实习生毕业后留下来任教，基地校也希望大学生的到来带动全校教师的自我完善和经验提升，

为基础教育注入新的血液。

3. 有助于高校实习师范生树立专业思想，建立专业自信

通过问卷调查得知，实习师范生普遍认为到基地校实习能够帮助他们形成专业意识，树立专业自信，其中有部分实习生表示教育实习课程改变了他们对教师职业的看法，以及对中小学教育教学的看法。

(二) 促进基地校指导教师的专业发展

1. 减轻指导教师的工作压力

高校实习师范生能够帮助指导教师批改作业，分担课堂教学任务，协助管理学生早读、就餐、放学、延时服务等班级事务，帮忙分担了指导教师的工作量，缓解其倦怠情绪。

2. 帮助指导教师的自我成长

指导教师在指导实习生教育教学的过程中，经常会通过实习生的表现改进自身教学。正如青羊实验中学附属小学的数学指导教师李老师所说："在指导实习生的过程中总会想起自己刚当教师时的紧张和不安。做了这么多年教师，积累丰富经验的同时也容易让思维固化，这对于教育教学是不利的。而在指导实习生的过程中，我可以接收到最新的教育教学思想，倾听到教师队伍新鲜血液的心声，提高我们的教学水平。"这种指导和提升是双重双向的，指导教师一边根据自身的经验指导实习生的反思，另一方面在很大程度上会反过来促使指导教师自身教育理念以及行为的审视和反思。同时，在实习生实习的过程中，许多实习生所具备的新观点或者新理念也有利于促进指导教师的反思，及时更新教育教学的观念。

(三) 基地校学生的学习和成长

通过对基地校学生的问卷调查可以看到：96.58%的学生接受高校实习师范生进班实习，其中有 90.12%的学生表示"非常欢迎"。同时，在"实习教师给你的学习生活带来的影响"的答卷中，许多学生说道："实习教师给我们的学习生活带来了新鲜感，增强我们的学习兴趣""实习教师普遍温柔可亲，就像大哥哥大姐姐一样，所以我们喜欢围在他们身边玩"

"实习教师爱坐在后面,后排的同学都不敢东张西望、搞小动作了"。由此可以看出,实习生进入课堂对基地校的学生产生了积极的影响。实习生大多思想较为活跃,紧跟社会潮流,与学生年龄差距较小,与学生的兴趣点较为相近,又能够对学生的体会感同身受,因此可以在和谐的氛围中促进基地校学生的学习与发展。

U-S(高校—中小学校)通过建立高校基地校这样的合作方式为高校提供了更优质全面的实习环境,扩展了高校和基地校合作路径,提升了实习生培养效果。围绕培养目标,基地校采用的"一带一"和"一学X"培养模式,让实习生在"教—学—研"一体中促进实习生培养质量的提升。指导教师在"一带一"和"一学X"培养模式中自我成长,也是指导教师教育专业化、终身化和一体化的新途径。当然,高校与中小学校的合作不能止步于此,还需进一步探索更多合作,进一步打通协作渠道,创新培养模式,把基地校的建设做得更有亮点,为人才的培养探索更优的策略。

【案例】强化高校实习生指导与管理

青羊实验中学附属小学实习生
管理条例(试行稿)

一、组织安排

1. 小学教务处接到实习计划时,对全员教职工进行实习指导培训,营造温馨如家的良好氛围。

2. 教养组根据学院实习计划安排好实习班级和指导教师。

3. 后勤组负责协调安排实习教师的办公场所和用餐问题。

4. 实习教师到园后,召开教养组负责教师、相关教研组长、年级组长、带队教师和实习教师共同参加的实习生见面会议,简单介绍小学文化、园所特色及实习要求。

二、实习教师要求

为了加强小学教育常规管理和安全工作,促进小学实习工作规范化、制度化、科学化,形成合力共赢的目标,对实习教师做如下规定：

1. 实习教师应在实习的第一天将学生实习证明材料交给教务处查验，并存档。

2. 实习教师应遵守国家的各项法律、法规和小学的规章制度。

3. 实习教师要按照小学教师职业要求，规范自己的职业形象。实习期间，出现违反日常行为规范的行为并造成恶劣影响的，小学将向实习教师所在学院提出取消其实习资格并追究相关责任。

4. 关心爱护学生，平等对待每个学生，不能体罚或变相体罚学生，言行举止得体。

5. 遵守小学的作息制度。实习期间凭小学出入证进出小学。如因特殊情况不能按时到园，请假1天以内的，由指导教师审批并报实习带队老师；请假2天（含2天）以上的，由教养组审批并报实习带队老师。

6. 实习教师须参加听课、跟班、备课教研等活动。听课、跟班及其他教研活动要按照小学的要求及规定进行。

7. 来园实习教师要明确自身所担负的学习任务：现代教育技术的学习；现代教育理念的学习；听课与评课（要有听课评课笔记）、备课与上课（可以采取实习教师与指导教师一课三研的形式进行独立上课前的过渡）；实习班长工作，参与班级管理工作。按照实习进程，指导教师要有计划地安排实习教师上课，实习教师上的每堂课，必须有指导教师在场听课、指导，在结束实习活动前要上一节汇报课。

8. 实习期间，实习生应注意个人安全，如有意外发生后果自负，小学不承担任何责任。

9. 实习活动结束时，将由指导教师、教养组客观、公正地做实习鉴定。

10. 实习教师如在小学就餐，请提前告知小学。

此项工作由小学统一安排，教务处具体落实实施。

青羊实验中学附属小学实习指导教师工作职责

（一）做好实习前的准备工作。了解学院的实习计划与要求，了解所指导的每一个实习生的思想、学习情况以及教学能力。

（二）指导教学工作实习。一是从思想上、职业素养上、教育行为上对实习生进行浸润和引领；二是指导实习生分析学生、钻研教材、编写教案和制作教具，搞好集体备课、试讲和课后评议，审阅教案，随堂听课，全面掌握实习生的教学工作情况，及时发现和解决教学工作中的问题。实习生编写的教案，应获指导教师审批后才能上课。

（三）指导班务工作实习。指导实习生确定实习班务工作内容，拟订班务工作计划，了解和检查实习生执行班务工作计划的情况，加强对实习生教学情况和班务工作情况的指导。

（四）参加实习生的试讲课、示范课和评议会，指导实习生评议分析。坚持听课制，听取每位实习生的正式授课每周至少1次，课后必须认真评议和指导，开展课后教学讨论，帮助实习生总结经验。

（五）指导完成实习汇报课。指导教师要根据年段及班级特点，结合学科要求，帮助实习生完成至少一个课时的汇报课，展现实习的成果。

（六）做好实习总结。一是根据实习生实际情况，如实做好实习成绩的评定与总结鉴定。二是实习结束后，配合学院开展实习生工作总结。

（七）实习结束，需要上交以下资料：汇报课的教案、课件、反思，实习工作总结，实习过程中听课、讨论、指导学生作业、与学生交流谈心等的照片。

三、教师科研素养培训策略

相比中小学教师，高校教师的科研能力明显较强，掌握的教育方面的理论知识也更全面更前沿，科研资源也更多。但高校教师长期脱离中小学教育的实际，许多课题研究需要中小学为其提供实例素材。而中小学教师则更注重教学实践，对于理论知识了解较少，能接触到的科研资源也较少。进行科研需要理论支撑，这就需要高校教师作为引领者，要带领中小学教师积极参与课题、教研等科研活动，丰富其理论知识。为了实现双向互赢，青羊区中小学校和高校搭建了合作平台以促进双方教师的科研素养的发展。

（一）增强合作意愿，明确需求目标

首先，高校与中小学校双方明确合作需求和合作准则，明确各自的角色定位，明确双方科研项目想要达到的目标并设立相关的评价标准，签订中长期的合作协议。

其次，将预设的科研目标细分，共同探讨、规划具体的科研内容，将科研内容转化成每一阶段、每一学期甚至每个月的任务，并不定期对完成的任务进行考核，以减轻合作中无效行为带来的损失。

最后，双方按学期开展研讨会，就本学期的科研任务展开讨论，对科研的成果做出点评并就下一阶段怎样改进提出意见。

（二）发挥双方优势，开展针对培训

1. 搭建网上合作平台

高校和中小学校之间建立网上合作平台，双方将各自的科研成果上传至平台供大家互相学习，通过彼此分享教学及科研资源达到双方共赢。

高校教师主要是将科研资源或较好的书籍、文献等分享给中小学教师，引领中小学教师了解并掌握更多理论知识。中小学教师则将其根据自己教育教学实践形成的形式多样的科研成果分享给高校教师，主要包括论文、案例集、优质示范课、创新的教学模式、开发的校本课程等，为高校教师科研提供实践案例。

2. 探讨教学研究

中小学校邀请高校教师深入中小学校听课，针对课堂上实际教学中遇到的问题与现象，高校教师用理论知识解释产生教学问题的原因并提出改进建议，引导中小学教师提高研究意识，反思教学与理论的关系。中小学教师结合高校教师的意见加以改进并验证改进成果，形成案例或论文，以此提高研究能力。与此同时，高校教师也以此了解中小学校实际面临的问题，从而思考自己的科研方向。

3. 开展课题研究专项培训

中小学科研室发挥教与研融合的职能，注重培养中小学教师的科研意识，调动其参与科研的积极性，并聘请高校教师到校开展课题研究专项培训，对中小学教师在研教育科研课题的选题价值、研究资料整理以及研究结果呈现等方面进行专业的点评并提出相应的改进建议，让其掌握系统的科研方法。

【案例】主动争取高校的支持和合作

成都市青羊区特殊教育学校（以下简称"青羊特校"）与成都大学建立了合作，邀请成都大学教师专项指导学校课题研究，以多种形式持续开展区级课题"校园币的构建与使用"、市级课题"培智学校学生性教育实施的实践研究"的指导。在课题研究过程中，持续开展专家讲座、代币校园系统、班级系统的建立与推进等主题活动，为课题的持续推进助力。在此基础上，学校还多次邀请南京特殊教育师范学院王辉教授到校，通过"线上+线下"双线指导的方式开展专家讲座、基于课程本位评估的工作坊、团队磨课、评估指导与答疑解惑等。王辉教授针对不同问题提出了专业的指导意见，教师的专业知识与技能再次得到锻炼与提升。

与此同时，学校还在高校研究中心立项教育科研课题。积极组织教师参加乐山师范学院（四川特殊教育发展研究中心）特殊教育优秀成果（案例）评选活动等。在教师的教育教学研究成果获得更多认可的同时，教师自身的效能感得到加强。

　　此外，四川音乐学院教师与学校合作开展融合志愿服务，持续为青羊特校的孩子们设计和提供音乐疗育、非洲鼓、长笛课程，带领家长和教师一起学习和体验音乐带给特殊儿童的疗育之旅。由1~2名高校志愿服务教师和1~2名学校教师组成教学团队，高校教师主教学，学校教师作为助教协助，通过音乐专业和特殊教育专业融合，帮助引导孩子们适应并更好地学习和享受音乐带来的美妙。

第四章

学校发展案例

一个区域的教育发展仰赖于与教育相关的各方人、事、物的支持。青羊教育在多年尝试、总结后，以更加明确的方式实施创新——搭建 UGIS 教师教育共同体平台（以下简称"UGIS 平台"），推动各方力量汇聚、凝练，以期实现区域教育质量的再飞跃。

青羊教育依托 UGIS 平台，全方位推动区域教育高质量发展。在 UGIS 平台的助力下，青羊学校的文化建设、课程建构、队伍建设、教育科研打破了传统的发展模式，因各方有力协作而以更加积极的样态不断有所突破。

第一节 UGIS 助力学校文化建设

文化建设作为学校发展的力量源泉，对于学校的可持续发展具有关键性引领作用。2020 年 9 月发布的《教育部等八部门关于进一步激发中小学办学活力的若干意见》明确指出，要"强化学校文化引领作用"。当前学校文化建设已成为学校发展的重要一环，但学校文化建设并非易事，而是一项长期而复杂的活动。现实中，多数学校因自身力量较为单薄或重视不够，一般难以构建起完善而又与时俱进的学校文化理念体系及其建设机制。

UGIS 助力学校文化建设，通过与高校专家的鼎力相助，从"旁观者"

视角出发发现学校文化建设中的问题，理清学校文化建设的具体方向。通过地方教育行政部门的合作，从支持者的角度出发挖掘，利用学校周边的相关文化资源，与周围的社区建立深切的连接。通过地方教研机构的合作，引导学校工作人员更加深刻地理解学校文化内涵，提高教师在学校文化建设过程中的认同感。

陶行知有言："活的人才教育，不是灌输知识，而是将开发文化宝库的钥匙，尽我们知道交给学生。"的确，唯有通过发掘文化价值，"以文化人"，教育才能塑造人类的品性；唯有在文化中学习，"以文育人"，才能在教育的过程中自如地趋近真理。

"文"字，撇与捺相交错；"化"字，有人在其中。这两个字似乎已经在暗示我们，"文化"并非一人一校之事，它是一种连接，是一次携手。金沙文化为金沙小学打开教育的想象，诗歌文化为草堂小学植养人文气韵，石室联合中学根植于"文翁化蜀，慧智石室"的历史文脉，东城根街小学在巴金精神引领下探索"真教育"，泡桐树小学让师生在"桐悦文化"中自如生长，实验小学凝练出"实""勤""活""雅""新"五字精神。伴着琅琅书声，步入青羊校园，目光所及，情景交融，"一校一品、一校一景"的校园文化扑面而来。千百年来，成都传承灿烂辉煌的巴蜀文明，孕育出独具魅力的天府文化。文化无形，育人有成。青羊教育由一串串青羊学校所特有的文化符号而构成，自信自强、向上向善、胸怀世界、胸怀未来等育人内涵蕴含其中。

以下，我们选取部分学校文化建设最新成果，以点带面地体现UGIS助力学校文化建设成效。

【成果1】成都市泡桐树幼儿园——在"共生"中独特地成长

"每一名儿童都是独特的生命体，有各自的生长节奏，是主动的学习者……"成都市泡桐树幼儿园（以下简称"泡幼"）从建园初始，泡幼人就达成了共识：幼儿园里的每个人是与幼儿关联的重要他人，相互作用，相互影响。

泡幼自加入UGIS课题研究成为实验基地校（园）后，继续秉持并深化了办园理念,认为每一个儿童都是有生命力的发展个体,生长有各自的节奏,是本能的生长。而儿童本能的生长总是在生活过程中展开的,生活也是最适合的学习与发展的途径,是自然生长的本源。

因此,泡幼人珍惜与儿童一起生活的时光,尊重儿童的学习特点与方式,珍视并发挥生活游戏的独特价值,探索与天性的合作,守护养育内在,成长为最好的自己。泡幼一直主张"共生"的文化:儿童、教师、家长彼此尊重,相互学习,共同生活,共同成长。

泡幼的"共生",不仅是孩子与同伴的"共生",也是幼儿园与家庭社区、与省市区域姐妹园的共生:从无到有——向下扎根夯实基础,从有到优——向上生长提升质量,从内生到共长——携手前行合力发展,积极探索中逐渐形成"共生"文化。同时,泡幼多渠道多形式创建了家园社活动,聚焦家长教育素养的提升,探索适宜的家长"修炼"方式与内容,助力家长热爱珍视生活,与儿童共同成长。泡幼还与省市区域的姐妹园在党团建设、园所管理等方面共思共行共建共享,实践从个体到更大群体的共同发展。

一步一个脚印踏实走来,对于所有的帮助与支持,对于所有的相遇与相知,泡幼心怀感恩,铭记并深深感谢。保持热爱,共同向未来。

【成果2】成都市实验小学——在天府文化中凝练五字精神

从汉代"孔子"杨雄、唐代文宗陈子昂、诗仙李白、"文章独步天下"的苏轼,到文坛巨匠郭沫若、巴金,是什么造就了"西蜀自古出文宗"的千古传承?是"文翁化蜀",是见证蜀学兴盛的"蜀石经",是宋代府学之盛"举天下郡国无所有"。清末,几乎所有书院都改为新式学堂。民国初年,成都市实验小学(以下简称"实小")前身——成都高等师范学校附属小学诞生,就此开启了扛起"实验研究,辅导地方"建校使命的教育百年。

如何秉持"实验研究,辅导地方"的建校使命不忘?实小自加入UGIS课题研究以来,学校更加注重传统与现代的结合、探索与协作的结合。历久弥新，实小人用"五字精神"作答。"实""勤""活""雅""新"五字精神是百年教育实践的凝结，体现在18亩校园的每一处小景中。

取自校名的"实"，既有仰望星空的教育情怀，又有脚踏实地的教育行动。从实小百年"记忆长廊"步入，校史墙无声地诉说着实小人孜孜以求、责任担当。挂在第二道校门的国务院原总理李鹏所题写的"成都市实验小学"校名匾额无时不在鞭策所有的实小人踏实做人、勤恳做事。

18亩校园中挺拔直立的一棵棵大树，蕴藏了实小人业精于勤的故事，见证的是实小人践行使命的基础"勤"。"雅趣角""葵间"是实小精神的外显：生命向阳、自由生长，手脑灵活、思想活跃，和而不同的教风，活而有常的学风。"活"是实小教育研究改革的一贯坚持。

教师儒雅、学生文雅、家长和雅、学府高雅。刻在实小人骨子里的"雅"于实小校园随处可见，无论是大气优雅宁静的博雅书馆，还是隐于每层楼的"百年画事"，都展现了"雅"这个实小的文化核心。以"新来而与世界为缘"——实小网校、未来学校建设……拉开的是百年老校为孩子终生幸福寻求源源动力之幕，以校园的新样态迎接少年之新进步。

【成果3】成都市泡桐树小学——在协同育人中形成"桐悦"文化

杜威说："教育即生长，生长就是目的，在生长之外别无目的。"成都市泡桐树小学（以下简称"泡小"）在一个甲子的时间里，都在追寻文化氛围下不断生长的"教育法则"。

泡小自加入UGIS课题研究后，对学校文化追寻更加阔步。其中，"桐悦"则是泡小"以文化校"的核心关键词。

"桐"，谐音"童"，意味着泡小坚持尊重儿童自身内在价值的教育价值观。

"桐"，也谐音"同"，寓意协同、共同，在学校教育中，内外部是协同互补的,生生、师生、家校之间,以及社区和集团学校之间,形成一种协同的力量。

"悦",寓意泡小学子以自我能动性,生发出对事物的积极情感。

"桐悦"文化以学生的成长为出发点,贯穿于学校教育教学和管理的方方面面,培养学生像泡桐树一样迎着朝阳茁壮成长。

"以文化校"必须植根于学校的办学实践。在实施UGIS课题研究中,泡小深化首批"四川省中医药文化传承基地"建设,与成都市中医药大学合作,在校内创立了中医文化馆、设立了"百草园",种植多种本草植物,助力开展课程实践,传承和弘扬传统中医文化。这样的办学举措,在泡小办学中历历可见。

【成果4】成都市树德协进中学——在薪火相传中再创辉煌

徜徉在成都名片之一的宽窄巷子时,巷外的琅琅书声总会飘入你的耳房,如天籁萦绕耳畔。循声而至,你会发现一所古朴典雅、生机勃勃的学校,这就是成都市树德协进中学(以下简称"树德协进中学")。

1913年2月,四川省立一中肇始于此,此乃树德协进中学前身。经历百年风雨,积淀出以"树德广才,协进兴邦"为宗旨的办学文化。在"滋德弘道,以文化人"的办学理念引领下,伴生了"和、雅、勤、正"的校园精神和校风,树德协进的莘莘学子以"志高学渊,德懿慧明"为目标茁壮成长。百余年来,这里总能发出震撼人心的时代强音。如今,它正以骄人的业绩、坚实的步伐,迈入省级名优学校之列,传承灿烂的历史文化,书写出时代育人新篇章!

树德协进中学加入UGIS课题研究后,不断丰富"滋德弘道,以文化人"办学理念及其外在表现,当你进入美丽、清雅的树德协进中学校园,就会被学校浓郁而厚重的历史气息所感染。在这所红色学校的辉煌历史长河中,涌现出了无数的杰出校友,为了祖国的独立与解放前赴后继,他们不断兑现"智、勇、诚、朴"的校训精神,书写着一代又一代协进学子的壮丽史卷,留下了树德协进中学独有的百年文脉!

学校秉持"滋德弘道,以文化人"办学理念,树德务滋,文以载道,树人立品,臻于至善。强调文化滋养学生心灵,引领品德成长。以人文的思想润泽生命,以人为本启迪智慧,以人性的光辉激浊扬清,从而达到以文化人的目的。

学校积极开展国际交流,开阔学生国际视野。以"学生模联"活动为平台,培养学生跨文化对话能力,先后五次举办成都高中生模拟联合国活动,产生广泛影响。

如今,树德协进中学全体教员自强不息,共同开创了优质办学的新局面,开启了青羊高中教育优质发展的新时代,学校完成了从"百年老校"到"百年名校"的华丽转身,跻身全省名优学校之列。树德协进中学将站在新的起点上,眺望新的目标,迎接新的挑战,开启新的征程。

【成果5】成都市石室联合中学——在石室文脉中承继感恩与责任

成都市石室联合中学(以下简称"石室联中")作为首批全国文明校园,学校一班人一直深信:文明是一种理念认同,是一种气质的传承。

石室联中根植石室文脉,学校以立德树人为根本任务,坚守"为党育人、为国育才"的光荣使命,循先贤兴学重教之道,以文化沁润心灵,以理念引领成长。在推进UGIS课题研究的过程中,学校全面审视"差异教育,扬长发展"办学理念的时代要求,丰富"感恩常在心中、责任始于足下"校园文化时代内涵,教导石室联中学子努力成长为有家国情怀、有健康身心、有卓越素养、有创新精神的新时代社会主义建设者和接班人。

石室联中一直秉持"差异教育,扬长发展"的办学理念,以高质量的课程设置和高效的课堂实施,成就学生的高品质发展。学校建立了完善的基础性课程、拓展型课程、综合型课程体系,涵盖科技、艺术、生活、健康、体育、人文、历史、传统文化等领域；同时充分借力UGIS课题，依托校内外资源，实现馆校合作、家校合作，把专家请进来，带学生走出去，课程实施新样态正全面铺开：课程面向全体，覆盖面广；学生线上抢课，线下走班，实现兴趣与个性高度契合。

【成果6】成都市东城根街小学——做巴金精神的传播人

成都市东城根街小学（以下简称为"东小"）因与中国文坛巨匠巴金先生有30多年的温暖情缘，成都人也亲切地称它为"巴金小学"。东小"真教育"思想的形成源自与巴金先生的情缘，巴金先生的文品与人品，历经岁月的沉淀，成为东小的精神滋养。

"说真话，做好人"，历代东小人传承的这份"真"，已经深深地烙入东小的文化中，逐渐积淀起"真教育"的基因和元素。东小坚持"立德树人"的根本任务，办一所扎根真道、追求美善的未来学校。作为成都历史悠久的小学，深受天府文化的影响，天府文化与学校的办学理念高度契合。

1. 本土文化的潜移与默化

与巴金先生深厚的情缘，东小氤氲独特校园文化之脉，它默默影响着学生的发展和价值观念：一校三区均有的巴金小学赋、校训石、巴金铜像、巴金树，川西民居风格的教学楼……每年都过的巴金文化节，每年举办的巴金杯征文赛，每生必读的自编《巴金少儿读本》，每届必去的上海巴金文化研学……

东小，作为巴金先生生前最关注的家乡小学，也先后受到文化和艺术界的关爱：作协主席铁凝，知名作家麦家、阿来等多次来信并到校，与孩子面对面交流。通过了解巴金，继而了解本土文人与文化，最后是对本民族文化传统的认同与弘扬。

2. 本土文化的学习与热爱

优秀传统文化的传习是学校的两大教育特色之一。学校"根·真"课程下"真·美"课程里，"传统文化课程"立足民风民俗皮影、剪纸、书法、水墨青花、藏式版画、围棋、车灯、四川盘子、民族乐器、中国舞等而开设；每日中午从未间断的"诵"经典课程，已成为融合在各科教学里"读、写、唱、演"之经典；体育课上抖空竹、滚铁环、习武术和综合实践课上"春分立蛋"、"端午包粽"、"中秋分饼"、填"岁岁消寒图"等更直接地体现出巴蜀地域特色。

"根·真"课程下"真·行"课程中，"场馆研学课程"专门设置了"天府行"研学课程，旨在"传承天府文化，留下成都记忆"。学校在成都东南西北中个选取一个标志性地点，它们代表了成都发展的前世今生和未来。此课程从"成都原城"寻根开始，走过东郊记忆、成飞公司、火车北站及高新科技孵化园。

这一系列课程的设置都写满东小师生对本土文化的热爱与崇敬。从最初的走近"川味"民俗到如今学校"根·真"课程的整体建构，无不体现出东小立足成都传统文化，放眼天府现代文明，增进文化自信，扎好中国根，育好民族魂。

3. 优质教育资源辐射引领

东小教师坚守"把心交孩子，让生命开花"誓言，敬业、爱业、专业，全力推动办好人民满意教育。从一校一区到一校三区，有力助推了教育均衡化发展，为全域提升教育质量不断发挥辐射引领作用。

发挥名校长管理示范和名师辐射作用是东小强化优质教育资源辐射引领的重要输出之一。东小借助自身丰富的省、区、市各级名师名校长工作室，在精准调研中发现问题，依托各级各类研修，在成员发展关键处发力，带动工作室成员所在学校（成都二、三圈层）高质量发展。同时牵手甘、阿、凉等地区民族学校，做好教育精准扶贫。发展自我，输出文化，乐观包容，为四川的发展多做贡献。

4. 未来创造与创新

东小的办学理念是"根植巴金精神，立足传统，放眼未来"。"未来实践综合"则是学校又一教育特色，与天府文化的"创新创造"理念一致。

东小重视发展学生的创新意识和创造能力,"真·好"劳动课程和"未来课程"的创设,进一步将课堂与生活、学校与社会、现在与未来相连接。学校关注儿童健康人格培育,增强学生对家乡的认同,成长为能创造、会创新的家乡建设者。以开放的心态拥抱世界,迎接未来。

第二节　UGIS 助力学校课程建设

课程建设是学校发展积基树本直指学生发展的重要一环。课程建设的重要性自不必说,其建设是一个不断发展的动态过程,处于一个不断完善的过程之中。同时,学校的课程建设不是单向的、孤立的行为,需要及时回应政治、经济、文化、环境等的最新变化和要求,不断调整育人方式、办学特色、学生发展质量标准,与社会发展的大局相适应。也就是说,学校课程建设是需要不断更新且兼顾各方的过程。

UGIS 助力学校（S）课程建设,通过与高校（U）合作,从理论层面更加深入地解读当前学生的发展规律、国家的育人目标与评价标准,从而搭建更加适切的课程框架。通过与地方行政部门（G）合作,更加深切地理解党的教育方针与指向、周围环境变化,同时挖掘相关的课程资源,为学校的课程建设、课程完善提供依据和保障。通过与地方教研机构（I）合作,提高教师在课程落地方面的实践能力,保障课程建设质量。

课程是一种教育性经验和预判,包含文化课程、活动课程、实践课程、隐性课程。课程建设是学校提升教育教学水平的关键,在培养学生的创新精神和实践能力、增强竞争能力和适应能力等方面发挥着极大作用。然而学校课程的建设离不开 U（高校）、G（地方行政部门）、I（教研机构）、S（中小学校）四方主体的通力合作,充分发挥各自优势,重构开放性教育环境,通过教育资源共享更好地实现共同发展。

成都青羊,每一所学校都有着不断丰富着的学校经典课程。亦如石室联中利用周边院校资源、场馆资源、家长资源、少年宫、科技馆、文化宫相关专家老师开设的25门"博雅课程",实小利用其他中小幼和社区资源开发"心雅"课程,少城小学与教育机构共建智慧教育生态环境,泡中携手高校、政府、教研机构构建选课走班课程。

【案例1】UGIS共同体下的"博雅课程"建设

成都市石室联合中学以高质量的课程设置和高效的课堂实施,成就学生的高品质发展。学校构建博雅课程体系,同时开设近百门选修课程,同时携手高校培养未来卓越人才,推进"石室卓越英才培养计划",此计划获评2020年EPC年度教育创新实践案例,2023年5月,获评"四川省义务教育优质发展共同体领航学校"。

"博雅课程"依托UGIS教师教育共同体的研究,对课程设置进行整体规划,梳理重构的新课程体系由基础型课程、拓展型课程和综合课程三类课程组成;授课教师既有本校教师,也有院校资源、场馆资源、家长资源、少年宫、科技馆、文化宫相关专家老师;授课地点既有在校内开展的课程,也有走出校门在学校周边的省科技馆、美术馆、博物馆等场馆开展的课程;学生线上抢课,线下走班,契合兴趣与个性需求。

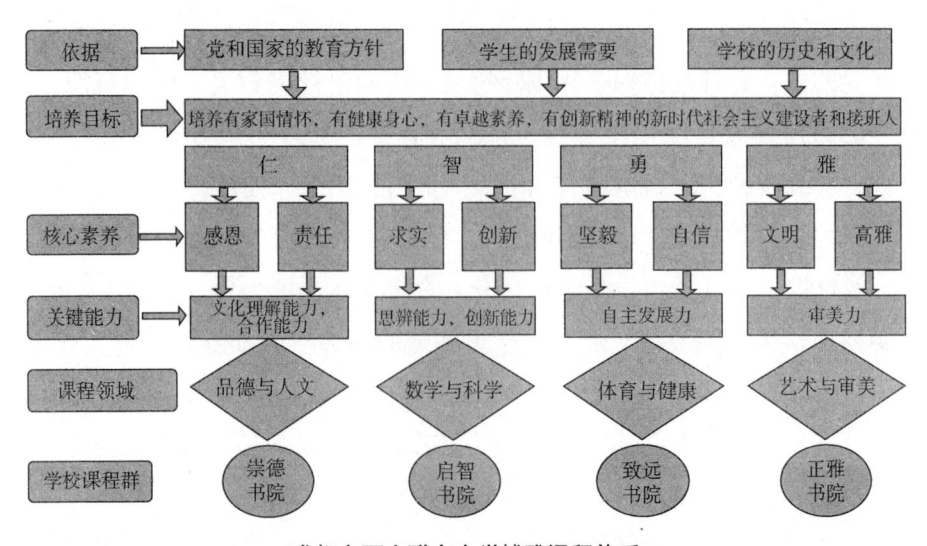

依据	党和国家的教育方针	学生的发展需要	学校的历史和文化
培养目标	培养有家国情怀、有健康身心、有卓越素养、有创新精神的新时代社会主义建设者和接班人			
	仁	智	勇	雅
核心素养	感恩 责任	求实 创新	坚毅 自信	文明 高雅
关键能力	文化理解能力,合作能力	思辨能力,创新能力	自主发展力	审美力
课程领域	品德与人文	数学与科学	体育与健康	艺术与审美
学校课程群	崇德书院	启智书院	致远书院	正雅书院

成都市石室联合中学博雅课程体系

【案例 2】"心雅课程"为学生终身幸福奠基

成都市实验小学在加入 UGIS 课题实验后，根据《中小学心理健康教育指导纲要》，依据学生身心发展规律及本校学生身心发展特点调研，分段设置校本化心雅课程目标，为学生终身幸福奠基。学校提倡"大课程"观，着力"大课程"体系的建构，从习惯养成、学习心理、自我认识、生命教育、情绪管理、人际交往、社会适应、生涯教育等多方面为学生心理健康启蒙；并大力研究融合课程，将心育与德智体美劳五育紧密结合，为学生成长打下健康底色。

1. 常态坚持心育课程

学校长期坚守心理课堂阵地，1~6 年级开齐开足心理健康教育课程，每班间周一节。学校配 4 位专职心理健康教育教师，成立心理健康教育教研组，每周常态教研，形成了"情境—体验式"心理课堂教学模式。

结合学校实际，自主研发全学段心育课程，配套《心理健康教育课程手册》指导课程高质量实施，让每一位学生在常态心理课上都有所收获。

2. 积极探索心育融合课程

积极探索跨学科心育融合课程，将心理健康教育课程与各学科课程深度融合，形成了低段的"始业课程"衔接幼小、中段的"微周课程"挑战项目、高段的"童年课程"乐享童年等课程。

在学期中的某一周或某一月，打破常态的课表设置及内容安排，各学科老师分工合作，从不同视角帮助学生完成主题式或项目式学习，学生在学以致用的现实场景下，体验、表达、思考、行动，形成敢于迎接挑战、善于合作、积极思考、勇于表达等积极心理品质。

3. 丰富多元活动课程

以促进学生身心健康发展为起点和终点，开展大量丰富多彩的活动，如学校的心理健康日、民主选举月、运动月、阅读月、科创月、帽子节、樱桃节、儿童节、音乐节等，通过游戏设计与参与、戏剧表演、艺术创作等丰富多彩的形式，让学生在校园生活体验中充分发展自己的心理品质。

所有的教育都应是基于对儿童的了解，提供适合儿童身心发展的教育。心理健康教育既是学校教育的底色，又蕴含着科学的教育方法，更是学校教育的重要目标。遵循儿童成长规律，满足儿童的真实成长需求，解决儿童成长中的实际问题，实小"心雅课程"一直在不断更新，为培养和而不同、文质彬彬的文雅学子而不懈努力。未来亦然。

【案例3】"科创课程"构建智慧教育生态环境

成都市少城小学（以下简称"少城小学"）作为青羊国信区实验校之一，自2013年起就开展了未来学校探索。近年来，学校聚焦课堂和技术的集群突破创新，充分融合本土特色和时代要求，以"解放，简化，减负"为建设基本理念，重构底层架构，建设聚合式学习生态，得力于UGIS共同体的支持，学校最终形成了以"AI+课堂+评价"为特征的智慧课堂探索路径。

1. 升级课堂，提升课堂学习行为多样化支撑力

2013年开始，少城小学开始构建智慧学校系统，学校现已建有交互式学习系统、TBL学习反馈系统、投票器一对一反馈学习系统、一对一学习反馈系统等课堂技术集群；学校AI辅助智能教研系统，能在学校开展泛在式教学研究，及时反馈教师教学效果；还有可迭代的校园智能管理平台系统，让互动学习系统中产生的学习数据，成为学生立体的成长数据和参考标准，成为教师、学校管理者的判断决策依据，形成一个聚合式的学习生态支持环境。

2. 优化课堂，智慧教室提升课堂学习效果可视度

智慧教室。学校通过建设智慧教室，实现全校各年级智慧教室系统全覆盖。通过大数据仪表板，可了解智慧教室的实时使用状态、妥善率与历史统计数据，便于行政团队管理。除此之外，从大数据仪表板还能看到全校线下课堂教学活动状态、在线学习活动状态，以及教

学资源的产出数量,作为评估智慧学校发展的依据。以教与学的转化率和使用率作为课堂质量考核的参考依据之一。

智慧学情。课程中,教师上课内容的笔记、学生在课堂上的重难点标记、学生的错题等都会在"云端"记录下来,并根据学生的课堂练习提供错题本和强化练习所需要的相关补充学习材料,让学生能够随时复习上课内容,进行错题分析,即时巩固夯实知识点,形成个性化过程性学习资料。此外,智慧教学系统生成的云端诊断分析报告,能针对学生学习的个人情况提供个性化的分析,并形成基于课堂行为的学习表现报告,使学生进一步明确自己的优势,发现不足,挖掘学习潜力,明确能力增长点。

智慧体育。在体育课堂上,也引入了智慧体育的相关技术,采用智慧跳绳对学生跳绳等训练项目的运动数据进行收集,并对锻炼效果开展进一步的量化研究。

3. 升级技术,AI 助力提升课堂教与学目标的整合度

在课堂重构阶段,学校的智慧校园建设中引入了 AI 助力,通过 AI 技术切实推动教师专业发展,打破传统教研活动形式,将智慧教室系统与 AI 人工智能教研系统结合,借助智慧校园平台,自动将课堂生产生成数据与智能系统分析数据结合起来,生成课堂效果的总体报告,提供更加聚焦的议课讨论与课堂反思参考,使教师对课例的分析更加准确,也更加有利于教师改进教学方式,让课堂向着素养导向的生态化环境更前进一步,在原有基础上不断迭代、进化,使之更加适应学生的全面而自由的发展。

4. AI 辅助的教学研究中心

少城小学智慧课堂建设在 AI 助力的支持下,已经更加走向技术与目标的高度融合,在适应新课标要求的新课程实施过程中,不断将教育技术的最新成果与教育教学规律相结合,以更加智慧的方式建设智慧教育生态环境,在构建学校 AI 辅助的教学研究中心中找到了属于自己的生长方式。

【案例4】"选课走班"促进学生多元发展

成都市泡桐树中学（以下简称"泡中"）秉持"营造一方沃土，让生命自己长大"的办学理念，革故鼎新、敢为人先，凝结"成参天大树，做社会栋梁"的育人目标，致力于为孩子的幸福人生奠基。进入UGIS课题实验学校后，学校开始了更加深入的合作探索，学校课程从理论纵深走向深度实践，从完善课程体系迈向撬动课堂转型，从项目管理到深度学习，逐渐形成泡中特色文化，实现学生全面发展个性成长。

1. 变课程育新人

悉心研习涵盖学科课程、特色课程、艺术课程、劳动课程等多元课程的"桐树"课程体系，满足不同学生的智能与兴趣需求。

2. "桐树"课程不断升华

（1）"桐树"之根——德育课程：一方面是落实立德树人根本任务，德育先行；另一方面，德育融合到所有课程的实施中。

（2）"桐树"之干——基础课程：基础课程主要为国家、地方课程，旨在促进学生全面发展，实现五育并举。

（3）"桐树"之枝——拓展课程：是在基础课程上的拓展，是国家和地方课程的校本化实施。

（4）"桐树"之叶——特需课程：是在满足学生全面发展基础上，为满足学生个性成长设置的课程，是基于学生差异开设的课程。

3. 变实施展新颜

学校课程体系在实施中通过变革实施模式、组织形式、实施时间、技术融合和学生留白等多个路径，形成合力推动课程实施。

4. 选课走班自主自成

实施选课走班，搭建自主管理的平台，多样丰富的自选课程，助力孩子实现个性成长。

5. 分层分类自我实现

基础课程和拓展课程分层、分类、分时进行组织实施，学生可选择自己喜欢的、适合的课程。

6. 长课短课尊重规律

根据不同课程的特点，学校课程体系在实施的时间上分别设置40分钟短课及90分钟长课。

7. 自修课程自主规划

学校设立自修项目组进行管理，给学生留够充足的自修课时间，让学生学会自主规划，学会自主建构，内化学习内容。

第三节　UGIS助力学校队伍建设

学校教师队伍建设是学校发展的重要保障，是提升学校教育质量的内在根本。国内外学校教师队伍建设的相关研究早已数不胜数，在不同的理论、不同的理念指引下，关于教师队伍建设的实践研究可谓成果丰硕。但是，学校教师队伍建设是需要依据地区、学校的具体情况而有针对性地进行的，照搬他人经验并不能有效推动本校、本地区的教师队伍发展质量。

UGIS助力学校队伍建设，通过与高校（U）合作，帮助在校师范生提高对教师一线工作的认识，缩小高校所学与一线工作所用之间的差距。同时，借助高校教师的力量，提升一线教师的专业深度和广度。通过与地方行政部门（G）合作，不仅在物质层面保障教师培养的所需，更是以激励的方式鼓励教师提升专业。通过与地方教研机构（I）相互配合，引领和优化教师培训，系统性地提升教师的专业能力。通过中小学校（S）的系统实施，教师队伍建设才能彰显真实成效。

通过UGIS教师教育共同体的建设、研究与实践，其直接效能是服务学校队伍建设。这是一项集各方力量为一体的长效工程，其建设效果正步步呈现。

【案例1】出位的"教师发展学校"

1. 充分看见与尊重教师发展愿望，建立教师教育"新成长课程体系"

"双减""双新"政策落地实施，在深刻影响和改善义务教育阶段校内外生态的同时，对教师个体发展标准和教师群体发展提质都提出了更高的希望和要求。为顺应时代变迁，成都市实验小学（以下简称"实小"）延续"实验研究·辅导地方"百年建校使命，主动实施实小"教师发展学校"迭代更新，提前进入教师发展强炽化阶段，以"重构+升级"方式探索"双减"背景下教师发展新模式，努力形成一套可复制可推广的教师队伍建设改革经验。学校充分看见并尊重教师发展愿望，建立教师教育"新成长课程体系"，从需求入手，充分地从教师中来到教师中去，消解自上而下的行政命令，建立自下而上的需求供给，建立完善并不断优化课程体系，为教师的成长服务与赋能。

2. 充分激发教师自适应系统，从个体纵向自省给予内生长动能

随着"双减"政策实施和一校三区扩容，学校有大量新教师入职，同时"双减"下教师的自主"增负"意识及其自觉行动尤显重要。鉴于此，实小"教师发展学校"顺势而为将较为完善的全景课程进行迭代更新。教师发展学校现有三位副会长和九名中心组成员，将四个部门合并重组为策展中心、融创中心和职规中心：策展中心主要针对"双减"下教师"增负"问题打造关爱课程、节日课程、双师擂台，让教师在繁忙工作之余感受人文关怀；融创中心则以教师专业发展为主，或以群体性培训雅园讲坛形式，或以个性化培训项目式学习形式，或以板块化（教研组和年级组）专业知识技能培训形式，力图让教师德能勤绩多维度发展；职规中心针对新入职教师，以三年为成长周期进行新教师系统化培训。

3. "4+4+N"组织运行流程，重塑教师发展学校管理属性和模型框架

跟随着"双减""双新"的步伐，跟随着时代前进的洪流，教师

的学习与教育的改革也日趋进入深水区，为适应最新的教师发展需求，教师发展学校的组织架构与运作模式也随之发生了改变，重构起融文化、活动、专业与全面为一体的"校区教师发展学校"分校模型，进行从校本部通达各分校区一体化与校区化的教师培养方案定制，"一校三区"教师培养计划应运而生。鉴于当前学校为"老校+新校"的发展势态，实小教师发展学校强化校区分管制，在共性培养的基础上实施校区个性化定制培养，以教师为本设置校区培养计划，有的放矢。同时，"一校三区"教师培养计划需要管理扩容与结构优化，争取实现效率最大化。

"一校三区开校培训"是实小一校三区下教师培训中的经典课程之一，推动了老中青各个年龄层次教师的发展与成长，实现了"18亩+"跨界融通的又一次飞跃，更实现了自我的突破与角色的进阶。课程中，简单的文字背后是凝练的思想与情怀，从中再次感悟四位会长的成长与跨越式发展。同时，我们也清醒地认识到，伴随着一校三区办学格局的扩容，大量新教师涌入实小，为百年老小注入新鲜血液的同时，新教师的融入与成长也对学校的教师培训提出了严峻挑战。

【案例2】利用高校资源提高培智教师专业能力

1. 与高校建立合作交流模式

青羊区特殊教育学校（以下简称"青羊特校"）与成都大学教育学院建立合作，通过双向输送教师资源方式进行互动交流。高校向青羊特校提供包括代币使用、特殊儿童性教育专项研究在内的课题研究指导，提供师资培训，青羊特校的专业骨干教师走入高校课堂进行专题授课；青羊特校与西南大学通过资源共享的方式合作，为西南大学组织的遵义市特殊教育工作坊坊主研修班参培教师提供跟岗学习，双方共同设计并执教展示课。青羊特校的教师参加西南大学绘本阅读研究中心举办的首届中国特殊儿童阅读教育论坛；通过乐山师范学院四川特殊教育发展研究中心立项研究课题，提高教师的研究能力。青羊特校分别与乐山师范学院、南京特殊教育师范学院形成"'研—培'

指导"合作模式，高校为青羊特校提供资源教师及巡回教师专题培训、课程评估的 IEP 制定培训等，以提升教师专业素养。

青羊特校卞蓉受聘为成都大学特殊教育本科专业导师，为本科生讲授"特殊儿童班级管理"等课程；同时选派青羊特校教师参与到"特殊儿童班级管理""特殊儿童教育诊断与评估"等课程授课之中，先后共有 7 人参与。卞蓉还受聘为成都大学和四川师范大学专业学位校外硕士生导师，承担本科生和研究生教学实践指导。作为两所高校实习基地，青羊特校特殊教育专业黄万玲、王海燕老师参与本科生和研究生实习指导，学校先后有 7 位教师受聘为四川师范大学教育科学学院教学实践指导教师。通过走入高校课堂，将专业知识与实践经验输送向未来的特殊教育教师，既提高了教师专业能力，又为未来即将走向一线岗位的新教师们提供了理论与实践结合的经验，促进他们专业知识和能力的培养。

合作高校通过专家讲座、工作坊、教学指导等多种形式，更新教师专业知识与观念，提升评估与教学能力。在专家团队指导下，青羊特校教师先后荣获区级优质课展评特等奖 2 名、一等奖 2 名、二等奖 3 名，市级一等奖 1 名、二等奖 1 名。通过高校教师指导合作开展课题研究，提高教师教育科研能力。在成都大学莫春梅老师培训和指导下，青羊特校以区级立项方式开展"代币使用"专项课题研究；与成都大学教育学院合作开展"特殊儿童性教育"专项课题研究。

2. 教科院给予学校专业支持

省、区、市三级教育科学研究院通过选派专家到青羊特校指导教育教学、教师培养、课题研究，促进学校教师教育、特教教学、教育科研等专业能力发展。青羊区教科院派遣教研员指导小项目研究和课题立项、开题、研究以及结题等工作，链接各种教育科研资源平台，分享教育科研"干货"资料，带动学校教师积极做科研，以研促教、以研促学。

3. 成立成都市第四区域教育联盟青羊特校共同体

青羊特校与区外、市外、省外其他特殊教育学校积极合作，交流协作，起到引领辐射作用。青羊特校为成都市第四区域教育联盟特殊教育共同体龙头学校，与四川天府新区特校、成都市郫都区特殊教育学校、蒲江县特殊教育学校结对共建；在成德眉资成都都市圈的建设号召下，与德阳市特殊教育学校结对。另外与汶川县特殊教育学校、西藏那曲特校、河南焦作市特殊教育学校友好结对。通过联动开展新教师入职培训、课堂展示活动、基于课程评估下的 IEP 制定与实施培训、课题研究、融合教育理论与实践学习及党建共建等活动，以"特奥项目进课程"和"体育复健进校园"项目活动与各区县特殊教育学校开展合作，通过教练员培训、指导样本视频制作、教学指导等方式，使教师的基本素质、课堂教学、评估、科研、融合教育能力得以提升，同时提高了党员教师的政治理论素养。

第四节 UGIS 助力学校教育科研发展

学校教育科研是解决学校教育问题的重要手段，不仅是促进教师专业发展的重要方式之一，而且是提高学校教育教学质量的有力方式。但是，学校教育科研的发展水平往往受到教师科研能力、参与科研积极性以及支持条件等方面的影响和制约。

UGIS 助力学校教育科研发展，通过高校（U）的指导，把握学校教育科研的方向与思路，指导学校以规范、科学的方式持续性开展教育科研。通过与地方行政部门（G）合作，统筹相应的社会资源，协调教育政策和制度，保障各方协同合作改革措施落地。通过与地方教研机构（I）合作，协助学校对教育科研进行合理规划，并定期对学校教育科研进行指导督导，从外部不断激励学校科研兴校，以研促教，推动学校的发展。通过中小学校（S）的实施，教育科研才能真实落地，才能真正为学校发展服务。

摘录活动一二，以窥教育科研之貌。

跨校研学共提升 深学笃行共成长

成都市泡桐树中学杨超校长曾带领学校的 27 名教师到成都市第七中学高新校区进行跨校研学交流。独行速，众行远。跨校双向研学活动为泡中、七中教师提供了学习交流、分享教育教学智慧的平台，实现了思维共振、经验共享与情感共鸣，既促进 UGIS 教师教育共同体实践探索，又提升教师的研究反思能力。

泡中教师走入教室，用教育科研的思维进行教学观摩。成都七中的教师精神饱满、风格迥异，他们或风趣幽默、率真随意，或严谨凝练、朴实无华，或引经据典、旁征博引。每位教师都将学科特点和教学艺术展现得淋漓尽致，七中教师精彩的课堂教学，使泡中教师受益匪浅。

基于教学改革·融合信息技术的新型教与学模式探索

在"双新""双减"教育背景下，为进一步深化新课标的实践研究，探索 UGIS 教师教育共同体实践，成都市泡桐树中学以"聚焦课程标准·培育核心素养"为主题推进育人方式的变革，结合全区研究与实践进程，组织实施了"基于教学改革融合信息技术的新型教与学模式"系列研讨活动。研讨活动采用线上与线下结合方式进行，青羊区教育局、青羊区教科院、青羊区国信区市级实验校和区级示范校教师代表参与了全程全面研讨。

双城研课堂·变革促发展

基于 UGIS 教师教育共同体下的教师教研训一体化发展路径，围绕"基础教育高质量发展"战略，加快推动成渝双城经济增长极下的教育发展，助力教育现代化，提升教育创新能力，让学校高质量有机生长，"重构课堂样态·变革设计思维——成渝高质量课堂追寻"主题教育科研活动在成都开展。

成都、重庆两地的教研机构专家和教育同人参与了本次主题教育科研活动。活动中，成渝两地学校分别进行了课堂教学展示及专题分享并由学科专家进行点评与指导。此次活动开展了成渝两地专家的圆桌论坛，开启一段精彩纷呈的智慧碰撞。在这样的活动中，各位教育同行共同交流，相互促进，共同造就双城背景下的成渝高品质课堂。

聚焦学习性区域环境创设·观摩交流共研共学

成都市金沙幼儿园承担的 UGIS 教师教育共同体子课题"教师教育共同体背景下园本教研实施的策略"研究，聚焦学习性区域环境创设，观摩交流共研共学，组织开展了青羊区学前教育联盟"学习性区域环境创设"主题的现场观摩与交流教研活动。青羊区教育科学研究院学期教育教研员闵艳莉、成都市第四区域教育联盟共同体各幼儿园园长和教师代表、青羊区第五联盟新教师组幼教同人参与了活动。此次活动提升了青羊区学前教育联盟（第五联盟新教师组）对学习性区域环境创设的再认识，促进了青羊区各幼儿园新教师专业能力的提升，同时增强了区域内各幼儿园之间的交流与学习。

后 记

本书是成都市青羊区教育科学研究院主持研究并完成结题的"四川省教育科研资助项目"重点课题"院地共建'UGIS教师教育共同体'的实践研究"的重要成果之一,旨在全面总结梳理院地共建UGIS教师教育共同体实践研究所取得的认识与实践成果。自2021年本课题立项以来,总课题组携19个课题实验学校共同努力,既密切配合又分工协作,以构建UGIS教师教育共同体教师教育新模式为目标,探索UGIS四位一体教师教育创新路径,全面开拓,躬耕实践,在实践中形成了一定的青羊模式、青羊方法和青羊经验。借此整理成册,以供广大教师教育工作者们参考并批评指正。

本书的编辑汇聚了"院地共建'UGIS教师教育共同体'的实践研究"课题所取得的研究性成果,更展示了来自众多课题实验学校的实践过程及案例,以期能真实再现青羊教师教育改革发展的视点与视角。一直以来,国家高度重视教师教育,特别强调教师的终身学习和专业更新。很显然,教师教育仅有大学阶段的师范学习是明显不够的,教师职后教育需要持续而坚定的开展。正是基于这样的思考,成都市青羊区教育科学研究院申报并成功立项了"四川省教育科研资助项目"重点课题"院地共建'UGIS教师教育共同体'的实践研究"。

UGIS教师教育共同体是课题中提出的一项新概念,更是一次新实践。我们希望能通过课题研究尝试建立一种融通师范生(职前培养)—教师教育(职后学习)的新场域:U(高校)—G(政府或教育主管部门)—I

（地方教研机构）—S（中小学校及幼儿园）四方协同，共育高质量教师。课题研究中，这一构想得到了西南大学、四川师范大学、成都大学、成都师范学院等川渝高校的认同和协作，使研究得以持续深入推进。课题实验学校也因此提升了教师教育的实质性和针对性，一批一线优秀教师成为师范生培养的实习指导导师，可谓收获满满、共赢发展。

UGIS教师教育共同体的建设虽然取得了一些非常不易的实践性建设成果，但我们深知其路途遥远，全面建成优质高能的UGIS教师教育共同体还需各方继续努力，创新实践。其中，UGIS四方的职能彰显和目标进一步趋同等问题均还有待于进一步破解，UGIS四方间协作机制和教师教育（含职前示范生和职后教师学习）学习标准的迭代等问题更需要不断完善。凡此种种，唯有不断探索与实践。

本书的写作，始于2022年孟秋，结于2023年初秋，历时整整一年，写作之路历经了五次大型课题成果总结研讨会和若干次各章节撰写专题会，个中滋味亦喜亦忧。非常感谢总课题和各章编写的全体同人，我们集体的成果终于诞生。本书各篇章撰写及通稿审稿的负责人分别是：王璐（第一篇和第二篇）、刘荣芳（第三篇）、青薇（第四篇）、鄢志刚（第五篇）。本书各篇章初稿的撰写由集体分工完成，各篇章执笔人如下。第一篇：黄晓璐、马思思、池玉梦、寇祥香、李慧珍、刘秋萍、齐子怡。第二篇：黄月、苟秋月、白凌睿、付爱霞、刘佳、于鸽。第三篇：李培雯、田月先、吴丹平、彭岗、高蓓、杨秀菊、戴志容、陈丹丹、黄薇、王珍懿、熊菡梅、吕青、邓涵。第四篇：王小丽、李衡、吴振华、李文欣、冯元麒、魏秀秀、张启弘、王华、张清、许婷、陶薇、王雪莉。第五篇：高文静、陈燕、杨敏、邱雪翔、伍术、何谦、卞蓉。本书编辑、校对的过程中，齐子怡、邓涵、朱丽柳承担了大量的工作。在此对所有编写人员表示最衷心的感谢和祝贺。

除上述执笔者外，本课题的各实验学校为本书提供了丰富的材料和成果，做出了巨大贡献，它们分别是成都市泡桐树幼儿园、成都市金沙幼儿园、成都市双眼井小学、成都市实验小学明道分校、成都市花园（国际）

小学清波校区、成都市实验小学西区分校、成都市胜西小学文兴分校、成都市草堂小学西区分校、成都市清波小学、成都市实验小学青华分校、成都市成飞小学、成都市彩虹小学、成都市泡桐树小学西区分校、成都市青羊实验中学附属小学、成都市石室联合中学、成都市树德实验中学（东区）、成都市石室联合中学（西区）、成都市泡桐树中学、成都市青羊区特殊教育学校。同时，成都市实验小学、成都市泡桐树小学、成都市东城根街小学、成都市少城小学、成都市青羊实验中学附属小学等基地学校也为本课题提供了丰富成果。在此，我们表示衷心的感谢！

教师强，则少年强。

少年强，则中国强！

愿以此为傲，让我们共同走上 UGIS 教师教育共同体构建的未来大道！

UGIS 课题组
2023 年 10 月

参考文献

专著

[1] 顾明远. 教育大辞典 [M] 上海：上海教育出版社，1998.

[2] 何东昌. 中华人民共和国重要教育文献（1949—1997）[M]. 海口：海南出版社，1998.

[3] 李其龙，陈永明. 教师教育课程的国际比较 [M]. 北京：教育科学出版社，2002.

[4] 联合国教科文组织. 一起重新构想我们的未来：为教育打造新的社会契约 [M]. 北京：教育科学出版社，2022.

[5] 中共中央马克思恩格斯列宁斯大林著作编译局. 马克思恩格斯全集：46卷 [M]. 北京：人民出版社，2003.

[6] 鲍曼. 共同体 [M]. 欧阳景根，译. 南京：江苏人民出版社，2003.

[7] 王蔷，张虹. 高校与中学英语教师合作行动研究的实践探索：在行动中研究在研究中发展 [M]. 上海：上海教育出版社，2012.

[8] 习近平. 决胜全面建成小康社会 夺取新时代中国特色社会主义伟大胜利：在中国共产党第十九次全国代表大会上的报告 [M]. 北京：人民出版社，2017.

[9] 习近平. 在庆祝中国共产党成立100周年大会上的讲话 [M]. 北京：人民出版社，2021.

[10] 张俊峰. 水利社会的类型：明清以来洪洞水利与乡村社会变迁[M]. 北京：北京大学出版社，2012.

[11] APPLE M W. Is Deliberative Democracy Enough in Teacher Education? [M] //COCHRAN-SMITH M, FEIMAN-NEMSER S, MCLNTYRE D J, et al. Handbook of Research on Teacher Education：Enduring Questions in Changing Contexts. New York：Routledge, 2008.

[12] BOYER E L. The Basic School：A Community for Learning [M]. San Francisco：Jossey-Bass, 1995.

[13] NISBET R. The Social Philosophers：Community and Conflict in Western Thought [M]. New York：Thomas Y. Crowell Company, 1973.

[14] SOCKETT H. The Moral and Epistemic Purposes of Teacher Education. Enduring Questions in Changing Contexts [M] //COCHRAN-SMITH M, FEIMAN-NEMSER S, MCINTYRE D J, et al. Handbook of Research on Teacher Education. New York：Routledge, 2008.

期刊

[1] 管培俊. 建设高质量教育体系是教育强国的奠基工程[J]. 教育研究，2021（3）.

[2] 胡艳，袁丽. UGIS伙伴协作的困境与出路：大学的视角[J]. 北京师范大学学报（社会科学版），2015（6）.

[3] 姜华，李西君. 师范生"双导师制"培养模式的构建[J]. 中国成人教育，2013（20）.

[4] 姜微微. 我国现代教师教育体系标准化构建初探[J]. 继续教育研究，2017（4）.

[5] 教育部等八部门. 教育部等八部门关于印发《新时代基础教育强师计划》的通知[J]. 中华人民共和国教育部公报，2022（Z2）.

[6] 康武，李隆禧. 构建教师共同体：助力交流轮岗问题解决的策略选择[J]. 教育理论与实践，2022，42（16）.

[7] 李斌辉, 张家波. 职前教师需要什么样的教育实践 [J]. 教育发展研究, 2017, 37 (6).

[8] 李国栋, 杨小晶. U-D-S 伙伴协作: 理念、经验与启示 [J]. 外国教育研究, 2013, 40 (10).

[9] 李琼, 裴丽. 深化教师教育改革的突破口: 创建政府、大学与中小学的协同一体化 [J]. 教育理论与实践, 2017, 37 (5).

[10] 李子建, 朱琳. 大中小学教师教育专业共同体的建构 [J]. 教师教育学报, 2015, 2 (6).

[11] 刘向辉, 钟明华. 共同体与自由: 在马克思与卢梭之间 [J]. 东岳论丛, 2022, 43 (10).

[12] 马文起. 论高校培养农村小学全科教师模式的优化 [J]. 教育评论, 2017 (1).

[13] 宁虹. 重新理解教育: 建设教师发展学校的思考 [J]. 教育研究, 2001 (11).

[14] 宋萑. 教师教育专业化与教师教育体系建设 [J]. 国家教育行政学院学报, 2022 (7).

[15] 宋铁莉. 现代教师教育体系构建的系统探究: 兼评《中国现代教师教育体系构建研究》[J]. 中国高教研究, 2017 (9).

[16] 王鉴, 张盈盈. 新时代我国教师教育高质量发展的逻辑与路径 [J]. 重庆高教研究, 2023, 11 (1).

[17] 王莉. 本科层次全科型小学教师培养: 必要性及应对策略 [J]. 教育理论与实践, 2016, 36 (8).

[18] 王林发, 曾怡. 新时代高质量教师教育体系建设: 历史经验与实践探索 [J]. 教育与教学研究, 2022, 36 (9).

[19] 王艳玲, 胡惠闵. 我国教研机构的类型与职能: 基于全国抽样调查的分析 [J]. 教育发展研究, 2020, 40 (Z2).

[20] 习近平. 深入学习中国特色社会主义理论体系努力掌握马克思主义立场观点方法 [J]. 求是, 2010 (7).

[21] 肖远军. 中小学校长培训"自主选学"机制探讨[J]. 浙江外国语学院学报, 2011（4）.

[22] 熊小庆, 姚俊杰, 王迎. 教师教育专业化与教师教育课程改革研究[J]. 科学咨询（教育科研）, 2021（1）.

[23] 徐烨. 滕尼斯、涂尔干、杜威的共同体观: 溯源与启示[J]. 贵州社会科学, 2022（4）.

[24] 闫建璋, 王曦. 新时代高质量教师教育体系建设研究[J]. 当代教师教育, 2022, 15（3）.

[25] 杨朝晖. "U-S"伙伴合作关系问题研究述评[J]. 首都师范大学学报（社会科学版）, 2009（3）.

[26] 杨九诠. 中国教研体系的定位与定性[J]. 教育发展研究, 2022, 42（8）.

[27] 尹莉茹. 人类命运共同体理念对马克思共同体思想的理论传承[J]. 延边党校学报, 2023, 39（1）.

[28] 袁丽, 石中英, 朱旭东. U-S合作伙伴关系"三级协同多维度"体系的构建与反思：以北京师范大学教育学部为例[J]. 大学（研究版）, 2015（12）.

[29] 岳欣云. 京津冀教师共同体的建构与发展阶段研究[J]. 首都师范大学学报（社会科学版）, 2023（2）.

[30] 张忠, 孙苏扬. 课程思政视域中的高校师生共同体建设[J]. 成都师范学院学报, 2022, 38（8）.

[31] 朱洪翠, 张景斌, 高建春. 四维互动: 卓越教师"三位一体"协同培养机制的模型构建[J]. 教学研究, 2017, 40（3）.

[32] 朱旭东, 刘丽莎, 付钰. 粤港澳大湾区一流教师教育体系建设: 现状分析与路径建议[J]. 高教探索, 2022（2）.

[33] 朱旭东. 构建国家在线教师教育体系刻不容缓[J]. 教育发展研究, 2020, 40（2）.

[34] 朱旭东. 论当前我国三轨多级教师教育体系[J]. 教师教育研

究，2015，27（6）.

［35］朱旭东. 我国教师教育体系的重建［J］. 教育研究与评论（小学教育教学），2016（7）.

学位论文

［1］才航仁增. 人类命运共同体的中国传统文化意蕴研究［D］. 西宁：青海大学，2022.

［2］陈雪娇. 马克思共同体思想的逻辑演进及当代价值研究［D］. 海口：海南大学，2022.

［3］杨文芳. 基于教师专业发展的职前教师教育课程设置研究：以重庆市本科阶段教师教育课程设置为例［D］. 重庆：重庆师范大学，2006.

［4］杨丽. 教育变革中教师学习共同体的建设策略之个案研究［D］. 上海：华东师范大学，2011.

电子资源

［1］教育部，财政部. 教育部 财政部关于实施中小学幼儿园教师国家级培训计划（2021—2025 年）的通知［EB/OL］. 教育部政府门户网站，2021-05-13.

［2］教育部. 教育部关于大力加强中小学教师培训工作的意见［EB/OL］. 教育部政府门户网站，2011-01-04.

［3］教育部. 教育部关于深化中小学教师培训模式改革全面提升培训质量的指导意见［EB/OL］. 中国教育网，2013-05-08.

［4］中共中央 国务院关于全面深化新时代教师队伍建设改革的意见［EB/OL］. 中国政府网，2018-01-31.

［5］教育部，国家发展改革委，财政部，人力资源社会保障部，中央编办. 教师教育振兴行动计划（2018—2022 年）［EB/OL］. 教育部政府门户网站，2018-03-22.

［6］教育部教师工作司. 教育部教师工作司关于组织 2019 年"国培

计划"示范项目申报工作的通知［EB/OL］.中国教育网，2019-03-14.

［7］中共中央.中共中央关于制定国民经济和社会发展第十四个五年规划和二〇三五年远景目标的建议［EB/OL］.人民网，2021-11-03.

［8］教育部教师工作司.关于印发《教育部教师工作司2022年工作要点》的通知［EB/OL］.教育部政府门户网站，2022-02-24.